教师与学生
如何实现深度思考
和深度学习

哈佛大学教育学院倡导的
10种思维方式

[美] 罗恩·理查德 Ron Ritchhart　著

CULTURES OF THINKING IN ACTION
10 Mindsets to Transform our Teaching and Students' Learning

中国青年出版社

图书在版编目（CIP）数据

教师与学生如何实现深度思考和深度学习：哈佛大学教育学院倡导的10种思维方式 / (美) 罗恩·理查德著；余李译. -- 北京：中国青年出版社, 2025. 10.
ISBN 978-7-5153-7942-5

Ⅰ.G420

中国国家版本馆CIP数据核字第2025LR9066号

Cultures of Thinking in Action: 10 Mindsets to Transform our Teaching and Students' Learning /Ron Ritchhart.
Copyright © 2023 by Jossey-Bass Publishing. All rights reserved.
Published by John Wiley & Sons, Inc., Hoboken, New Jersey.
This translation published under license with the original publisher John Wiley & Sons, Inc.
Simplified Chinese translation copyright ©2025 by China Youth Press.
All rights reserved.

教师与学生如何实现深度思考和深度学习：
哈佛大学教育学院倡导的10种思维方式

作　　者：[美]罗恩·理查德
译　　者：余　李
责任编辑：肖妩嫔
文字编辑：张祎琳
美术编辑：杜雨萃
出　　版：中国青年出版社
发　　行：北京中青文文化传媒有限公司
电　　话：010-65511272 / 65516873
公司网址：www.cyb.com.cn
购书网址：zqwts.tmall.com
印　　刷：大厂回族自治县益利印刷有限公司
版　　次：2025年10月第1版
印　　次：2025年10月第1次印刷
开　　本：787mm×1092mm　1/16
字　　数：246千字
印　　张：21
京权图字：01-2023-5956
书　　号：ISBN 978-7-5153-7942-5
定　　价：59.90元

版权声明

未经出版人事先书面许可，对本出版物的任何部分不得以任何方式或途径复制或传播，包括但不限于复印、录制、录音，或通过任何数据库、在线信息、数字化产品或可检索的系统。

中青版图书，版权所有，盗版必究

感谢我的父亲,他一直是我最坚定的支持者。

他坚持读完了我所有的书,

不是因为他需要,而是因为他爱我。

本书赞誉

本书非常精彩。罗恩·理查德邀请、激励并支持教育工作者思考并研究教学的原因，而不是强加给他们一套既定的实践做法。

——堪萨斯大学教育学院基金会特聘教授、
墨尔本教育研究生院教育领导学教授
赵勇（Yong Zhao）博士

这本书通过帮助教师和管理者理解教学程序性实践背后的社会文化原因，直指社会最棘手的问题之一——如何有意义地改进教育。本书是所有真正有志于建设有效支持学习的学校之人的必读书。

——南加州大学情感神经科学、发展、学习
和教育中心主任兼教育学、心理学和神经科学教授
玛丽·海伦·爱莫迪诺–杨（Mary Helen Immordino-Yang）

没有人比本书作者更多地思考如何进行良好的思维教学。综合了数十年的经验和多个研究机构的成果，本书为致力于解决课堂教学"为什么"和"如何做"的教师提供了智慧、指导和灵感。

——《深思熟虑》作者、
长滩智识美德学院联合创始人
杰森·贝尔（Jason Baehr）

目录 CONTENTS

引 言
哈佛大学教育学院倡导的10种核心思维方式　　009

1　第一种思维方式
教室里要培育学生的思维文化，
学校里就必须培育教师的思维文化　　023

2　第二种思维方式
性情无法传授，只能培养　　055

3　第三种思维方式
要创造新的学习故事，
我们必须改变学生和教师的角色　　081

4　第四种思维方式
当学生感到被老师和同学了解、
重视和尊重时，他们学得最好　　109

5　第五种思维方式
学习是思考的结果　　135

第六种思维方式
学习和思考既是集体事业，也是个人努力   161

第七种思维方式
在挑战中学习   189

第八种思维方式
让问题驱动思考和学习   217

第九种思维方式
我们为学生创造的机会对他们的参与度、
自主性和学习至关重要   245

第十种思维方式
让思考和学习可视化，揭开这些过程的神秘
面纱，从而获得信息和启示   273

结 语
行动、反思和对话   301

附 录   307

致 谢   329

关于作者   333

引言 INTRODUCTION

哈佛大学教育学院倡导的10种核心思维方式

很少有作者在介绍自己的新书时致歉，但这次也许我应该道歉——至少是向一些读者道歉。鉴于本书的原书名是《行动中的思维文化》，你可能会兴致勃勃地拿起这本书，学习如何"实践"思维文化。也许你会想："终于有一本实用的指南，把一切都一步步地说清楚了！"又或者你会想："太棒了！"你甚至可能在想："太好了，我可以给老师们一本资料书，让他们了解如何实施思维文化。"可以肯定的是，这本书是为所有渴望在学校和课堂中培养思维文化的人提供的资源。你还会发现，它提供了许多实用的想法、工具和资源。然而，首先，它是关于我们教学背后的"为什么"。因此，这是一本旨在引发自我审视和集体反思的书，既包括自己的反思，也包括与同事的反思。我的目标不仅仅是提供一本新的观点集，而是激发思考，从而引起转变。作为一名教师，你是谁？你对教学的信念是什么？这些信念如何反映你的教学立场并在你的课堂上体现出来？这些信念如何指导和推动你的行动？

正是在我们批判性地审视我们的实践并挑战我们的观念之时，我们才实现了从信息型学习（侧重于学习某些知识）到变革型学习的飞跃，而变革型学习使我们能够挑战现状并接受教学事业的复杂性。几十年来，政策制定者、创新者和管理者往往将专业学习定位于一系列实践活动。这些人往往认为，如果改变了教学实践，改革了课程设置，对教师进行了新的教学方法培训，那么学校就已经发生了变革。然而，几十年来失败的努力和不可持续的改革表明，事实并非如此。真正的变革不在于表面层面，不在于教学"做什么"，甚至不在于实施或"怎么做？"。真正的变革在于深入探究教学的"为什么"，我们为什么而教？我们对教学的信念和坚持是什么？

西蒙·辛克（Simon Sinek）在其作品和广受欢迎的TED演讲《伟大领袖如何激励行动》（How great leaders inspire action）中，通过一个他称为黄金

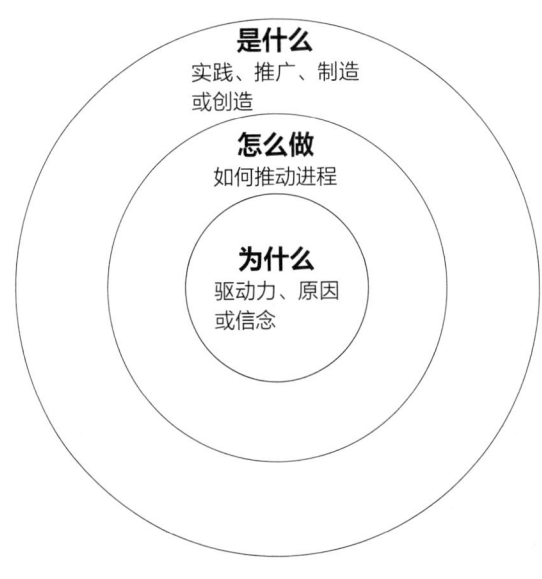

图I.1　黄金圈

圈的图表（见图I.1）解释了"是什么""怎么做""为什么"之间的关系。对于组织者、领导者甚至教师来说，从圆圈外侧实际的"是什么"开始，然后再花时间思考"怎么做"很常见，甚至可能很直观。毕竟，"是什么"是如此具体。每个人都能清楚地知道小组做了什么、创造了什么或提供了什么。这可以填在电子表里、放在架子上或体现在测试里。"是什么"很容易转化为可量化的"SMARTT"（英文首字母缩写：Specific具体的，Measurable可测量的，Achievable可实现的，Relevant相关的，Targeted有目标的，Time-framed有时限的）目标或KPI（Key Performance Indicator，关键绩效指标）。这也便于领导者管理、跟踪和监督。

然而，辛克解释说，真正伟大的公司和领导者是由内而外开展工作的。他们从"为什么"开始，以愿景为基础，指导和指引他们当前和未来的工作。这种愿景提供了一种使命感、目的和灵感。正如辛克所解释的，苹果公司不仅制造电脑（"是什么"），他们还相信挑战现状，通过制造设计精美、简单便利的产品来实现与众不同的思维（"为什么"）。

通过关注"为什么"，我并不只是把商界流行的观点搬到学校。关于教师的信念、价值观和目标感的重要性，已经有了很多的系列研究。加州大学伯克利分校教授、美国教育研究协会前任主席艾伦·舍恩费尔德（Alan Schoenfeld）开展了一项历时多年的研究，其重点是教师的信念，因为教师的信念是理解课堂教学的核心。他的研究重点是开发能够解释和预测教师行为的认知模型。在课堂上，当一切按计划进行时，教师依靠自己的计划或经验来授课，但事情很少按计划进行。学生会提出问题，进行意想不到的观察，感到困惑，产生误解，等等。在这种情况下，教师必须做出决定。他们不再仅仅是执行者。教师要根据自己的信念和价值观，结合自己的教学实践经验和课程知识做出决策。尽管"为什么"并不是孤立存在的，但它却是决策过程的核心。当然，冲突也会出现。当一个人的信念与他的教学知识和技能不一致时会发生什么？这既可能是代表冲突、焦虑和倒退的时刻，也可能是成长和自我发现的良机。

在南澳大利亚州政府开展的一项有效教学法研究中，研究人员发现，与教师的年龄、性别或工作年限相比，教师的信念和他们对教师角色的理解更能预测他们的教学行为和一般教学方法。此外，教师的认识论意识——他们如何理解教学事业以及他们对教学实践和学生学习所做的假设——被认为是促进教师成长和变革的一个重要因素。认知意识更强的教师倾向于反思他们的实践和观念。因此，他们倾向于质疑和探索自己的信念，并接受教学的复杂性——变革型学习。这些场合为他们提供了成长和自我发现的机会。相反，自我意识不强的教师往往认为教学更多的是内容的覆盖和控制。尽管这些教师对自己的教学实践进行了反思，但他们并不质疑自己对教学的基本观念。因此，他们倾向于认为教学实践要么行之有效，要么行不通，而且更有可能放弃那些与他们现有的教学实践不相适应或不能立即见效的新的教学实践。

我的好朋友兼同事凯斯·默多克（Kath Murdoch）多年来一直在帮助学校和教师促进探究式学习，她亲眼看到了教师信念的重要性。她指出："我们的信念决定我们的实践。我们如何看待自己作为教师的角色，这对我们与学生交流时使用的语言、组织学习的方式、学习任务的设计以及测试中的指标选择都有着深远的影响。"凯斯认为，虽然老师可以模仿任何特定方法，比如在她的案例中就是探究式学习，但这种行动往往只是走过场，缺乏激发学生学习的活力。她说，这种方法"只是简单地将与探究相悖的现有信念像贴壁纸一样贴起来，但这些潜在的信念会以各种方式表现出来，甚至无意识地破坏或损害实践本身"。

还有人表示，人们所持有的核心信念和价值观代表着他们的立场（stance），因此既意味着身体上的取向，也意味着智力上的取向。科克伦·史密斯（Cochran-Smith）和莱特尔（Lytle）将"立场"作为一个特意的隐喻，以"暗指身体的物理位置以及随着时间推移的智力活动和观点。从这个意义上说，这个隐喻旨在捕捉我们站立的方式、我们观看的方式以及我们观看的视角"。梅塔和费恩用这个词来概括他们在《寻求更深入的学习》（*In Search of Deeper Learning*）一书中所研究的教师看待教学关键要素（学习的本质、失败的作用以及学生的能力）的方式。例如，那些能够有效开展深度学习教学的教师将学生视为有能力的创造者，将失败视为学习的关键，将学习过程视为丰富多彩、引人入胜的事业。梅塔和费恩还指出，立场因人而异。一位教师可能会让她的高年级学生参与深度学习，这正是因为她把这些学生看作是有能力的创造者，但对于低年级学生，她又会恢复传统的教学方法。

我的同事马克·丘奇（Mark Church）一直在探讨领导者的立场对于促进学校向思维文化迈进的重要性。在讨论中，我们两人认为，领导者的立场根植于一个人对事情如何运作、什么最重要以及领导事业本身的性质所持有的深刻信念和价值观。领导者的立场将决定他们如何看待问题、机遇，以及如何引导自己的精力。领导者的立场会激励和激活一系列实践，反之，则会使其失去发展所需的氧气。与教师的立场一样，领导者立场的形成也是一个有机的过程，是在参与对话、实践和反思的多种机会中成长起来的。

最近，"思维方式"（mindset）一词在教育领域占据了重要位置。教育工作者对这个词最熟悉的可能是卡罗尔·德韦克（Carol Dweck）关于人们如何看待智力的研究：是成长型还是固定型。其他一些人则认为，我们能否取得成功，取决于我们如何看待这项事业：《探究思维方式》《创新思维方式》《终极制造者思维方式》《创造者思维方式》《超级成就者思维方式》《成功思维方式》《最富有的思维方式》《阿尔法思维方式》《包容的思维方式》《芭蕾舞者思维方式》（是的，这些都是出版过的图书）。尽管这个词无处不在，但我仍然觉得它很有益处。它抓住了这样一个观点，即一个人看待和思考问题的方式对我们的行动和精力的引导至关重要。而且，正如所有这些图书所暗示的那样，我们的思维方式是可以审视的，因而也是可以改变的。此外，思维方式与我们的信念和价值观直接相关，并从信念和价值观中生长出来，它们定位了我们的立场。因此，我选择在本书中使用"思维方式"一词来谈论我们作为教育工作者必须努力培养的核心理念。

在我与学校合作的过程中，有两次经历让我进一步认识到思维方式的重要性。在一所学校，学校领导迫切希望看到数学系采纳这些理念（思维文化和思维可视化）。每年，他们都要求研究小组播放视频，并举例说明"如何在数学课堂上运用这种方法"，事实上，我们已经这样践行了十多年，但都是徒劳无功。我们的例子被断然拒绝。它们根本不符合教师们的教学理念，也不符合他们的数学学习方式。因此，我们的例子对他们来说毫无价值。对他们来说，这些例子反映的是错误的数学教学方法，甚至可能一文不值："哪里体现了直接教学？清晰的解释和具体的例子呢？视频中的老师为什么不纠正他们并告诉他们答案？这一切都太慢了，我可以在一节课内完成两倍的进度。"他们的学生通过目前的方法在州测试中取得了很好的成绩，因此根本没有必要改变。他们只关注"是什么"，即州考试的内容，认为没有必要深入研究。他们不愿意揭示，更不愿意挑战自己对教学、学习、学校教育、数学本质或教育目的的基本观念。对他们来说，数学就是掌握考试的程序。

在另一所学校，一位经验丰富的历史教师在一次专业学习会议后向我提出了一个问题。他对我们的聚会感到有些沮丧和困惑，问了一个简单明了的问题："你们到底想让我做什么？"他愿意试一试，尝试一些新的做法，但他对专业学习的经验是，把东西交给学生，让学生在课堂上实施。他不习惯别人要求他做的那些反思、提问和检查，也不明白这有什么意义。了解学生的思维对他的历史教学有什么帮助？但他这样至少还有一些希望。如果我能在这位教师的课堂上开展一些实践活动，我或许就能利用这些实践活动来审视他的信念和观念。事实上，当他访问另一所学校，看到学生们深入地参与历史辩论时，他确实开始质疑自己的一些观念，即他是如何教学的，学生们有能力做什么。

这种自我和集体的检查、反思、质询和质疑是将学校和课堂发展成思维文化的核心所在。只是增加了一套新的做法根本无济于事。我们还必须反思这些做法和自己对教与学的观念。因此，尽管你可以在本书中找到许多实用的想法，但我希望它们既不是你的起点，也不是终点。在撰写和编排本书的过程中，我已尽力确保这种情况不会发生。我们的思维方式决定着我们的教学立场，推动着我们的决策，激励着我们的行动。因此，哈佛大学教育学院"思维文化项目"的10种核心思维方式构成了本书的概念基础。这10种思维方式是：

1. 教室里要培育学生的思维文化，学校里就必须培育教师的思维文化。
2. 性情无法传授，只能培养。
3. 要创造新的学习故事，我们必须改变学生和教师的角色。

4. 当学生感到被老师和同学了解、重视和尊重时,他们学得最好。

5. 学习是思考的结果。

6. 学习和思考既是集体事业,也是个人努力。

7. 在挑战中学习。

8. 让问题驱动思考和学习。

9. 我们为学生创造的机会对他们的参与度、自主性和学习至关重要。

10. 让思考和学习可视化,揭开这些过程的神秘面纱,从而获得信息和启示。

这10种思维方式的优势在于,它们全部源自我们20年来帮助学校和教师发展思维文化的努力。此外,每种思维方式都有坚实的研究基础,包括认知心理学、发展心理学和社会心理学文献,以及与社会学、领导力和哲学领域相关的研究。尽管我并没有详尽无遗地回顾与这10种思维方式相关的所有文献,但我力求提供一个要点概述和易于理解的观点,帮助人们对这些思维方式进行思考,并为行动奠定基础。

毫无疑问,这10种思维方式并不会让你觉得是全新的或独创的。这里提出的观点与其他人正在开展的工作(例如,休利特基金会开展的"深度学习"工作、正确提问研究所开展的"提问"工作,或围绕社会和情感学习开展的许多工作)之间的趋同性是一个关键的优势,可以产生协同作用、联系和一致性,同时证明这些观点对我们当前的教育工作者具有普遍的突出意义。使这些理念具有强大力量的另一个特质是,它们跨越学科领域、文化背景和制度层级,具有相关性和广泛适用性。无论是新墨西哥州圣达菲的中学科学教师,还是日本神户的幼儿园教师,这些思想同样具有现实意义。因为我希望这些思维方式不仅仅是纸上的文字,而是成为教师专业立场的一部分,所以每一章的结构都是为了促进审视、反思、讨论和行动。我希望大家在阅读过程中自己进行反思和审视。此外,如果你有机会与同事一起阅读和反思,这将成为促进更深入学习的沃土。

根据西蒙·辛克的"黄金圈"理论,我将每一章的概念都从中心开始向外展开(见图I.2):

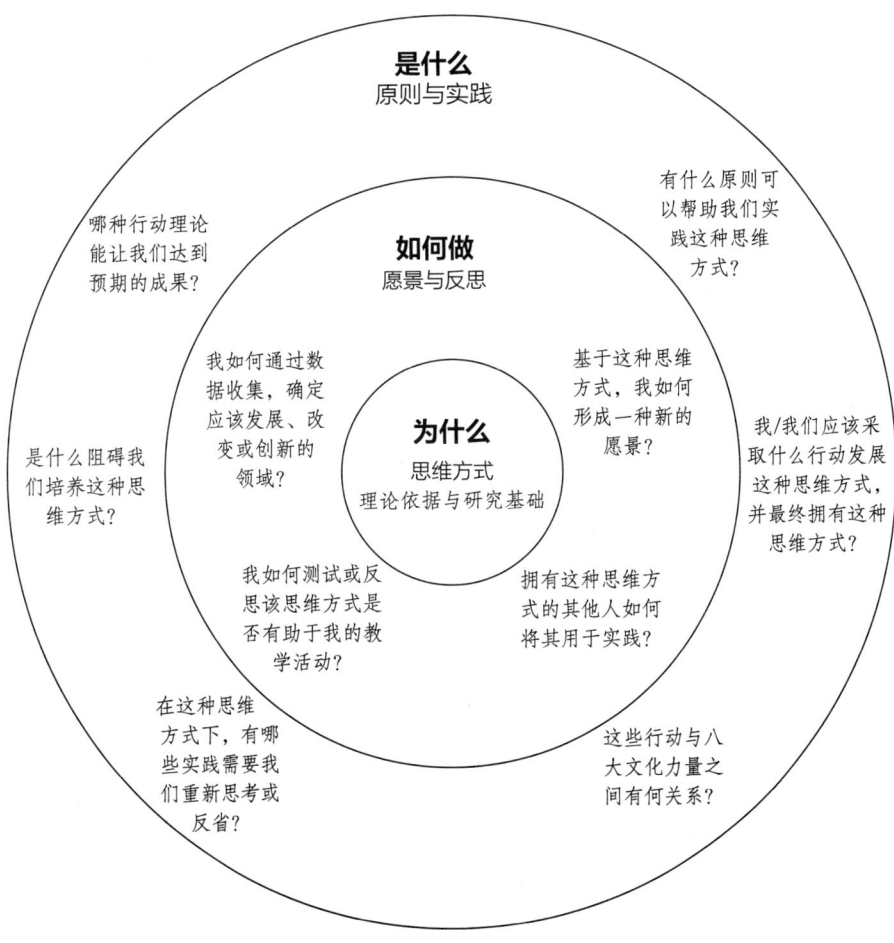

图I.2 本书大纲的"黄金圈"

每章开头都是对思维方式的阐述，并探讨了为什么它对我们的全球思维文化项目很重要。为什么它应该成为我们教育工作者的核心价值观之一？这一价值观蕴含着哪些关键思想或概念，或者它们是这一价值观的一个重要方面？接下来，我们将讨论有关这种思维方式如何使教师、学生和学校受益的研究成果。这一核心为我们教育工作者提供了一个锚定点，我们可以从这一锚定点出发，审视周围的环境，既包括现有的环境，也包括我们可能想要尝试的进一步行动。

从这一立场出发，我邀请读者向外看，思考这种思维方式可以如何引导和指导自己的行动。这种定位包括三个部分：首先，你需要设想这种思维方式的实现场景，包括图像、故事和隐喻，为愿景奠定基础。其次，我们进行两个案例研究，这些案例来自我的亲身经历或研究文献，目的是拓展你的视野，让你了解这种思维方式在实现时会是什么样子。最后，通过批判性地反思你的教学和/或领导力，请你结合自己当前的实践确定思维方式的方向。

接下来，我想让大家关注一下你们班级和学校的现状。要做到这一点，你需要收集一些街头数据，为你的工作提供参考。我们可以将街头数据与学校经常使用的卫星数据进行对比。卫星数据旨在测量、比较、评估、评分和标注，通常采用分层方式。此类数据通常脱离我们的生活经验，由外部实体控制。与此相反，街头数据旨在了解教师和学生的生活经验。它通常是定性的和经验性的，尽管也可以是定量的。街头数据不仅在于收集的方式或内容，还在于从中汲取意义的方式。正如谢恩·萨菲尔和贾米拉·杜根所解释的，"街头数据既体现了一种精神，也体现了一种变革方法，它将改变我们分析、诊断和评估一切的方式……它为我们提供了一种思考、收集数据并使其具有意义的新方法"。作为教育工作者，我们利用街头数据来确保我们采取的任何行动都符合我们的环境,并帮助我们避免无意识的实施活动或凯斯·默多克警告我们的"贴墙纸"行为。

每章的最后一节重点讨论作为教育工作者,我们可以在课堂上做些什么来促进思维方式的发展。尽管这一部分的重点是"做什么",并且旨在实用,但重要的是,我们的行动不仅要与所研究的思维方式相关,还要以关键原则为基础。确定基本原则有助于理解为什么某项行动可能有用,也有助于确定其他可能的行动。确定了这些原则之后,你就可以探索可以采取的行动了。我将这些行动与8种文化力量(见图I.3)联系起来,以便读者更好地理解这些行动是如何作为文化建设者发挥作用的。在急于将这些行动付诸实施之前(记住,本书并不是简单地教你"如何做"),最好先确定一下你的学校或班级目前已经采取了哪些行动。作为有思想的教育工作者,我们必须注意行动的连贯性。是否有需要停止的事情?有哪些做法需要放弃、重新思考、培养或发扬光大?在推进行动的过程中存在哪些障碍,如何才能扫除这些障碍?

我们对每一章的思维方式进行集体研究,最后形成行动理论。行动理论可以帮助制订计划。它确定了一个人的目标,以及如何知道自己是否成功。如果消防队长要把200名消防员部署到野火的北边。消防队长模糊地从行动理论出发:"如果我们出动200名消防员在野火北边喷洒阻燃剂并挖掘壕沟,那么我们就能控制住火势,防止它向北蔓延。"但是按照队长命令部署了消防员,也不能立刻确定成功与否,而只能在取得遏制结果之后才能确定。如果没有达到预期效果,则要对情况进行审查:为什么没有达到预期效果?也许是风太大,也许是消防员长时间工作太累了,也许是队员们的设备或补给出了问题。然后,根据所学到的知识确定新的行动计划,以更好地实现预期效果。同样,我们围绕每种思维方式的行动理论也会确定我们要做的事情,并明确衡量我们成功与否的结果。

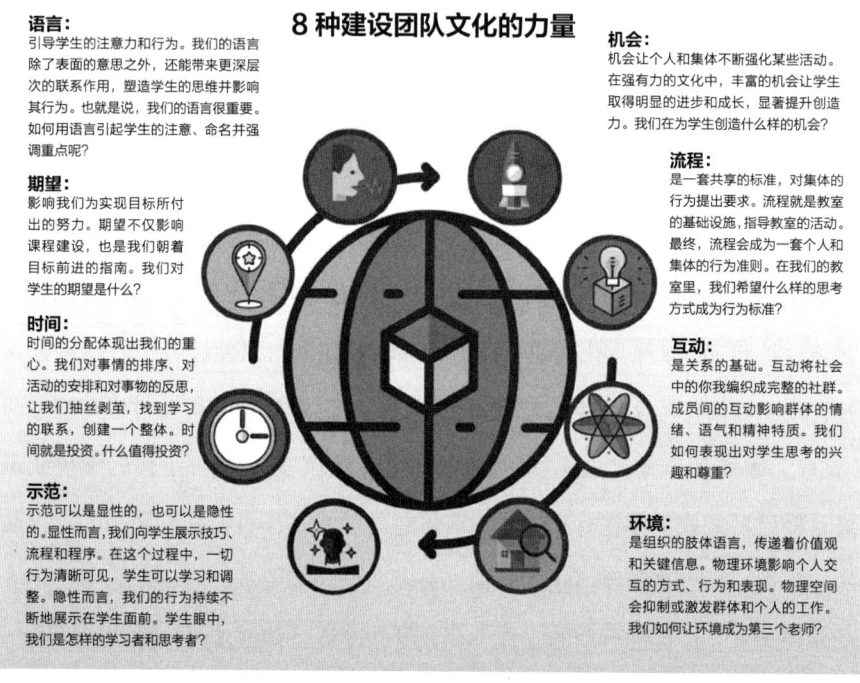

图I.3　8种文化力量

由于有些读者会随意翻阅本书，不一定会逐章阅读，因此我尽可能简化阅读过程，每章都采用前面所述的统一格式。这意味着当我介绍各章节并试图为读者指明方向时，你会发现有些语句很熟悉。我用阴影框标出了这些章节，提醒读者这是通用的介绍语，你可能已经读过了。但是如果你是很久之前读的，那么再读一遍可能会有助于理解。

我写这本书是为了鼓励你由内而外地工作。我希望你能用这本书来审视自己对教学的理解和信念，以此来确定自己作为教师的立足点，并在你可能感到自己受到变革冲击的时候，仍能坚持自己的价值观。可以肯定的是，这段旅程并不适合胆小的人。正如瑞吉欧学校的卡琳娜·里纳尔迪所写的："有时，我们在生活中走得太快，失去了与自己见面的勇气。你在做什么？你要去哪里？这种倾听的勇气，这种对自己内心的关注，是一种内在的倾听和反思。"因此，虽然一开始你可能会感到失望，因为你手中拿的并不是一本期待已久的、如何实施思维文化的手册（再次表示歉意），但我希望它能代表更多的东西：不仅仅是实施活动的说明书，更是鼓舞人心的转型指南。

第一种思维方式

教室里要培育学生的思维文化，

学校里就必须培育教师的思维文化

1

我选择将这种思维方式放在我们清单的首位绝非偶然。所有在学校创建思维文化的实质性工作都必须以此为出发点。就我个人而言，在与有意开展这项工作的学校和学校领导进行初步交谈时，我所采取的立场就是这种思维方式，因为它为我们可能设计的任何专业学习计划奠定了基础。要理解这种思维方式，我们首先需要理解信息型学习、变革型学习和机构镜像的概念。

在第一次与学校领导交谈时，我总是努力向他们传达这样一个信息，即发展思维文化的工作并不是在一次性的研讨会上对教师进行"培训"，而是让他们参与到持续的、嵌入式的学习中去。我们必须跳出旧的、占主导地位的信息型学习范式，即主要以增加知识和技能水平为重点的学习。这种学习的目的往往是通过培训教师掌握一套新的实践方法，在短时间内解决问题或克服弱点。在信息型学习中，我们的目标是将这些做法落实到位（通常是尽快），而不是把它们仅仅看作是帮助自己实现某种更远大理想和目标的工具。事实上，在这类培训中，工具往往成了愿景。例如，教师在研修班上学习如何实施新的评估方法时，大家可能从来没有研究过通过这些方法要达到什么目的、这些方法如何与学校的生态环境相适应、如何与自己的教学实践相结合，或者与自己的学习观相联系。然而，如果这些根本问题没有得到充分解决，正在实施的做法必然会缺乏坚实的基础。即使这些做法能够站稳脚跟，也会很快被放弃。因此，围绕培训中传授的做法而开展的一系列活动可能不会带来任何持久的变化。

在信息型学习范式下，领导者往往认为多一事不如少一事，为提高教师的专业技能而大开方便之门。教师们甚至会积极响应这种努力，认为研讨会侧重于教学的核心和关键，给了他们可以使用的东西，非常实用。尽管这些工作有其存在的意义和价值，但问题是信息型学习很少深入，而且往往稍纵即逝。据估计，此类计划的实施率仅为10%左右。此外，当我们谈到创建思维文化时，信息型学习无法实现我们所寻求的实质性变革和对学校教育的重新思考。这就需要变革型学习。

变革型学习要求我们通过参与与同行的建设性讨论，对支撑我们实践的假设提出质疑。这涉及从根本上检查和修正我们的实践，而不仅仅是对其进行补充。可以肯定的是，转型、深入学习和实质性变革都是复杂的工作。因此，我们必须支持教育工作者接受这种复杂性，为他们提供机会，让他们在一个严谨、具有挑战性和富有教养的专业人士群体中探究自己的教学实践。这些专业人士愿意承担风险，质疑现状。这样的探究社区超越了"注意不冒犯他人"的温和合作关系，走向了允许对我们的集体实践提出严厉质疑的严格合作关系，并以探索其他观点的意愿为基础。

为了实现从纯粹信息型向变革型的转变（见图1.1），我们必须建立对话结构，同时为实质性交流和反思提供持续的、受保护的时间。对话与讨论不同，在讨论中，人们为达成结果而讨论各种观点和建议，而对话则让我们共同探究，形成自己的理解。"在对话中，参与者从多个角度探讨复杂、棘手的问题。每个人都可以自由地中止自己的观点。这种结果是一种自由的探索，使人们的经验和思想的全部深度浮出水面，并能使他们超越个人观点。"教师对待这种对话的方式也发生了根本性的转变，从证明和辩解自己行为的立场转变为改进自己的实践。第一种是在感觉受到威胁或面临挑战时可能采取的防御姿态。第二种则将对话视为成长的机会。我们越能培养教师的这种能力，学校就越能进行有意义的变革和重塑。

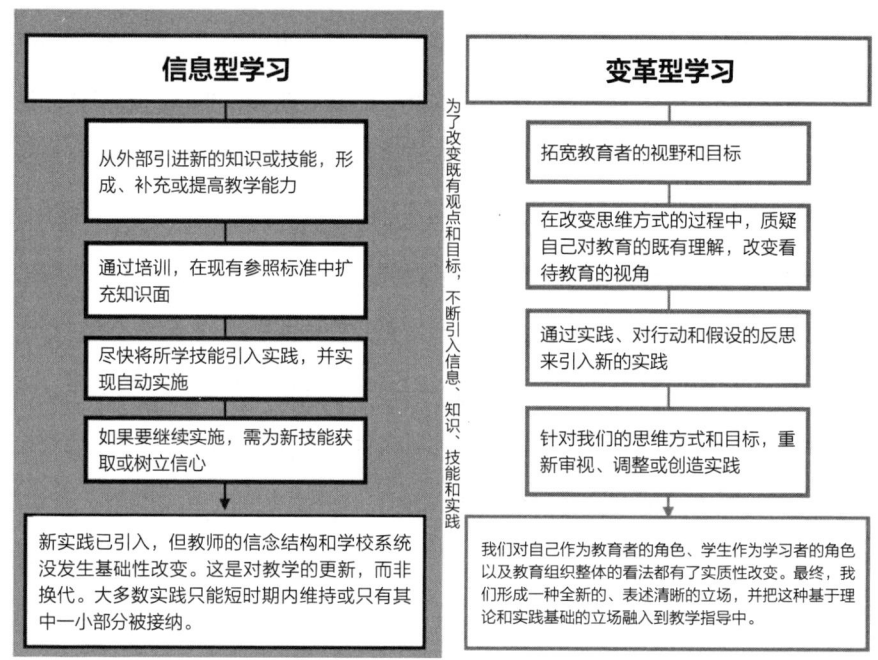

图1.1 信息型学习与变革型学习

为了促进和支持这种对话，学校必须营造一个安全、开放、信任、尊重、真实并且敢于暴露弱点的环境。这通常意味着，与其把自上而下的结构和期望强加给小组，不如建立一个更具协作性的结构，让领导者成为学习者，学习者成为领导者。小组可以通过非正式的领导以及共同制定议程和目标的方式来共同促进，从而引入多种声音，增强主人翁意识。在这样的环境中，教育者会努力使教学去私有化，从而将教学视为一种合作行为，而不是纯粹的个人行为。此外，学校还需要经常采用讨论协议来集中和放慢对话，促进公平，并鼓励参与者面对复杂挑战。协议改变了对话的自由流动性，起初可能会遭到一些人的反对。然而，协议在为探讨问题、提出问题和挑战现状创造安全环境方面大有益处，这使其成为非常宝贵的工具。

学校文化的一个特点，无论是注重思考还是注重组织运行，往往体现在我所说的"机构镜像"上。这种观点认为，在任何机构中，当人们与他们所监督或领导的人互动时，通常会将他们在社区中体验到的做法、行为和待遇作为镜子。教师作为学习者和专业人员在教育部门、州级教育部门、县级行政人员和学校校长那里所受到的对待方式，也会反映在他们的课堂上。如果教师受到控制和微观管理，他们就会倾向于控制和微观管理学生。同样，如果鼓励教师创新、合作和探究，他们也会倾向于在自己的课堂上推动这些进程。因此，我们需要以我们希望教师支持学生的方式来支持教师。为了让教师能够创造一种让学生思考、探究、合作、讨论、冒险和从错误中学习的课堂文化，教师需要亲自体验这种学习。

研究表明：为什么这很重要？

当我们为教师发展思维文化时，我们就为专业成长和变革创造了肥沃的土壤。在这样的文化中，教师"感到安全，可以脆弱，可以承认失败或错误，并相信他们的同行会给予反馈，帮助他们改进"。当教师成为思维文化的一部分时，他们更有可能参与丰富的学习对话，包括讨论问题、形成策略和制定解决方案。这样，学习就成了一种"持续的、集体的责任，而不是个人的责任"。在这种氛围中，个人可以承担风险并自我扩展，因为这里有相互信任、支持和共同愿景。更重要的是，在这种空间中进行的学习在课堂上的实施率要高得多，达到85%，而信息型学习的实施率仅为10%。

探究的变革性力量

探究式对话是思维文化的一个基本特征。在探究式对话中，教师通过与同行展开建设性对话，努力使事件、数据和经验具有集体意义。在这样的环境里，教师们勇于探索，并逐渐适应模糊性和不确定性。探究式对话充满了条件语句，比如"我想""也许""这可能是""一种可能是"等。条件语句可以让人对其他观点保持开放的态度，邀请更多的人分享想法，避免过早结束对话和过快地解决问题。与此相反，绝对语句，如"我们应该""就是这样""我们需要""我们不能"等，往往会限制对话，排斥其他观点，迫使人们过早结束对话。

专业学习小组会展开更多探究式对话，这与教师的变革型学习相关，让教学实践发生实质性转变。然而，这种形式的对话在大多数学校并不常见。尼尔森（Nelson）、斯拉维特（Slavit）和德尔（Deuel）发现，学校里教师的对话形式有4种，包括不连贯对话、连贯对话、探索式对话和探究式对话。连贯对话最为普遍。在连贯对话中，"对观点的表述倾向于权威性或事实性陈述，而问题通常是组织性、程序性或技术性的。即使认识到有不同观点，也很少有人提出质疑，或根据证据进行检验，或与其他观点进行对比。当教师完成任务或报告活动的结果时，才有可能出现短暂的连贯对话"。通过使用条件语句和协议，帮助教师从连贯对话转向更具探索性和探究性的对话。这既是一种机制，也是创建思维文化的一个目标。

这种专业学习以建构合作式意义为中心，不是某种由外人制造出来的标准，让人感觉真实可信。事实证明该方法对学生的成绩有积极影响。通过这种合作，教师能够更好地反思自己的教学实践，从而评估自己的教学实践是否有效或是否需要改变。但其重点在于，这种反思不仅关注实践行为，更关注这些行为所依据的假设和信念。如果采用这种做法，教师更能采用响应式教学策略，培养学生的理解能力。

当思维文化在教师之间建立起来时，教师的士气就会提高，对工作的满意度就会上升，从而促进学生成绩的进步。遗憾的是，教师之间这种有意义的、持续的合作在学校中很少见。如果没有共同学习的时间和机会，围绕学生学习的讨论就不会展开。这必然导致教师减少学习，教学质量下降。

教学相承

在思维文化中，创新、创造和实验都是常规做法。承担风险是推动创新和学校转型的必要条件。正如德博拉·梅尔（Deborah Meier）所说，"承担风险和大胆进取是创造力的真正重要的组成部分"。要建立鼓励学生敢于冒险的课堂文化，教师需要展示出自己尝试新事物的意愿。然而，出于各种原因（包括害怕被排斥和在公众面前失败），教师往往会规避风险。因此，建立支持教师探究和创新的学校文化非常重要，这会为教师提供足够的安全感，使其愿意承担风险。当教师在探索并尝试有可能失败的新想法时，学生会观察教师的反应和调整。这样，学生就能学到失败的价值，认识到学习是一个终身过程，并接受错误是这一过程的自然组成部分。

研究证明，教师自己的学习与我们希望他们在课堂上呈现的教学方式相一致十分重要。当重点是帮助学生发展新的、更强大的思维方式时，其重要性尤其凸显。如果教师要让学生参与任何有思想的行动，例如探究、深度学习、问题解决、仔细观察、复杂分析或元认知，那么教师自己就需要深入研究这些实践。他们需要首先作为学习者体验这些不同的方法，然后才能作为教师对其加以关注。这个过程不仅让教师看到这些方法的力量，还能让他们由内而外地理解这些方法，对作为学习者的学生产生共鸣。这就产生了能够影响学生学习的真实实践。

然而，教学相承并不局限于教师最初的学习。这些已掌握的的实践、方法和思维方式还必须在学校教师的日常生活中得到延续，这样才能在课堂上持续发挥作用。加拿大安大略省的研究人员发现，教师接受了丰富的合作学习专业培训，然而，除非其所在的学校文化采用相同的实践，否则他们的学习成果无法延续下去。因此，如果学校领导认为新的学习只是一种"培训"，只是为了给教师增加新的技能，而不是为了学校全体成年人共同进步，那么新的学习实践就会被搁置。我们看到在自己以往的工作中，当学校领导认为与创建思维文化相关的实践对他们与教师的合作非常重要时，思维文化就更有可能在课堂上扎根。

愿景与反思：它将是何种情形？

学校的教师思维文化可能是什么样的？会带来什么感觉？我们如何才能超越现实，想象出全新的世界？为了帮助我们制定这样的愿景，首先我们要挖掘自身的经验，然后反思学校专业学习与合作的现状。

构建愿景

我们或多或少都曾接触过思维文化。也许，对你来说，那是你参加学习小组、读书俱乐部、专业组织、研讨会或研究生班的时候。回想一下，在你参加的某个小组中，你的个人思考和小组的集体思考都得到了重视、彰显和积极推广，成为你持续和常规经历的一部分。请找出一个符合这一描述的特定团体。确保你是该团体的一员，而不是其领导者。回想一下你在参加该小组时的情形和感受，写下至少5个能反映你对该小组感受的形容词。请随意使用本章末尾的页面、空白处、纸张或其他电子设备。

以某种方式记录你的回答将有助于你建立一个愿景。现在，想一想该小组是如何运作的，它参与了哪些活动，如何分配时间。请写下至少5个行动或动词来描述小组的运作和行为方式。最后，请思考你是否能使用某些隐喻、图像或符号来捕捉小组的一些重要信息。也请记录下来。

引导我们对过往经验的想象和反思有助于构建一个可能实现的愿景。我们可以利用自己经验中的元素和做法，不仅让我们确信创建思维文化是可能的，而且还能激发我们的想象力，明确我们对未来的愿望和期望。

小组讨论

如果你与他人一起阅读本书，请带上大家的词语清单、文章，或许还有图画，以便分享和讨论。

➤ 你们的集体思考揭示了思维文化的哪些重要实践和特征？
➤ 在大家的思考中，你发现了哪些共同点？
➤ 其他人的经验中有哪些你从未考虑过但现在很感兴趣的新想法？

设想实践

为了进一步扩展你的视野，了解教师思维文化可能是什么样的，它可能采取的形式，以及它可能给人的感觉，我们现在来看看两个实践图景，它们体现了发展教师思维文化的一些关键要素和重要做法。请记住，这些不是模板，而是启发灵感的范例。它们与你自己的职业经历有何联系？这些与你的学校目前正在发生的事情有何联系？

案例一：唐纳德·格雷夫斯（Donald Graves）的研讨会。我还记得我作为三年级新教师参加的由唐纳德·格雷夫斯主持的写作研讨会。唐不仅是文学教育的先驱，还是一位革命家。许多人认为他改变了整个西方世界的写作教学方式。他的著作《写作：工作中的教师与儿童》(*Writing: Teachers and Children at Work*)中明确指出，教师与学生之间是相互学习的关系。虽然我不太记得唐在研讨会上实际"说"了些什么，但我记得我参与了写作和阅读。那段日子里，我们每天不间断地阅读大量的材料。我还记得与同事们讨论我的写作和阅读。第一次讨论时我很害怕，我觉得自己很脆弱：别人会怎么说？如果我写的东西平淡无奇怎么办？在这一周里，我们所做的一切都反映了他在课堂上对我们的要求。他为我们创造的条件，正是他希望我们为学生创造的条件。他的目标是让我们从"指导"学生写作转向真正地与学生一起在相互愉悦、相互支持的氛围中进行阅读和写作。在这一过程中，他帮助我们注意并利用这些条件下产生的学习机会。

我还记得，对有些人来说，这感觉太慢了。他们急于规划自己的一年，希望别人把工具和结构教给他们，而不是自己去体验。他们需要时间来接受唐为我们提供的这种彻底的真实性。对于小组中经验更丰富的教师来说，这与传统的培训大相径庭，但他们乐在其中。在这一周里，我学会了支持他人，为他们出谋划策，推动他们向前发展，而他们也同样为我出谋划策。我们从彼此的脆弱和冒险中建立了牢固的信任纽带。毫不奇怪，这个为期一周的暑期讲习班改变了我的教学。我不仅学会了如何教授写作，还学会了如何像作家一样思考，并支持我的学生也这样做。

然而，我的学习并不局限于写作教学。当我让学生参与到阅读和写作的真实体验中，与他们分享我的思考和经验，与他们一起参与写作过程时，我意识到这与我的数学教学方式脱节了。在数学教授过程中，我专注于教授程序并让学生进行练习。这哪里与数学家的实际工作有联系？除了算法演示，思维模式又在哪里？当然，数学可以用更好的方式教和学。这促使我攻读了数学教育硕士学位，从而使我的教学围绕解决问题和探究展开。唐纳德·格雷夫斯的研讨会不仅让我成了一名更好的文学教师，也让我成了一名更好的教师。它让我有机会挑战我对教学和学习的许多假设。这些假设主要基于我作为学生在学校的亲身经历。后来，我仿照唐纳德·格雷夫斯的工作坊，为教师们开发了一个沉浸式数学探究周。一旦体验过思维文化，就很难不想分享它。

案例二：思维文化研究员。2021—2022学年，来自新墨西哥州圣达菲市和科罗拉多州杜兰戈市的22名教师作为"思维文化（CoT）研究员"开始了为期一年的合作。教师们以学校团队的形式加入，与学校领导并肩作战。研究员们一起探究自己的教学和领导工作，从8种文化力量和10种思维方式中汲取灵感。我们的目标是通过对话、反思、分析和行动，在相互支持的环境中学习。整个学年共举行了6次会议，由团队中的各所学校在正常上课期间主办。小组使用"设计周期"指导探究（见图1.2），在第一学期沉浸在对所选文化力量的集体和个人理解中，在第二学期沉浸在对一种思维方式（来自本书讨论的思维方式）的理解中。在整个过程中，为了指导思考并推进对话，大家使用了思维流程和协议（thinking routine and protocol）。调查的一个重要方面是收集街头数据、尝试各种做法以及分享新的见解和问题。这在一次全社区分享活动中达到了高潮。

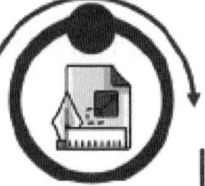

沉浸在"思维方式"中，加深理解
- 探索想法
- 收集街头数据
- 换位思考，了解学生的观点

这将使我们更好地
- 明确工作重点
- 提炼事物的本质
- 提出有意义的问题

在思考行动时，围绕思维方式进行构思
- 广泛思考可以采取的行动
- 考虑最远大的目标和最疯狂的想法

这将使我们能够：
- 筛选、评估和选择适当的行动，以便开始行动

将我们的想法转化为行动和实践
- 设计
- 创造
- 制作原型

这将使我们能够：
- 试验
- 收集有关我们行动的数据
- 接收反馈以改进

反思我们的工作
- 确定新的学习成果和重要见解
- 评估成效
- 提出新问题
- 制订前进计划

图1.2　探索行动中的思维文化的设计周期

学校领导的加入不仅推动了探究的深化，也增强了承诺的力量。领导者的参与传递了他们重视正在进行的学习的信息。戴维·珀金斯将此称为"象征性行为"，即超越行为本身传递信息的行为。正如一位研究员所说："与校长一起学习非常有帮助，因为他们能清楚地看到我们的兴趣、我们的尝试和我们的目标。这让我们有了共同语言，使竞争环境更加公平。这有助于我们更好地相互理解和培养同理心。"领导们还能够培养这一批研究员带领各自学校的其他老师。

跨学校、跨城市、跨年级和跨学科领域的工作意味着有机会跳出自己的经验，挑战自己的观点。来自里奥格兰德学校的小学科学专家艾琳·加迪斯（Erin Gaddis）说："一年中见到同样的人非常重要。你会建立信任、安全感和人际关系。你会对他人的目标产生兴趣，并从他们的进步中学习。这也意味着，你很乐意分享自己的目标、挑战和成功。你创建了一个团队，你可以和他们一起工作，一起交流。每个月的见面让我们有时间思考、工作、尝试，然后再聚在一起寻求支持、获得启发、分享和学习。"这种强烈的团队精神让每个人都能相互质疑和挑战，并通过相互联系的对话，走出单纯分享想法的舒适区。艾琳阐述道："小组让我能够迎接挑战，解决我可以改进的问题，而不仅仅是停留在我的舒适区，这是一个可以在未知中安然栖身的安全空间。说你不知道所有答案也没关系。"

来自曼德拉国际磁石学校的资深中学科学教师威廉·诺伊维尔斯（William Neuwirth）也利用这次机会走进未知世界，向他人学习。"新冠疫情之后，我选择关注教学环境的文化力量。我觉得这是一个绝佳的机会，可以彻底审视教室的布置、墙壁上的装饰、桌子的间距和方向、我和学生在教室的位置、子空间的多样化等等。"每次会议上进行的"快照观察"（见附录A）都是团队在帮助威廉想象各种可能性。这10分钟的观察是反思自己教学的机会。观察者们不是对教学进行评判或评估，而是对他们所看到的进行分析，以更好地了解他们所探究的文化力量和思维方式。正如艾琳所说："我们的目标不是评判，而是看看我们在真实的空间里实时观察真实的人将概念变成实践的过程中，能够在哪些方面得到启发。"

通过观察，威廉得出了一个重要的认识："协作和互动是人性的基本要素，如果促进得当，可以使思维成果倍增。"因此，他开始做出改变，创建了一个新的教室，这个教室"没有笔直的过道，没有前排，学生成群簇拥着一个开放、可变化的中心，教室的墙壁上展现着学生的思维成果"。威廉随后发现,"当学生有了自主权时,他们会更加投入课堂,他们的提问能力和联系能力都得到了提高。保持开放的环境让他们能够参与其中"。

讨论。前面的案例都是经过精心设计的、有针对性的专业学习,旨在让教师沉浸在新的思维方式中,并反映出教师在课堂上要促进的学习类型。然而,这些机会并不是在孤立的专业发展课程中出现的。如果专业学习是一种嵌入式的专业学习模式,允许教师探究自己的教学,支持他们通过自己的努力学习,那么专业学习往往会更加有效。科恩和鲍尔断言,在实践中学习教学知识和技能是最有效的,因为"教学发生在特定的环境中——教学就是特定的学生与特定的教师在特定的环境中就特定的思想进行互动"。因此,我与唐纳德·格雷夫斯共事一周之后,又在丹佛公共教育联盟(Public Education Coalition of Denver)的协助下进行了嵌入式学习,并在一学年内以嵌入式方式开展了思维文化研究员项目,这绝非巧合。

这种嵌入式学习机会有时被称为专业学习社区(PLCs)。有大量证据表明PLC能够促进教师的学习。然而,并非所有的PLC都是一样的。有些既不是真正的专业性质,也没有明确的学习重点,更不是真正的实践社区。在某些情况下,它们只是将教师分组开会的一种方式,只提供了一种软性的集体性,很少能推动现状的改变。PLC要支持教师的成长,就需要有激烈的辩论、对自身实践的质疑和探究、对同事学习的集体责任,以及对教学的普遍去私有化。从本质上讲,有效的PLC有赖于参与其中的教师的思维文化。这意味着要在设计中融入8个要素。所有这些都是设计思维文化研究员项目的关键要素。它们是:

1. 充足的调查时间;
2. 可以引导对话的辅助性结构;

3. 谈论教学的共同语言；
4. 多元视角，打破固有印象；
5. 偏重行动；
6. 通过文件记录提高可见度；
7. 以学生作业或课堂观察为基础；
8. 推动并挑战自我和自我信念的决心。

对当前实践的反思

虽然学校领导往往站在创建学校思维文化的最前沿，但教师本身也要发挥积极作用，尊重同事，乐于接受新思想，以探究者的姿态对待教学行为。当学校领导和教师都以创建思维文化为共同目标时，这就为学校成年人的成长、创新、质疑、冒险、反思、审视、探究、相互学习和相互借鉴奠定了基础。这样，教师就能为学生创造同样的条件。因此，我提出以下两组思考题。第一组主要针对领导（校长、教导员、教学主任、团队领导、部门负责人以及其他担任任何正式或非正式领导职务的人员），第二组主要针对教师。

选择问题并记录答案

在我们学习的不同时期，不同的问题对我们有不同的帮助。因此，我建议你通读这些问题，然后——

➤ 找出一两个对你有启发的问题。这些问题可能会对你提出挑战，或将你的思维引向新的方向。

➤ 找出一两个你最想与同事讨论的问题。

➤ 圈出你现在选择的问题并注明日期，这样你就可以确定你的关注点是如何随着时间和经验的变化而变化的。
➢ 可在本章末尾的空白处或记事本上记录你的反思。

领导的反思

• 我们目前正在采取哪些措施来实现或创建教师的思维文化？回答尽可能具体，避免泛泛而谈。

• 我们学校的哪些做法与这种思维方式不符，或可能成为实现这种思维方式的障碍？

• 我和学校领导团队是如何树立风险承担者、创新者和学习者的榜样的？我何时公开反思过自己的错误和新的学习成果？我何时征求过反馈意见以促进自己的成长？

• 想象一下思考型课堂文化是什么样子的：学生参与、好奇心迸发、深入发问等等。你现在应该在哪些方面以及如何为教师创造这样的条件和机会？

• 教师目前在何处、何时以及如何观摩他们的同事？有多少是有组织的，有多少是非正式的？如何加强和支持这些深入观摩的机会？如果我不能明确回答这个问题，我该如何了解？

• 我们学校的合作是什么样的？是有深度、有意义、有创造性的合作，还是粗略的、主要侧重于工作协调的合作？我有哪些实例来支持这一结论？

• 教师推动、塑造和指导专业学习的机会在哪里？教师在专业学习中做出有意义选择的程度如何？我们可以在哪里以及如何提供更多的机会？

• 我们在互动、讨论和合作方面有哪些非正式或正式的规范？如果是正式的，我们如何对自己负责？如果是非正式的，效果如何？正式阐明我们的规范对我们有什么好处？

- 作为领导者，我把教师的时间花在了什么地方？这些时间在多大程度上能产生效果并集中用于探讨教学问题？
- 在过去两年中，我校哪些教师成长最快？他们成长的原因是什么？
- 是什么阻碍了我校教师更具创新精神？
- 教师会认为他们的PLC支持创新、冒险和成长，还是认为这些更注重工作？

教师的反思

- 我目前是如何帮助和支持我的学校发展成教师思维文化的？我可以指出哪些具体的行为和行动会促进这一进程？
- 我们学校的哪些做法不符合这种思维方式，或可能成为实现这种思维方式的障碍？我怎样才能唤起人们对这些做法的关注并努力加以改变？
- 我如何利用同事的专业知识来改进我的教学？我在何时、何地寻求反馈、将同事作为"参谋"或观察我想学习的他人？
- 我上一次为了创新、尝试新事物和打破现状而真正冒教学风险是什么时候？我学到了什么？我需要哪些支持才能更经常地做到这一点？
- 如果我最近没有冒险，为什么没有？是什么阻碍了我？是合理的困难还是我的看法？
- 我多久反思一次自己的教学实践，以更好地了解我的教学效果和学生的需求？我发现哪些结构有助于将我的反思推向更深入的层次？我还可以尝试哪些结构、流程或协议？
- 除了反思我的教学实践，我还如何审视指导我行动的基本观念？
- 我可以与学校的哪些教师交流或观摩他们，他们可能会挑战我对教学的固有观念,并激励我尝试新事物?

• 我在何时、何地参与了能让我质疑和探索自己教学的对话?现在是什么支持我或将来什么鼓励我对教学进行更多探索和质疑?

• 作为一名专业人员,我今年是如何成长的?我在哪些方面变得更聪明了?如果我们期望学生在一学年内实现一年的成长,那么作为一名教师,我是如何实现一年的成长的?

• 我如何利用记录进行自我反思,并更好地了解学生的学习情况?我在何时、何地与同事分享和讨论我的课堂文件?我们使用或可能使用哪些结构来确保深入对话?

数据、原则和实践:我们可以采取哪些行动?

当我们清楚地认识到,为什么必须为学校教师创建一种思维文化,以反映我们希望为学生创建的文化,并了解这种文化的外观和感觉时,我们就可以开始行动了。当然,我们希望自己的行动能够顺应环境,帮助我们超越现有的思维文化。上一节中的反思问题在这方面会有所帮助。同样,收集"街头数据"也能帮助我们了解事物的现状。

收集街头数据

街头数据

➢ 有助于我们了解自身情况和学生的观点。

➢ 收集相对简单快捷。

➢ 可立即进行分析并采取行动。

> ➤ 意在提供信息和提出行动建议。
> ➤ 不是成功的评估或衡量标准，而是实践的缩影。
> ➤ 可以采取多种形式：观察、访谈、调查、问卷、录音等。

在设计街头数据收集活动时，请考虑：你可以从这些数据中学到什么？如何利用这些数据为下一步行动提供信息？这些数据将如何揭示事物的现状，帮助确定需要改变的事物或可以借鉴的有益做法？街头数据的收集量是无限的。重要的是不断总结个人和学校在促进这种思维方式方面的情况，即学校要培育学生的思维文化，就必须培育教师的思维文化。这样才能不断前进。

街头数据行动一：专业学习机会调查。我们在与学校的长期合作中使用了一种方法，即通过调查了解教师认为哪些机会是有价值的，他们从每种机会中获得了什么，如何改进这些机会，哪些机会对教学的影响最大，以及哪些机会对学校正在创建的思维文化产生了影响。你需要创建一份自己的清单，列出学校正式和非正式的各类专业学习机会。注意：关键信息是哪些机会对个人和学校文化最有价值，以及为什么。（示例见表1.1。）

在我们的案例中，我们发现教师们非常重视我们的开放式——校友重聚会，因为这是一个非正式地重新建立联系的机会，也是一个关注我们的使命而非学校"工作"的机会。我们还了解到，教师们参加的"快照观察"活动（见附录A）也很有价值，因为它可以让教师们讨论真实的教学情况并相互学习。大家认为，这些活动促进了反思，使人们能够就自己的教学提出重要问题。这两项活动都被视为对学校整体文化的贡献。另一方面，参加辅导课的人认为辅导课对教学产生了直接影响。然而，只有少数人做到了这一

表 1.1　专业学习调查

请写下对本年度每个学习机会的评论。姓名（可选填）：

你参与的专业学习机会（正式或非正式）	你认为这次经历/机会有哪些宝贵和有用之处？	对于进一步丰富这一学习机会，你有何建议？
开放式教师会议/重聚会		
自愿式图书学习小组		
一对一辅导会议		
快照观察		
菠萝图表观察		
调研组		
多媒体共享		
嘉宾演讲		
反思日志		

1. 请在你认为对你的教学影响最大的两个学习机会旁边打上星号（*）。
2. 请在你认为对创建全校性专业文化和共同致力于创建思维文化目标贡献最大的两个学习机会旁边打钩（✓）。

点。我们了解到，教师们认为有组织、有计划的机会更有用，因为这就要求人们致力于学习。

毫无疑问，你的专业学习机会清单会与我们的清单大相径庭，特别是如果你刚刚开始这个过程的话。也许你们的学习机会更多属于信息型学习领域。如果是这样的话，可以考虑增加一些空白行，让教师们指出他们认为有益的其他专业学习机会，也许是更为非正式的专业学习机会。你甚至可以创建一个开放的表格，要求教师指出对他们的教师生涯影响最大的5个专业学习机会。无论你以何种方式提出这一提示，目的都是了解教师对其专业学习的看法，以帮助你制订今后的计划。

街头数据行动二：教师对变革的反思。我们将这一街头数据工具作为大规模研究的一部分，对多个地区的数百名教师进行了研究。这种方式聚焦于教师在学习如何培育学生的思维文化过程中，采取了哪些改变的方式。我们提出了几个简单的问题，并给教师30分钟的时间提交书面反思结果：

1. 由于你把重点放在使课堂成为思维文化的场所上，你的教学、课堂和学生有什么变化？旁观者可能会注意到哪些具体情况？

2. 有哪些外人可能无法立即察觉，但你现在明显感觉到的差异？

我们感兴趣的不仅是教师们实施的想法或做法，还包括其长期效果。由于跟我们合作的教师有数百名，因此我们不可能走进每个人的课堂。我们还认为，教师自己最有条件确定他们的教学是如何发生变化的。我们决定把重点放在那些明显的、外人可能看到的变化上，以及那些不太明显但仍很重要的变化上。教师们指出的变化包括：

• 学生们在分享时感到更加自如，自信心也在不断提高。倾听是学生们另一项正在稳步提高的技能。

• 学生们对周围世界发生的事情有了更多的好奇心。这反过来又提高了他们的语言能力、口头交流能力、自尊心和自信心，这将使他们做出更好的选择。

- 旁观者可能会注意到,我的学生可以在课堂上保持滔滔不绝的状态。学生们可以自由地提出问题和讨论想法,而在过去,作为一名不那么成熟的教师,我可能会害怕面对这样的场景。
- 学生们在不同层面上相互激励。他们有了更多的对话,对自己的作品有了更多的想法。
- 我的提问方式不同了,部分原因是我对学生的思维感兴趣。我不再只是问一些我知道答案的问题。

从整体上看,教师注意到的主要变化体现在学生的参与、对话和好奇心的增强上。教师们注意到他们自己也在朝着更深入的提问方向发展。根据这些数据,我们对教师的提问方式进行了进一步的研究,以便更好地了解其中的变化。

将思维方式作为行动的原则

将"教室里要培育学生的思维文化,学校里就必须培育教师的思维文化"这一思想转化为行动原则,进一步指导学校的工作方式。原则可以指导我们的行为,将具体行动与原则联系起来,就能将原则落到实处。根据研究综述和我们与学校合作创建教师思维文化的经验,我提出以下指导原则:

- 取消教学私有化,使教师能够相互学习。
- 将教师参与的专业对话类型从主要针对教学和工作的对话转变为探索和研究教与学的对话。
- 优先安排教师学习的时间,使专业学习成为学校每周的常规活动,而不是一次性活动。

- 通过将试错、从实践中学习、试行新想法和设计示范课程常态化，鼓励教师创新和冒险。

你会注意到，这些陈述都以动词开头，帮助我们集中精力采取行动，从而确定我们的方向。与此同时，这些行动并不十分细致。它们没有明确说明我们可能会"做什么"，也没有说明每项行动将采取的形式。这一点，我们将留待本章的下一节来讨论。

可以采取的行动

> 一所学校的教师思维文化不可能是单一的。每个人都有充分的空间来发挥自己的创造性，并从其他来源引进有效的做法。以下是一些可借鉴的行动：
> ➢ 借鉴我们全球思维文化项目在学校开展的工作。
> ➢ 联系相关原则，关注每项行动背后的驱动动机。
> ➢ 可根据实际情况进行修改。
> ➢ 与每个具体行动背后最相关的文化力量相关联。8种文化力量和10种思维方式这两个框架是协同增效的，你可以任意选择其中一点开始你的旅程。

教学去私有化。教学是孤独的。尽管整天面对学生，但我们通常是教室里唯一的成年人。这样就很难向同事学习，也很难形成教师的集体认同感，因为大家都致力于为教师和学生发展思维文化。当我们将教学去私有化时，我们就加强了教师之间的联系，促进了对教学复杂性的思考，并为教师的冒险和创新创造了条件。要实现教学的去私有化，我们就必须使在彼此的课堂上进行正式和非正式的观摩成为常事。我们必须为教学反思和质疑创造空间。但我们如何在学校范围内做到这一点呢？我们采用的一些策略包括"快照观察""学习实验室"和"敞开大门"。

快照观察。每当我谈到教师们在教室里互相观摩时，一般都会得到积极的回应。许多人都提到，他们是多么希望看到别人的教学过程。然而在实践中，让教师互相走进课堂的情况却很少。究其原因，我们典型的同行互助听课模式既烦琐又费时。此外，虽然大多数教师愿意观察他人，但只有少数教师愿意被观察。许多教师害怕可能出现的评价和评判，因此需要长时间的准备工作，以设计出完美的课程。快照观察（见附录A）试图颠覆这两种印象。顾名思义，"快照观察"的时间很短，只有10分钟，但与同事进行后续讨论的时间可长达40分钟。其次，"快照观察"的目的不是对被观察教师进行评价，甚至不是提供反馈。"快照"为观察者提供了利用观察结果反思自己教学的机会，让他们可以提出问题进行研究。它是一面镜子，人们可以从中反思自己的教学。被观察的教师并不参与对话，而只是向同事们提供开放课堂，作为反思对话的基础。这样，观察和讨论就更容易安排了。"快照观察"本身将教师的注意力集中在常规性、期待和机会上。我们也可以选择另一种文化力量作为观察的重点。在开展"快照"活动时，教师们使用协议来安排时间，充分利用这一机会进行反思。他们还在发展一种共同的语言来谈论教学和学习。

学习实验室。实验室的目的是围绕新思路建立合作规划、集体自主和共同解决问题的意识。实验室包括三个阶段，即设计、观察和讨论，一般连续进行三节课（见附录B）。在设计阶段，小组集体规划一堂课，重点是主讲教师的教学内容。我们想尝试一些新的东西，通常是以一种思维流程作为试行的课程原型。观察是实验室体验的核心。在这一阶段，主讲教师执行计划的课程。实验室主持人也可根据需要在课上担任指导。观察员是学习的记录者，他们收集的数据可供日后讨论。他们不做评价，而是与主讲教师共同学习，试图更好地了解学生的思维和学习情况。在讨论阶段，观察员分享他们的记录并探讨其意义。重点是理解课程设计及其是如何促进学生的思考的。所有参与者都会思考如何根据自己的情况调整本课的思维流程或技巧。与这一行动相关的文化力量包括示范（由主讲教师以非正式方式进行，并由主持人充当反思的典范）、机会（与同事一起进行规划和反思）、时间（参与教师在课程层面的规划）、流程（实验室重点关注规划和试行新流程）以及语言（用于讨论教与学）。

敞开大门。在密歇根州特洛伊市的国际学院，思维文化的发展由一组核心教师领导。他们立即意识到，他们的关键目标之一是让教师们谈论教学和8种文化力量。他们发起了一项"敞开大门"的倡议，在门外悬挂了一个以8种文化力量为特色的思维文化标志，欢迎所有人进来观看，甚至观看后还能进行讨论。这是一种非正式的邀请。还有一些学校利用教职工活动室里的图表来展示哪些教师正在进行尝试，并愿意让其他人进行非正式的观察。这些图表有时被称为"菠萝图表"，因为菠萝是好客的象征。还有人利用教师发起的#ObserveMe（观察我）活动，邀请同事走进课堂，征求反馈意见（见图1.3）。所有8种文化力量都与这一行动相关联，因为观察是一种邀请，让我们走进课堂，观察文化力量是如何被利用的。这是一个通过自然形成的教学模式进行学习的非正式机会。还有机会进行对话和发展共同语言。

欢迎

请前来观摩。

请就以下目标提出反馈意见：

> 我正在研究语言和互动的文化力量，我在努力：
>
> 提出更多探究性问题，鼓励学习者进行更深入的思考。

图1.3 观察我

转变对话。学校里有很多次对话，但这是富有成效的、变革性的对话吗？是讨论和辩论推动思想，做出决定，一种观点获胜，还是对话增强了我们的集体意义？是非威胁性的分享保持了现状，还是引发了具有挑战性的问题，促使教师在建立强大的合作关系的同时进行探究？最重要的是，如果主要是肤浅的讨论，我们该如何转向更注重探究的对话？学校改革倡议（https://www.schoolreforminitiative.org/protocols）和其他地方提供的协议等工具可能会有所帮助，制定小组规范或存在方式也是如此。但是，要谨防将过多的重担压在主持人一个人身上。小组中的每个人都有责任促成对话的转变。

与教师分享前面讨论过的教师对话互动的连续性内容，有助于提高教师对不同对话模式的认识。尼尔森、斯拉维特和德尔指出了教师对话的四种类型：1）不连贯、漫不经心的对话；2）连贯的对话；3）探索式对话；4）探究式对话（见附录C）。教师们认识到，他们或多或少都参与过这四种类型的对话。找出在我们的对话中可能出现不连贯，或只关注"连贯的对话"所特有的温和友好的交流方式的原因。检查这种对话是如何限制学习的。从这一角度出发，研究探索式对话和探究式对话能为我们个人和集体带来什么。确定教师如何相互支持，以达到这一目的。重要的是，每个人都要承担起转变对话的责任，而不仅仅是主持人。了解自己在对话中要寻找和避免的东西也很有用。只有这样，我们才能注意到并说出这些出现的元素。

在将对话转向更复杂、更实质性的探究时，我们还必须注意培养自己的倾听技巧。在最基本的层面上，重要的是要排除干扰（电话、电脑、那堆未批改的试卷），这样我们才能真正地倾听他人。虽然保持安静并为他人创造空间很重要，但倾听的意义远不止于此。正如诗人爱丽丝·杜尔·米勒（Alice Duer Miller）所说，"倾听不仅仅是不说话"，而是"对别人告诉我们的事情产生浓厚的兴趣"。正是通过积极倾听，我们为他人敞开大门，让我们看到他们的想法。在Zenger/Folkman领导力咨询公司进行的一项研究中，好的倾听者会提出问题，以澄清困惑之处，并提出探究性问题，促使发言者反思并检查自己的假设。当人们真正在倾听时，对话就会给人一种合作而非单方面的感觉。此外，好的倾听者通常会通过"反馈阶梯"（Ladder of Feedback）等工具提供反馈和建议。与这一行为相关的最重要的文化力量包括语言、流程（使用协议来组织对话）和互动。

优先安排教师的学习时间。 在学校里，我们永远没有足够的时间来完成所有的心愿。因此，我们必须把时间留给那些被认为最重要、最有价值的事情。正如之前的研究报告所明确指出的那样，保护教师的学习时间有利于鼓舞士气、提高专业水平、支持创新并促进学生的学习。在实践中，这意味着要确保大多数教职工会议是关于学习而不是后勤的。这将确保会议更真实、更吸引人。需要传递信息时，可考虑使用电子邮件或视频。确保学习是持续的、持久的和累积的，而不是偶发的和断断续续的。这意味着至少每两周安排足够的时间让教师进行定期探究、深入讨论和有意义的参与。确保时间安排。当学习小组让不同部门和年级的教师都参与进来时，效果最好。学习小组由来自同一部门或团队的教育工作者组成并非不可能，但挑战在于这些小组已经有了"工作议程"和一系列必须完成的任务。在这种情况下，工作议程往往会淹没并取代学习议程。正如史蒂芬·柯维在几十年前所说的那样，眼前紧急的事情往往会取代重要的事情。因此，我们不应将"工作组"或委员会与"学习小组"混为一谈。前者旨在完成某项工作或任务，实施某项计划。后者旨在通过调查、行动和反思，加深对问题、难题或议题的理解。不难理解，这里最相关的文化力量就是时间。此外，我们还在考虑如何利用这些时间，以及我们希望为同事和自己创造什么样的机会。

鼓励创新和冒险。当我们把重点放在发展和改进上，而不是放在实施上时，我们就会自然而然地转向尝试、冒险和通过首次尝试来学习。在实践层面，这意味着语言的转变。领导者、促进者和教师应使用原型语言，而不是实施语言。原型是为了收集反馈和从自己的努力中学习而进行的首次尝试，而实施则意味着要完全实现某项目标。认识到失败是学习的时刻，定期与教师就有成效的失败或学习中的首次尝试进行交流。养成问自己和他人的习惯：本周你尝试了什么新事物，从第一次尝试中学到了什么？你将如何利用学到的知识来重塑或修改你的下一次尝试？这些问题设定了对创新的期望。与这一行动相关的文化力量包括语言、示范、机会和环境。

让新行动适应当前现实

我希望前面的一些行动能激发我们的好奇心和兴奋感,并让我们感觉到行动的号召。我们都需要新的想法和可能性来鞭策自己。此外,强有力的行动往往会催生其他行动。一旦第一件事发生了,第二件事也就不那么难了,而且随着时间的推移,新的行动会让人觉得是自然而然的下一步。与此同时,我们希望避免流于表面的处理方式,即只是在现有的问题上做文章。因此,在你急于实施你急于尝试的行动之前,请退一步思考一下你目前正在做什么(见图1.4):

➢ 通过应用之前确定的一些原则,哪些已经实施的行动可以得到加强和发展?

➢ 考虑到这种思维方式,哪些做法需要重新思考或修改?

➢ 你需要完全停止做哪些事情,并将其从你的计划中删除?为什么?是否与这种思维方式背道而驰?是否无效?

➢ 哪些"非必要障碍"阻碍了你真正践行这种思维方式?

➢ 最后,你是否需要创建全新的流程、结构或行动?

我们之所以使用"非必要障碍"这一术语,是因为那些我们无法控制的规定和政策往往不值得花时间去抱怨。然而,我们所面临的许多障碍都是我们自己造成的,或者只是我们已经习以为常的"学校语法"的一部分,以至于我们不知不觉地认为它们是不可改变的。

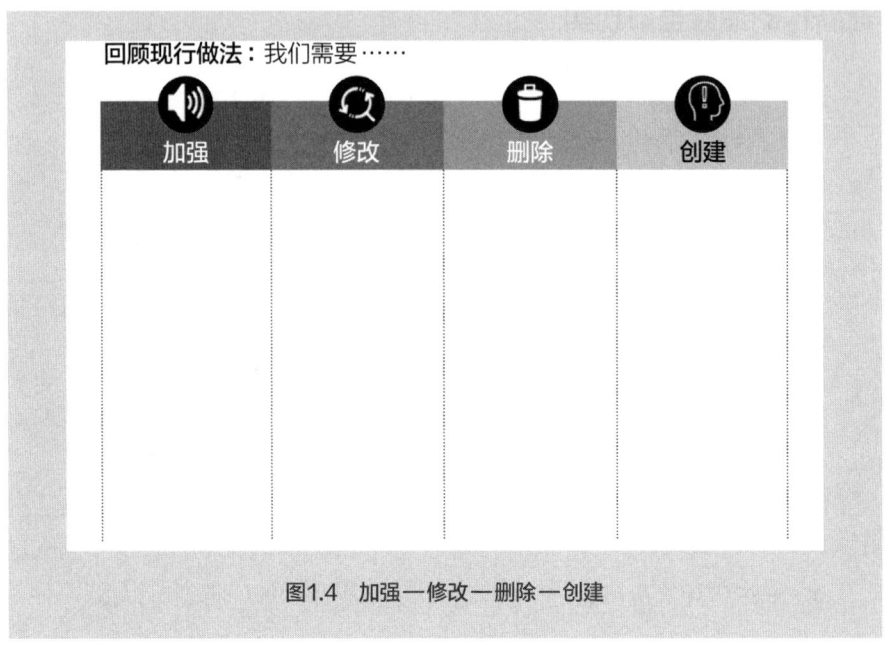

图1.4 加强—修改—删除—创建

结论：我们的行动理论

最后，我们通过提出"行动理论"，假设我们的行动可能产生的效果，来结束对"教室里要培育学生的思维文化，学校里就必须培育教师的思维文化"这一思维方式的研究。根据我们制定的原则采取行动，我们可能会看到什么结果？这不仅仅是一种希望的结果，它是以我们的研究和经验为基础的。行动理论之所以有用，是因为它既阐明了我们在做什么，也阐明了我们为什么要这样做。因此，它指出了我们应当留意的细节，以了解我们何时以及在多大程度上取得了成功。我们不应该仅凭一系列行动的实施就急于宣称成功。只有当这些行动取得预期效果时，我们才能宣布取得了一定程度的成功。本着将我们的行动与预期效果结合起来的精神，我为"第一种思维方式"提供了以下行动理论。如果它包含了你计划采取的行动和预期的效果,请使用它。如果不能,也可以根据自己的实际情况制定自己的行动理论。

如果我们支持并授权学校的成年人不断成长、创新、质疑、冒险、反思、审视、探究、相互学习,那么教师也会为课堂上的学生创造同样的条件。

第二种思维方式

性情无法传授，只能培养

在我作为一名教育工作者的整个过程中，我形成了两个指导创造思维方式的问题：

1. 我们的学生在与我们相处的过程中，会形成什么样的思考和学习方式？
2. 我们希望学生长大后成为什么样的人？

这些是我们作为教育工作者、家长和社区成员都应该问自己的问题，因为这些问题涉及我们的目的，即我们"为什么"这么做。

这些问题抓住了我们寻求在学校和课堂上创造思维文化的中心目标和原因。优质教育不仅能促进对教学内容的深刻理解，还能培养一个人一生所需的思维能力。这不是非此即彼的命题。我们的研究表明，学校既可以达到高学术标准（即使是通过标准化测试来衡量），也可以培养学生成为思考者。

性情有很多名称：特质、品质、性格、美德、天性、本性、软技能和习惯。无论以何种名称，心理学家、哲学家、社会学家和教育家长期以来都非常关注其发展。性情构成了一个人的特性——包括他们是谁以及他们将成为谁。例如，当我们称某人具有反思能力时，是因为我们观察到了他过去的行为并预测他未来也可能具备这种能力。性情很重要，因为性情通过当前呈现的能力或技能，能够反映未来的潜力和行为。作为教师，我们努力培养不仅会阅读而且愿意阅读的学生。我们希望学生不仅能够提问，还能因为好奇而经常提问。我们希望学生不仅在需要时停下来反思他们的学习，而且在察觉到有必要时自发地进行反思。因此，性情弥合了能力与行动之间的差距，成为推动行动的动力。如果我们具备开放的心态，我们就更有可能发现可以展现开放心态的机会，并通过部署我们在该领域的技能来把握这些机会。正是由于性情能影响行为，思维性情的构建过程才如此引人注目。

但问题是性情无法直接传授。传授式教学中，学生被动地接收有关有价值的品质及其相关行为的信息，这不足以培养性情。我们不能仅仅教授一个关于"好奇心"的单元，用一个月的时间专门学习如何"探险"，继而转向二者间的"平衡"——尽管我发现有的学校是这么做的。简单地在墙上贴满海报或清单，宣扬"思维习惯"的优点，也不太可能产生太大效果。正如阿尔菲·科恩指出的那样，"这种序列式方法很难让学生长期坚持发展这些价值观，更不用说理解它们之间的关系了"。此外，教师仅仅陈述他们希望在课堂上看到的情况是不够的。学生需要在行动中体验性情。如果性情无法直接传授，我们该怎么办？我们必须让学生适应文化，答案简短但并不简单，这意味着我们必须让学生通过我们创造的文化来发展性情。

研究表明：为什么这很重要？

我们应该在学校里优先考虑和发展哪些性情？列表比比皆是，比如《思维习惯》《智力美德》《21世纪技能》《IB学习者概况》，以及各种《思维倾向列表》。虽然这些清单积极有用，但往往很长，看起来像是一个宽泛、模糊、有时重叠的项目的大杂烩。在《智力性格》一书中，我分析了这些被提议的性情清单，找出了6种似乎出现在几乎每个人的清单上的性情，并得到了心理学研究的充分支持。这6种特质包括开放、好奇、元认知、寻求真理和理解、有策略和敢于质疑。所有这些都有助于我们成为一个更独立、更有效的学习者和思考者。然而，在学习和思考方面，出现了两种我们可以称为"主倾向"的特质：好奇心和元认知。

关于好奇心的论述

苏珊·恩格尔（Susan Engel）称好奇心是学习的引擎。它引发了探索和探究，激发了深度思考和推理，增加动力并鼓励质疑。好奇心帮助学生使新知识和信息变得有意义。但如何做到呢？神经学家马蒂亚斯·格鲁伯博士（Dr. Matthias Gruber）使用功能磁共振成像扫描来更好地了解好奇心对学习的影响。他发现，好奇心使大脑处于一种状态，即允许大脑学习和保留几乎任何类型的信息，并使这个过程给学习者带来更大回报。杜克大学认知神经科学中心动机记忆实验室的研究进一步阐明了好奇心和动机之间的联系。该实验室的负责人艾莉森·阿德考克博士（Dr. Alison Adcock）解释说："我们的研究表明，激励系统启动了海马体（大脑中负责记忆的部分）来记录重要的事情。这是一个强有力的解释，解释了为什么我们记得我们所做的事情。这是使我们更容易接受外界信息的大脑状态。"与此同时，该实验室的工作也发现了可能会阻碍这种积极的大脑状态发展的原因，"根据我们对动机相关的大脑系统的理解，你不能害怕，你不能焦虑——因为焦虑系统真的抑制了好奇心，产生了刻板的、快速的、简单的反应，这也阻碍了我们在教育和治疗中非常感兴趣的那种充满趣味的探究精神"。

因此，好奇心（也就是一些研究人员所称的"动机天赋"）与学校的学业成功联系在一起也就不足为奇了。此外，促进好奇心对于传统上处于劣势地位的学生可能特别有价值。虽然好奇心与学习和探究的联系已得到充分证实，但最近的研究表明，它与其他结果也有很强的联系，如幸福、创造力、满意的亲密关系、在经历创伤后促进个人成长，以及增强对一个人的生活有意义的感知。

尽管有很多关于好奇心的重要性和力量的研究，但它在学校的存在并不十分突出。恩格尔指出，孩子们的提问自然会推动课外学习，但这种情况在课堂上急剧下降。随着学生学业的进展，好奇心（通过提问、直接凝视和操纵物体）发生的频率会降低。她的研究得出结论认为，要求教师涵盖教学内容的压力会抑制好奇心。《激进的好奇心》的作者塞思·戈登伯格（Seth Goldenberg）更进一步指出，无论是在学校里还是在我们成年人的生活中，我们今天的世界都被设计成根除好奇心。当好奇心成为学习、激励、发明和发现的强大动力时，为什么社会会减少好奇心呢？戈登伯格认为，我们在没有足够的时间来提出问题的情况下，就过快地找到了解决方案。企业优先考虑行动和决策，领导者强调旧知识的管理而不是新知识的创造——听起来有点像学校。如果好奇心意味着我们需要有机会解释意外的情况和应对不确定性，那么学生在学校中哪里有这样的机会呢？

关于元认知的论述

教师经常将元认知与对一个人的思维和行为的反思或思考联系在一起。然而，元认知实际上涉及三个关键维度：1）有效地规划和指导一个人的思维；2）在思维过程展开时积极监控和控制一个人的思维过程；3）事后反思一个人的思维。元认知过程有助于记忆和迁移，同时促进更深层次的学习。研究证明，元认知是提高阅读理解能力、发展科学概念理解能力，以及提高数学计算和推理能力的关键因素。通过元认知，学生作为学习者也变得有自我意识，可以发现自己学习的方式和面临的缺陷，意识到自己如何在学习中成长，以及何时寻求帮助。这种自我意识让学生能够自我调节学习，根据需要调整策略，并增强动机。学生的元认知能力也与使用更有效的学习策略有关。杜威关于经验、思考、理解和反思的大量著作通常可以归结为一句广为流传的格言："我们不是从经验中学习，而是从反思经验中学习。"

研究证明，教授元认知策略、建立元认知策略模型，并积极鼓励使用元认知策略对促进学习和提高成绩有很大帮助。大量证据表明教授元认知策略可以显著提高学生的学习效果。约翰·哈蒂对教育干预的开创性元分析测量出元认知策略的平均效应量为0.69，使其处于有影响力的教学方法的前列。《澳大利亚教学和学习工具包》指出，与没有获得此类学习机会的学生相比，定期教授、展示、鼓励和支持元认知策略的课堂在一年中平均可以多取得8个月的进步。

性情培养

研究就如何最好地发展性情有何见解？对学习的社会文化观点以及对性情教育有效实践的研究都有助于回答这个问题。正如心理学家利维·维果茨基的名言："儿童会逐渐融入周围人的精神世界中。"当学生是一种文化的一部分，这种文化传递了关于思维价值的信息，并支持其发展时，学生就更有可能接受这些价值观。

同样，当关于知识的信念和用于形成理解的过程得到定期建模、支持和预期时，学生就会接受并内化这些信念。我们可以将这种学习视为一种"认知学徒制"。在这种学习中，我们在专家的陪伴下学习，专家定期向我们展示他们的想法。

尽管必须利用所有8种文化力量来传递这样一个信息，即思维性情的使用和发展是学校的核心，但基于对有效性情教育的研究，一些特定的文化力量显得特别重要。学校通过提供有价值的性情模式来激励和鼓励性情发展，提供将性情付诸行动并体验其力量的丰富机会，在讨论和解决问题时定期与同龄人互动，每个人的性情都在其中发挥作用。此外，学校还有望将性情发展作为全面教育的核心部分。

在性情的发展中，教师的指导有一席之地吗？有。性情中有一个必须培养的技能成分。为此，有必要厘清特定性情的特征，确定其中涉及的技能和做法，提供机会，并在有意义的背景下，通过支持和反馈来练习这些技能。此外，不应该把文化融入和简单的渗透混为一谈。一个人并非仅仅被动地接受一种性情。教师必须突出性情，使它们成为学习和反思的对象。这可能意味着学生定期进行自我评估，教师对学生的性情发展进行评论和反馈。然而，我们认识到，直接指导只是性情发展的一部分，而且在建立思维文化的更广泛背景下才是最有效的。

愿景与反思：它将是何种情形？

利用课堂文化来支持和培养学生的思维性情会是什么样子？我们如何才能认识到这些性情确实正在发展？我们应该在课堂上采取哪些做法以及我们应该在学生身上寻找哪些行为？为了帮助我们制定这一愿景，我们可以使用斯科特·墨菲（Scott Murphy）的"回到未来"协议的修订版本，该协议首先要求我们想象一个具体的未来愿景，然后回溯以确定我们可以实现这一目标的方法。

构建愿景

想象一下，这是本学期最后一个月，你带学生去博物馆、画廊、商业中心、户外中心或适合学生和学科领域的其他场所进行实地考察。在参观结束时，博物馆讲解员/教育者会评论她非常喜欢与你的学生一起工作。"他们非常有好奇心，并且善于思考，"她说，"与我接待的大多数团队非常不同。"讲解员从学生身上观察到了什么？他们有何不同？在描述这些行为时要尽可能具体，不要简单地说"他们提出了问题"，而是要确定他们提出的问题类型的特征，甚至可以写下示例问题。将你的回答记录在本章末尾的页面、本页的页边、一张纸或电子设备上。

现在想象一下，这位讲解员现在的回应与你在本学年早些时候带学生进行实地考察时得到的回应来了个一百八十度的反转。上一次时，学生们行为举止规范，并不让你难堪。但坦白来讲，你对他们似乎并没有学到什么东西感到有些失望。这并不是说你为这两次参观做了不同的准备，而是学生变了。在这两次参观期间的几个月里，你做了什么改变了他们参与和反思的能力？在课堂上，什么样的时刻对你来说是重要的，是创造还是利用？为了看到更多类似的行为，你注意到、提出或赞扬了哪些行为？为了培养这种好奇心和反思能力，你做了什么？请记住，这是一次愿景练习，而不是对你的实际实践的反思。你正在想象可能会产生你所设想的结果的事情的类型。这种愿景想象有助于拓展我们的视野和思考各种可能性，将其视为第一步。这些都是未来需要考虑采取的行动。将你此次的答案记录在上次答案下面。

小组讨论

如果你正在和其他人一起读这本书，安排一个时间来分享和讨论你的想法。

➢ 你们的答案揭示了小组对好奇心和元认知反思的集体愿景是

什么？
> 小组认为，为发展性情，你们还有哪些未能采取的行动？
> 利用小组讨论的结果进一步推动愿景。你或小组还能做什么？

设想实践

为了进一步扩展你对性情培养的理解，以及如何确认性情正在发展，我们现在研究两个案例。这两个案例进一步充实了性情发展的重要行为以及可提供支撑作用的教学实践。第一个案例将性情评估视为一个整体的、自然发生的过程。第二个案例来自佩里幼儿园，这是一项研究最深入的干预措施，旨在将学生培养成强大的思考者和学习者。

案例一：学校理事会成员。在这所包含幼儿园到12年级的学校里，我花了10年时间培养思维文化。后来我有机会与学校理事会的一位成员会面并听取他的汇报。晚餐时间，这位东道主奥利弗向我解释，他和妻子如何决定把孩子们送到这所学校。他们最初的想法是把孩子们送到他们自己上过的一所学校。然而，他们改变了主意。奥利弗解释他们的理由，在他的公司里，他会定期面试并雇用新的求职者。随着时间的推移，他注意到了一种现象。他的新雇员中有相当一部分都毕业于这所学校。是的，他们都毕业于不同的大学，但这似乎并不是区分申请人的主要因素。他们大学之前的学校教育是一个共同点。他发现这些受访者都是好奇、有思想、独立、令人兴奋的人。简而言之，他注意到了他们的性情。奥利弗就像我们所有人一样，通过观察求职者的行为及其与他人互动的方式来评估其性情，而不是其他无形或难以捉摸的软性要求。为了验证自己的评估，他查看了推荐信，并与他人交谈，但并不要求提供成绩单或入学考试成绩。

根据这个评估，奥利弗告诉他的妻子，他们需要为自己的学龄前孩子检查这所学校，看看它有什么不同。他们所看到的给他们留下了深刻的印象，因为全校的学生——不仅仅是幼儿园的孩子们，都在花时间深入探索自己的想法和项目。学生们会重新反思并改进自己的工作，与老师和同学探讨自己的学习情况。当奥利弗与学生交流时，他对学生们谈论学习和思考的方式印象深刻，而不仅仅是他们正在做的内容。老师鼓励学生拥有并追求自己的梦想。课堂气氛活跃。教师促使学生深入思考和参与。当时奥利弗就在评估这所学校的文化。学校传达了哪些关于学习的信息？学校重视和提倡什么？在这所学校学习的感觉如何？奥利弗和他的妻子没有要求查看课程文件和考试成绩数据。

案例二：佩里幼儿园。 那是1963年，露易丝·德曼–斯帕克斯开始了她的第一份工作，在佩里幼儿园当老师，这是密歇根大学和东密歇根大学教育工作者开发的一个项目的一部分。她和学校的其他老师一起参与了一项雄心勃勃的事业：试图提高他们在密歇根州伊普西兰蒂教授的贫困非裔美国儿童的智商。她要讲的"课"在外人看来很简单，但蕴含着深意，注重让学生体验和创造性参与。例如，孩子们可能会参与装扮表演，自行创造富有想象力的剧本。露易丝会与他们互动，向他们提问，提出问题让他们解决，为他们的游戏增加难度。露易丝分享道："我们这样做，可以帮助他们规划技能，扩大他们对世界的认识。我们认为，沟通、发展和扩展语言对孩子们真的很重要，因为这对社会很重要，对于在学校取得成功也非常重要。"

值得注意的是，老师们还把学习活动带到了教室之外，把学生带到面包店、果园和机场等地。露易丝解释说："因为孩子们家境贫穷，很多家庭都没有自己的车,因此我们想扩展他们对真实世界的体验。"她表示:"我们想要做的是让他们能够像中产阶级家庭的孩子一样在这个世界上获得具体的体验,并学会在世界上这些更大的舞台上感到舒适。"除了在校体验外,教师每周还花90分钟家访,在母亲在场的情况下与他们一起玩耍,示范与孩子互动的方式,让孩子们参与富有想象力的游戏和真实的语言发展。

佩里幼儿园项目起初被认为是失败的。学生的智商得到了提高,但只是短期的。收益逐渐消失。当孩子们10岁时,实验组和对照组的孩子在认知能力测试中的表现并没有太大差异。然而,由于这项研究是在20世纪60年代进行的,因此研究人员能够在过去的6年间对学生进行跟踪,并且结果是显著的。随着时间的推移,人们发现参与实验的孩子比同龄人更有可能合作、积极上学、高中毕业、工作收入更高、上大学、拥有稳定的婚姻,并且犯罪的可能性要低得多。不仅如此,2019年发布的调查结果表明,最初佩里幼儿园项目中孩子的孩子现在也获得了同样的好处。

讨论。在前面的两个案例中,我们得到了关于结果和收益的重要教训。正如诺贝尔奖获得者詹姆斯·赫克曼(James Heckman)所说的那样,"如果你开始进行干预,然后在几年内对其进行评估,而没有认识到这些项目具有多重影响,并且你不允许这些影响产生和表现出来,我们就可能得出过早的负面结论"。我认为,虽然我们必须将个性发展作为优质教育的主要目标之一,但我们必须提供机会,在此过程中拓展学生的视野,并对发展提供形成性反馈,但重要的是要有长远的眼光。性情发展需要时间。我们不应该太快地试图评估和衡量学生的进步。

对当前实践的反思

下面的问题提供了一个机会，可以让你反思自己在课堂上珍视、分享和庆祝的东西。这些问题既关注文化融入的过程，也关注我们希望看到的学生的性情。尽管这些问题主要聚焦于教师，但是学校领导人也可以进行反思，将教室扩大为学校，将学生扩大为学习者，反思自己如何通过文化融合支持教师培养学生性情。

选择问题并记录答案

在我们学习的不同时期，不同的问题对我们有不同的帮助。因此，我建议你通读这些问题，并确定：

➢ 一两个对你有启发的问题。这些问题可能对你来说具有挑战性或者将你的思维引向新方向。

➢ 你最想和同事讨论的一两个问题。

➢ 圈出你现在选择的问题并标上日期，这样你就可以确定你的关注点是如何随着时间和经验的变化而变化的。

➢ 你可以在本章末尾的空白处或笔记本上记录思考过程。

• 我希望什么类型的思考能成为课堂上的常态？为什么还没有实现这个目标？我能做些什么才能让其成为我课堂学习中更有规律、更必要的一部分？

• 我将在何时、何地、以何种方式为我的学生们树立一个思考者和学习者的形象？这个形象应该是什么样子？

• 我希望我的学生来到这个班级时已经具备哪些性情？为什么这些对我

来说很重要？我的学生有哪些性情？

- 我的学生会因为与我相处而成为思考者和学习者吗？我需要收集哪些类型的数据才能更好地回答这个问题？
- 在课程的哪些地方有机会让学生发展他们的思维性情？
- 我最后一次注意、提出并强调学生的思维和性情行为是什么时候？我怎样才能帮助自己更频繁地这样做呢？
- 我该如何描述我们学校理想的毕业生呢？我希望他们作为一个人和一个学习者是什么样的？
- 当学生们回归到生活中时，我希望把他们培养成具有什么样的性情的人？
- 文化是关于信息的。我传递出哪些关于学习，比如学习如何发生以及有何价值的信息？学校传递出这些信息了吗？

数据、原则和实践：我们可以采取哪些行动？

我们已经清楚地了解为什么性情是有价值、重要的教育目标，明白了最初可能关注哪些影响学生学习的性情，以及性情是如何通过文化而不是直接教学培养的，现在我们准备采取行动推动这种价值观的发展。当然，我们希望自己的行动能与我们的背景相一致。在这方面，上一节中的反思问题可能会有所帮助。收集街头数据，帮助人们了解事物的现状，也是如此。在考虑你可以做些什么来倡导这种价值观之前，请退后一步，评估一下你的课堂和学校的现状。你可以收集哪些数据来最好地为你未来的工作提供信息？

收集街头数据

> **街头数据**
> - 有助于我们了解自身情况和学生的观点。
> - 收集相对简单快捷。
> - 可立即进行分析并采取行动。
> - 意在提供信息和提出行动建议。
> - 不是成功的评估或衡量标准,而是实践的缩影。
> - 可以采取多种形式:观察、访谈、调查、课堂末尾小测试、录音等。

在进行街头数据收集工作(或使用以下建议)时,请考虑:我可以从这些数据中学到什么?这些数据对我指导下一步行动有什么用处?这些数据将如何阐明事物的状态、帮助确定需要更改的内容或指出我们可以利用的有前景的实践?选择适合你和学生的收集方法。考虑随着时间的推移收集数据(使用相同或不同的工具),这样你就可以不断地评估你在倡导这种价值观上的进度。

街头数据行动一:消息幽灵漫步。 卡罗琳·泰勒(Carolyn Taylor)说:"文化就是传递信息。这些信息展示了什么是有价值的,什么是重要的,人们在这里所做的事情是为了融入、被接受和获得奖励。"这些信息本质上大多是非语言的,存在于团体或组织的符号、行为和系统中。学校的目标或使命大多雄心勃勃,学校文化却鲜少与此有关。要了解一个地方的文化,我们需要看看传递的信息。一种方法是进行"幽灵漫步",以此确定你的学校正在传递哪些学校社区重视、关心和认为重要的信息（参见附录D）。"幽灵漫步"之后，请思考以下问题：你注意到了什么有趣或令人惊讶的细节？"幽灵漫步"中你发现了什么问题或产生了什么反思？你认为学生会根据你注意到的整体信息，如何理解学校价值观，以及采取什么方式为其进行宣传和庆祝吗？你可以在个人和学校范围内做出什么样的改变，以强化这样的信息：这所学校专注于让学生成为思考者和学习者？

街头数据行动二：成功的性情。下一个街头数据行动旨在捕获学生认为有价值的性情。他们认同你和这项研究吗？从他们的角度来看，他们是否觉得自己有机会在学校进一步发展和使用这些性情？以下的问题可以作为学生的简短反思题，甚至可以是他们离开课堂时需要完成的"课堂末尾小测试"：

- 作为一个人，而不仅仅是一个学生，你认为你需要哪三种品质或特质才能在现在和未来取得成功？
- 最近你在学校何时、何地有机会使用并进一步发展这些品质？

你可能需要对学生的回答进行分类。你甚至可以让学生这样做。学生的回答可能并非基于性情。例如，一些学生可能会说"聪明""运动能力""性情好"，甚至"富有"。这是可以的，因为它打开了一扇门，让我们谈论我们可以在自己身上培养和控制的品质。不管学生的回答是什么，看看他们认为什么有助于成功是很有趣的。任何性情的一个关键组成部分是我们采取行动的倾向。也就是说，我们是否倾向于认为某项特定的技能或行为在此刻对我们来说是有价值的、有用的或重要的。当我们重视某种行为时——例如，从其他角度考虑——我们更有可能参与这种行为。学生们的回答也为谈论性情发展作为学校明确的目标打开了大门，同时也提供了一个机会来分享关于元认知和好奇心的研究，以及它们如何对我们的生活和学习产生影响。这可以增强内在动机。

第二个问题与培养品质的场合有关，可以告诉你学生是否认为学校在积极培养他们的性情。虽然倾向很重要，但我们也需要找到使用这些技能的场合。学生们能分辨场合吗？我们在"零点计划"的研究表明，这种"使用场合的意识"是发展性情的关键瓶颈之一。人们经常拥有某种技能，但只是错过了使用它的机会。因此，教师既要创造机会让学生发挥他们的性情，又要帮助学生发现这些机会。这并不意味着老师们只负责发现和指导，而是通过提问来提示，比如，"这里需要注意的重要事项是什么？"

将思维方式作为行动的原则

将思维方式作为行动的原则有助于指导和引导我们的工作。原则以顶层设计、总揽全局的方式告诉我们应该做什么。从我们的基本原则出发，我们构建了体现原则的具体行动，并将其付诸实施。原则是我们在"如何做"和"做什么"之间架起的桥梁。对于我们的思维方式，"性情无法传授，只能培养"，我们可能会说，原则上我们需要优先考虑这个问题，使其外化，重点关注并赞美，最后使其成为流程。这到底是什么意思？

- 将学生的性情发展作为学校和课堂的主要目标和优先事项。
- 外化元认知和其他类型的思维过程，使学生能够在认知学徒阶段向专家模型学习。
- 注意培养性情的四个方面：1）技能；2）倾向；3）使用场合的意识；4）当下的动机。
- 无论何时、何地、以何种方式，赞美我们想要强化的性情。
- 使思考和相关的性情成为流程，使它们成为学校和课堂结构不可或缺的一部分。

可以采取的行动

> 性情培养没有统一的方法。每个人都有足够的空间发挥自己的创意,并从其他来源引入有效的实践。请记住,沉浸式、多方面、长期的方法是最好的。以下行动:
> ➢ 取材于我们在学校开展的工作,是全球思维文化项目的一部分。
> ➢ 置于相关原则之下,帮助你关注每个行动背后的驱动力。
> ➢ 可根据当地情况进行修改。
> ➢ 与每个具体行动所关联的最相关的文化力量相联系。8种文化力量和10种思维方式这两种框架具有协同作用,你可以从其中任何一种开始你的旅程。

优先考虑。确定一些你希望学生掌握的有关学习和思考的核心倾向。虽然你可以使用各种来源的列表,但试着找出你真正关心和认为重要的几个(不超过5个)。看看16个思维习惯[1]列表,你可能会发现它们都很有价值,都很重要。然而,教师如何以深刻而有意义的方式积极地关注16种不同特征的发展呢?如果你从列表中选择一些你感兴趣的,你的收益将更大。使用任一清单来激发你的思维,让你思考应该把重点放在哪些性情上。一旦进行了选择,请与同事分享和讨论:

---

[1] 思维习惯的想法由阿瑟·科斯塔和贝纳·卡利克提出,他们提出了16个关键属性(思维习惯),基本上形成了一个思维系统,人们可以用此解决不断出现的困难情况。——编者注

- 为什么这些对你很重要?
- 为什么它们对你的学生很重要?
- 你如何树立有关这些性情的典范?
- 你在哪些地方还需要改进?

把这些性情的培养看作是学生的权利。这是他们教育的核心内容,而不仅仅是附加内容。确定学生在何时、何地以及如何有机会练习和获得这些特质。相关的文化力量包括期望、示范和机会。

使其外化。外化原则适用于你所选择的任何性情。重要的是,我们是这些性情的典范,这样学生就可以从我们身上学习。把性情想象成是由外而内习得的。这在元认知的发展中尤为重要。学生首先通过与他人的对话和互动从外部体验元认知过程。渐渐地,这些外部对话被内化了。有三种有助于元认知发展的具体做法,分别是:自言自语,邀请学生谈论他们的行为,以及搭建支架。

自言自语。自言自语被用来模拟认知过程,如激活计划、可视化和监控阅读中的理解过程。在数学中,该方法通过强调专家在手足无措时的做法,有助于模拟解决问题的方法。该方法的目的是通过向学生展示这些活动中涉及的所有积极思考,揭开构建意义或解决问题过程的神秘面纱。因此,我们必须选择既新颖又复杂的材料,这样我们才能真实地进行思考。当我们这样做的时候,自言自语可以让我们显示出自己也是学习者,从而使我们人性化。通过在学生面前勇于进行这种阐释性的尝试,该方法可以帮助建立一个学习者社区。

通常情况下,自言自语是一种有意识的建模形式,其中的原始材料是预先选择的,建模的目的是让学生以后独立练习建模的技巧。在这一过程中,一个有用的中间步骤是让学生识别并说出他们目睹的过程。教师可以将这些步骤记录下来，张贴出来供日后参考，并在需要时引导学生注意这些步骤。这种记录也有助于引导学生反思元认知过程本身。你使用了哪些过程？忘记了哪些？哪些最有帮助？不过，并不是所有使用这种技巧的场合都需要事先计划好。我们必须敏感地意识到，我们的思维模型可以邀请学生一起进入认知学徒制，并在当下一对一地模拟我们的思维。与这一行动相关的文化力量包括示范、机会和环境。

"**跟我说说你在做什么。**"这是一个简单的元认知任务，你可以每天对学生使用。当学生解释他们的行动和计划时，他们就有机会回顾并解释这些计划。通常情况下，学生只需说出自己的行动，就能进行调整或发现问题。这个简单的问题将使对自主学习至关重要的元认知过程变得公开、明显和可见。在大声说话的过程中，学生有机会发展自我对话，我们希望他们将其内化，并作为独立学习者经常使用。对教师来说，学生的回答可以提供宝贵的形成性评价信息。事实证明，与他人，尤其是成人，谈论自己正在做的事情，并让对方表现出兴趣，也能增强好奇心和参与度。与这一行动相关的文化力量是我们与学生的互动以及我们使用的语言。

搭建支架。教师用来支持学生一般思维和元认知过程的支架主要有两种：软支架和硬支架。软支架根据学习者的反应，在需要时提供动态支持。其形式可以是教师的提示和提问。硬支架则更为静态，通常是根据学生的需求和预期困难而规划的，其形式可以是指南、序列或步骤。这种支架为学习者提供了一个学习模板。这两种类型并不相互排斥，甚至在实践过程中相互补充。例如，思维流程是一种硬支架，提供了一连串简短的步骤来引导学习者思考。在选择特定的思考程序时，教师已做出决定，这种结构将支持学生参与原始材料的学习。但在实践中，教师仍会提示和提问学生，以进一步支持他们的思考，并根据需要在硬支架上添加软支架。

"元认知支架"代表了硬支架和软支架的混合。此类支架可以提前识别或从教师与学生的持续互动中产生。它们可以被记录下来并规范化，或者作为教师如何以支持的方式与学生互动的隐性知识的一部分。教学教练和示范课程的教师经常分析这些支架，并让那些渴望支持学生思考的教师了解。因此，对于使用这种支架的新手来说，他们可以事先写好脚本，当成硬支架。然而，随着时间的推移，这样的脚本逐渐成为师生之间动态的持续反思的对话，从硬支架逐渐变成软支架，被更加积极地使用。同样地，教师可以写好脚本供学生使用，指导他们自己的学习。通过这样的手段，我们把希望成为内在特质的东西用外在的形式展现出来。这个过程中需要考虑以下问题：

- 我在这个项目/任务/工作中的方向正确吗？
- 我目前所做的努力如何帮助我实现项目目标并包含所有必要元素？
- 我还可以考虑哪些方案或行动？
- 我应该向谁寻求帮助或反馈？
- 到目前为止，我的进展是否顺利？
- 这项任务中是否有让我感到困惑的部分，或者将来可能会给我带来问题的部分？
- 我是否很好地利用了时间？
- 我是否在这项工作中使用了有效的策略？

与这一行动联系最紧密的文化力量是流程（支架在很多时候就是流程的一种）、语言（因为我们的重点是培养学生的内在声音，所以我们的语言很重要）和互动（认识到软支架在本质上是反应性和互动性的，并且依赖于良好的倾听)。

重点关注。 大家还记得,性情可以理解为由四个部分组成:1)能力;2)广泛的倾向或价值观;3)对运用个人能力的场合的认识;4)当下行动的动力。在努力培养性情时,有必要关注这四个组成部分。要发展具有任何倾向的能力时,首先要确定实施该倾向所需的基本技能。例如,与好奇心相关的一项必要技能就是质疑能力。因此,教师要花时间帮助学生学会质疑,这或许可以采用"问题分类"等流程方法,这是值得的。事实上,教师们发现,定期使用流程教学方法为学生提供了一个发展技能的机会,培养学生形成更广泛的倾向,发展理解能力。

遗憾的是,学校在培养学生性情特征方面的许多努力都止步于能力部分。学校还必须帮助学生认识到这些能力的价值所在。不仅要帮助他们看到,还要帮助他们体验性情行为的好处和回报。例如,尽管分享有关好奇心益处的研究成果很有用,但最好还是让学生亲身体验这些益处,感受所谓的认知情绪。这些情绪,如惊喜、发现的喜悦或对学习的深度投入,会使大脑的奖励中枢充满多巴胺,进而增强学习动机。因此,为学生提供定期体验这种冲动的机会比简单地告诉他们更有可能促进他们的好奇倾向。对于任何一种倾向,都要问问自己如何才能让学生体验到它的价值。

我的同事戴维·珀金斯和莎莉·蒂什曼(Shari Tishman)在哈佛大学进行的研究表明,即使有能力和倾向,许多人仍然不会采取行动。瓶颈似乎在于他们不善于发现运用自己技能的机会。学校不仅很少培养这种意识,而且往往直接抑制这种意识。教师知道,激发技能的最简单方法就是直接提出要求。因此,通过罗列"成功标准"或明确说明学习成果——例如,"读完这段文字后,写下你对该主题的三个疑问"——来告诉学生该做什么,是确保我们获得所追求的成绩的最简单方法之一。然而，当我们希望关注学习体验和个性发展时，陈述学习目标或罗列成功标准可能会抑制学生的学习。在其他情况下，教师可能会为任务设置过多支架，使学生只需按部就班地完成任务。通常情况下，这些做法确实是有益的。事实上，它们可以培养学生的能力。因此，我并不是说永远不要使用这些做法，而只是要确保你也为学生提供了培养他们意识的机会。这可能意味着，与其过度安排任务，不如为那些可能需要支持的学生准备好支架。这可能还意味着，与其交给学生成功的标准，不如使用范文和范例，让学生发现并确定重要的要素，或许还可以使用"Be-Sure-To"流程。第七种思维方式中提供了更多关于过度结构化任务的问题的信息。

最后就是当下的动力。有时，个人不会采取某种态度，是因为存在一些不利因素和消极因素。关于学生在求学过程中好奇心会发生什么变化的研究指出了这些因素。例如，在高中阶段，由于背诵和考试成绩的压力，学生可能找不到时间来激发他们的好奇心。他们可能会发现好奇的机会，但由于时间和压力，他们将自己的能力搁置起来。如果我们希望在课堂上看到学生的好奇心，我们就应该问问自己，为什么我们没有看到他们的好奇心？我们是否正在做一些事情来降低这种行为的积极性或合法性，以及我们如何才能停止做这些事情？

与这些行动相关的关键文化力量是创造机会来发展四种性情要素，以及利用流程来培养能力。语言也会发挥作用。例如，当我们使用"答案是什么？"这样绝对化的语言时，就意味着学生没有太多选择权。与此相反，当我们问"答案可能是什么？"时，就表明我们的意图是探索各种可能性，然后再理性确定答案。

赞美。当学生做出我们想要培养的行为时，我们需要注意到、说出并表扬他们的行为。通过这样做，我们可以唤起学生对这一行为的关注，并表明我们非常关心这一行为，会注意到它的发生。这种注意和命名会起到强化作用，使学生更经常地做出这种行为。我们还可以为学生的好奇心建立一个"奇思妙想墙"或"问题停车场"。这表明，尽管我们当时可能没有时间去探究问题，但我们足够重视问题，并将其记录在墙上，因为我们期待着有时间再来探讨这些问题。

我们还可以通过每周，甚至每天的"庆祝时刻"活动，帮助学生表扬自己的个性行为，并发现表扬的时机。例如，你可以让学生找出他们本周在学校或家里的好奇时刻。他们看到、听到或经历了什么事情激发了他们的好奇心？对这些时刻进行分析，看看关于学生和好奇心的一般情况它们能告诉你什么。研究人员通常认为，事件中某种程度的意外或差异会引发好奇心。学生还可以找出他们目睹他人好奇、善良、乐于助人、善于反思等行为的时刻。教师可以在科学、数学、体育或其他特定学科的课程中重点关注这一点，以帮助学生关注这些行为在特定环境中的表现。这些技巧可以记录下来并展示出来。这种记录和分享也有助于建立社区和彼此间的联系。谁不喜欢自己的积极行为得到认可？这些庆祝活动固然是一个机会，但也利用了环境以及注意和命名的语言。

形成常态。性情是日常行为。我们说一个人有某种性情，无论是友善、好奇还是开明，是因为我们看到他经常有这种行为。事实上，他们经常这样做，以至于我们开始把这种性情与这个人联系在一起。你希望自己的课堂流程是什么？你希望看到哪些行为模式？一旦明确下来，就要创造机会，形成常态。如此反复，使之成为班级"存在方式"的一部分。我在"零点计划"

的一位同事分享了她儿子转学后的一段对话。新学校是我与之合作了十多年的学校，学校发展目标是发展一种思考文化，让思考可视化。她问儿子马克斯，在新学校注意到了什么？与上一所学校有什么不同？儿子回答说，在这所新学校里，孩子们"看得更多"。她请他解释一下。他说："我们看什么并不重要。可以是一首英语诗，也可以是我们正在做的科学实验，甚至是体育课。当我们去谈论它时，孩子们会看到很多东西。他们会发现很多东西，而不局限于你期望看到的那些内容。"马克斯注意到的是性情行为。学生们已经习惯于通过"观察—思考——怀疑"（See-Think-Wonder）等流程活动，仔细观察和深入了解每个学科领域，这已经成为他们的默认行为。这已经成为流程。

让新行动适应当前现实

在跃跃欲试之前，请回过头来想想你目前在学校正在做什么（见图2.1）：

- 通过应用之前确定的一些原则，哪些已经实施的行动可以得到加强和发展？
- 考虑到这种思维方式，哪些做法需要重新思考或修改？
- 你需要完全停止做哪些事情，并将其从你的计划中删除？为什么？是否与这种思维方式背道而驰？是否无效？哪些"非必要障碍"阻碍了你真正实现这种思维方式？
- 最后，你是否需要创建全新的流程、结构或行动？

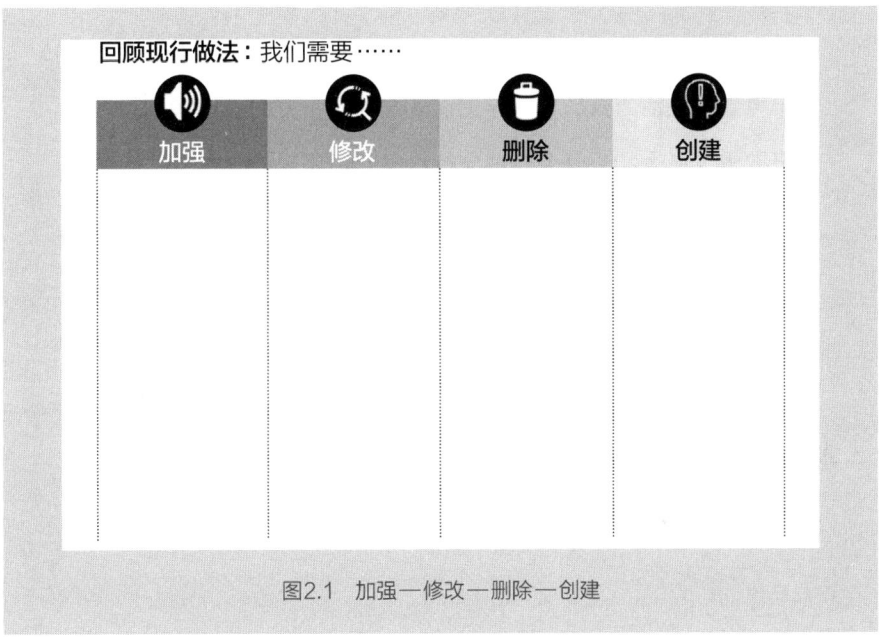

图2.1 加强—修改—删除—创建

结论：我们的行动理论

按照这种思维方式行事并体现我们所制定的原则，我们可能会看到什么结果？我们期望看到什么结果？这就是我们的行动理论，是我们的行动与结果的结合。它是目标、指南和评估工具。我们并不是在进行评估，而是在试图理解。如果我们采取了行动，却没有看到预期的结果，我们就需要问自己为什么没有看到。也许现在期望看到这些结果还为时过早。如果是这样，我们在哪里看到了曙光？也许，这些行动在某些情况下对某些学习者有效，但对其他学习者无效？为什么会这样，我们该如何调整？也许我们在实施过程中出现了偏差。我们如何才能理解这一点？本着将我们的行动与预期结果结合起来的精神，我为第二种思维方式提出了以下行动理论。

如果我们坚持不懈地树立学习者和思考者的典范，倡导学习者和思考者的生活方式，尊重学习者和思考者，并对学习者和思考者提出要求，那么学生就会养成支持终身学习和思考的思想品格。

第三种思维方式

要创造新的学习故事,

我们必须改变学生和教师的角色

每一所学校、每一间教室都在传递着关于学习的信息：学习是什么样子的、学习是如何进行的、什么是值得学习的、怎样才能学好、聪明意味着什么等等。文化就存在于它所传递的信息之中。因此，文化管理就是信息管理。这些信息不是通过我们所说的或写在使命宣言中的内容传递的，而是通过我们的示范、我们创造的机会、我们建立的流程、我们设置物理环境的方式、我们语言中的细微差别、我们与学生的互动、我们的时间分配以及我们对学生的期望传递的。也就是说，通过我们利用和部署8种文化力量的方式传递的。这些信息共同构成了我们与学生以及为学生制定的学习故事。要了解一种文化，我们需要了解它所传递的信息。在讲什么故事？要想改变一种文化，我们就必须改变我们所传递的信息，书写一个新的学习故事。

与书面叙事一样，学校里讲述的学习故事也依赖于一种潜在的结构或语法。这种语法对我们来说可能是无形的，尽管我们毫不费力地在其中工作，而且我们的行为强化了它的存在。举例来说，英语语法中有一条"规则"，规定形容词放在名词前面，其排列顺序是观点、大小、年龄、形状、颜色、起源、材料，然后是目的。因此，我们可以说购买了一个漂亮的、大的、蓝色的名牌沙发。但是，如果你打乱了这个顺序，你的描述就会听起来有点不对。大多数以英语为母语的人在使用这一规则时都毫无瑕疵，甚至没有意识到这一点。它已经在自己的生活经验中内化了。因此，"学校语法"也塑造了我们组织学校、设计课程的方式，更重要的是，塑造了学生和教师所应扮演的角色。"学校教育的语法在如此深的层次上运作，以至于其规则变得无形，成为事物的一部分。如果一个人在说话时使用了糟糕的语法，那听起来就不对了；如果一所学校违反了学校教育的语法，那对某些人来说就不像是一所真正的学校了。"

学校语法是一种隐性力量，往往使转型具有挑战性。学校之所以保持现状，部分原因是学生、教师和家长已经在既定的做事方式中社会化，并将既定做法视为"真正学校的必要特征"。要改变已有几十年甚至上百年历史的运作方式是很困难的。我们已经习惯了年终考试、6或7节课的课程表、45至60分钟的教学时间段、按年龄分组的学生、社会升学、学生储物柜、教师站在教室前排、教科书、标准化课程以及其他许多根深蒂固的结构，以至于我们认为它们是理所当然的。重要的是，这些语法之所以能够存在，是因为它们具有一定的功能。它们在普遍接受的学校教育目标、我们认为值得努力实现的目标以及教育系统及其利益相关者的组织需求之间取得了平衡。系统总是倾向于那些可行的、可用资源（人力和财力）得到合理利用的、对现状破坏最小的目标。这种动态的紧张关系往往是改革失败的原因。例如，生物学研究表明，推迟开学时间对青少年的健康、成绩、出勤率和参与度都有好处。然而，由于组织需要（安排校车和课后活动）和家长要求，很少有学区能够管理这种变化。在这种情况下，除非利益相关者将目标作为优先事项，并愿意花费实际和政治资本来实现目标，否则组织需要就会战胜有价值的目标。

以教师为中心的教学是学校最根深蒂固的做法之一。在历史上的大部分时间里，这意味着教师作为权威和控制者站在教室的最前面，向学生传递信息，而学生则是接受信息的容器，被期望听从指挥和服从命令。尽管苏格拉底学说、弗莱雷和马拉古齐的著作以及曼、杜威和福柯的理论著作都呼吁采取更加以儿童为中心的方法，但事实证明，这种传统的师生角色观很难改变。这些改革努力受到抵制的原因是多方面的，但其中最主要的是，在曼或杜威等改革者的时代，帮助教师设计新的教学方法的资源、模式或支持很少。值得庆幸的是，今天我们有了更多可以借鉴的范例和资源，创造了更多的变革空间。尽管如此，愿景与制约性语法之间的差距依然存在。例如，赵勇呼吁学校培养"企业家精神"，苏加塔·米特拉（Sugata Mitra）提出"自组织学习环境"（self-organized learning environments），即SOLEs愿景。这两位远见卓识者不仅提出了新的教学实践，还从根本上重新思考了学校在时间安排、课程设置、学生分组和师生角色等方面的语法。但是，只有少数学校愿意接受他们的愿景。

即使是不那么激进的建议，也存在变革的挑战。请看美国国家数学教师委员会（National Council of Teachers of Mathematics）在城市学校开展的一项数学改革研究，号召让数学更注重意义。希瑟·希尔（Heather Hill）和她的同事观察到，虽然使用新教材和新资源的教师确实更注重教学内容的意义和解释，但教学形式仍和以前一样以教师为中心。要求学生对彼此的数学想法进行评论的课堂讨论仅占所观察课程的5%。因此，由于提供了广泛的专业学习和新资源，课程发生了变化，但教学并没有变。教师仍然扮演着灌输规定内容（尽管是新内容）的角色，是教师而不是学生在诠释数学的意义。要实现变革，我们需要改变教师的角色、学生的角色以及所提供的机会。

我们可能很容易认为，前面的讨论仅仅是关于以教师为中心和以儿童为中心的教学。然而，现实情况是，大多数教师都会将以教师和以儿童为中心的教学方法结合起来。直接式教学和探究式教学都有其存在的价值。此外，这两种方法的定义并不明确，而且包括各种各样的做法。为了帮助我们向前迈进，有必要将我们的讨论重新聚焦于教师和学生的角色。正如加拿大研究者贝里尔特（Berierter）和斯卡达马利亚（Scardamalia）坚决地指出的那样："学生在教学互动中获得的（认知）技能是学生在互动中的角色所要求具备的技能。"因此，我们必须时刻意识到我们在明示和暗示中让学生扮演的角色。这使我们能够跨越任何教学方法——无论是体验式、探究式还是直接式——来仔细考虑我们允许学生承担、探索并成为他们自己的角色。图3.1为我们如何重新认识学生和教师的角色提供了指导。

赵勇将这种对角色的重新思考描述为从教师作为规定课程的传授者向服从者（即学生）的转变，转变成充满热情的成年人作为社区成员与学生一起工作。这一概念包含了这样一种思想，即我们对学生的印象和愿景是我们重新认识彼此角色的基础力量。当我们的愿景是让学生有能力在世界上占有一席之地时，教育就成为一种变革和解放。这样，我们就更容易接受A. S. 尼尔（A. S. Neill）的信念，即"儿童的功能是过自己的生活，而不是过焦虑的父母认为他应该过的生活，也不是按照自认为最了解自己的教育者的目的而过的生活"。

再看一下图3.1。请思考：每个类别中的描述揭示了学生和教师是如何被看待的？其所倡导的教育理念是什么？你可能会注意到，在图3.1的左侧，学生的角色主要是服从和顺从。其隐含的指导概念是学校即工作，这意味着学生是工人，教师是管理者和负责评价的老板。图3.1的右侧显示，学生更加积极主动地参与学习，教师以积极的方式与学生合作。师生之间的关系就像一个社区，并将学校比喻为学习和个人发展的场所。图3.2进一步阐述了这些转变。

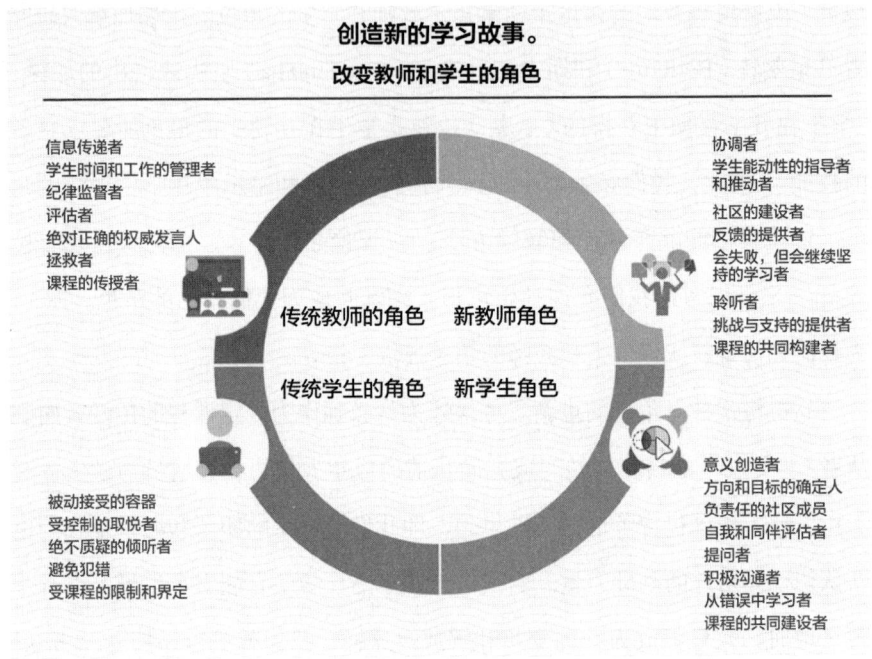

图3.1 创造新的学习故事

我想强调的是,这三种类型的学习者——顺从型、参与型和赋权型——并不是一个循序渐进的过程。事实上,许多学生过度接收了"学校是工作""学生是顺从、服从的工人"的信息,因此很难让他们亲身参与其中。他们总是期待权威为他们指明方向,因为他们太想取悦和顺从了。同样值得注意的是,顺从或服从并不一定是尊重、关爱、良好礼仪和社会化的基础——而这些也是我们所关心的。只有根植于建设社区的过程和对他人的同情时,学生才能更好地理解这些品质。与那些出于对社区的责任感而遵守规则的孩子相比,那些出于对权威的服从和屈从而遵守规则的孩子在权威缺失时更容易越轨。同样重要的是,我们要承认,在注重参与和赋权的同时,我们并不是在谈论权力的全面移交，而是在谈论权力使用方式的转变。这种转变是将重点从控制和服从转向"解放、赋权和支持学生为自己看问题和想问题"。

研究表明：为什么这很重要？

当我们考虑教师和学生的角色，以及在我们的学校创造一个新的学习故事时，许多因素都在起作用。通过回顾研究，我确定了四个得到充分支持的重点要素：1）支持学生的能动性、赋权和领导力；2）关注讲授者和倾听者之间的平衡；3）鼓励促进主动性和应变能力的行为；4）赞美有力量和有成效的身份。每一项都为重新认识教师和学生的角色提供了一个良好的起点。

支持学生能动性

传统上，学校注重在教师控制的权力动态中培养顺从和服从的学习者。然而，在思维文化中，我们希望学生成为更投入、更有能力的学习者（见图3.2）。为此，教师必须分享权力。当教师在课堂上掌握所有权力并做出所有决定时，学生的参与度会大大降低。此外，这样的环境无法为学生提供所需的机会，使他们发展成为独立、自我调节的学习者，能够做出决定、进行批判性思考或发挥创造力。我们所追求的是让学生在他们的教育经历中成为合作伙伴，这样我们就能建立一个强大的学习者社区，将教师和学生都纳入其中。

然而，教师不能简单地放弃权力。教师必须逐步培养学生的能力，为他们提供机会，让他们对学习的方向和形式有更大的控制权和选择权。逐步放开控制权，让学生有更大的自主权和选择权，有助于学生发展成为负责任的

我们在培养什么类型的学习者?

指导性隐喻		学生的主要行动	教师的主要行动	成功的定义
	**服从** 学校是由他人规定和定义的工作场所	遵守规则和指示,服从命令,完成规定的任务。或者无动于衷地反抗(不遵守规则)	定义和解释任务(可能由课程指南规定)及相关奖惩。支持并监督任务的完成。侧重于"教什么"	成绩、分数、完成情况、年级目标和标准
	参与 学校是有目的的学习场所	表现出兴趣,看到联系,能扩展任务	将任务置于有意义的情境中,设定理解的目标,对延伸保持开放的态度,指导个人成长,鼓励思考。注重"如何"教学,并开始引导学生思考"为什么"	深度、理解、参与、扩展、刺激
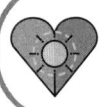	**赋权** 学校是全人的成长与发展场所	确定方向和目标、发挥主观能动性、做出选择、追求梦想、确定任务、创造和创新	想方设法帮助学生树立对自己能力的信心,看到自己贡献的力量,并与世界建立联系。帮助学生设定学习目标,关注解决自己相关的"为什么"。推动学生思考	创新、创造、能动、自我效能、激情、快乐、个人成长

图3.2 我们在培养什么类型的学习者

独立学习者。因此,分享权力并不是零和游戏。教师不需要为学生获得权力而失去权力。更重要的是培养学生的自主能力,信任他们,让他们为自己的学习负责。赵勇在《世界级学习者》一书中明确指出,这不仅仅是为学生提供更多自由的问题,而是需要创建"旨在帮助儿童个性化他们的学习体验的基础设施"。当学生在学习过程中拥有更多自主权时,他们就会产生强烈的"个人对学习过程和内容的意义感",从而提高参与度。此外,拥有选择权并能够确定自己的方向与"自主、动力和健康功能"的积极感受相关,这将增强一个人的内在动力,并提高"努力程度、任务绩效和感知能力"。

讲授者和倾听者之间的平衡

平均而言,教师谈话占课堂谈话总量的70%至80%。教师可能会以自己的谈话主导课堂,因为他们担心如果自己没有充分解释,学生会产生误解,而其他人的谈话则是为了确保学生掌握完成任务所需的所有信息。当教师的话语占据主导地位时，学生就会"迅速被等级教育模式剥夺权利"，从而"抑制他们的好奇心和主动性"。如果没有发言的机会，不仅学生无法表达自己的理解，教师也失去了监控学生学习成效并进行适当干预的机会。这就是为什么前面关于尝试更有意义地教授数学的研究在教师主导讨论时会出现问题。

通过课堂讨论，学生可以学习话语规范，培养解释自己的推理、为自己的主张提供证据、以尊重的态度批判论点的技能，所有这些都是公民生活中民主话语的一部分。事实证明，数学课堂中学术话语的频率甚至可以提高英语学习者和低收入学生的学习成绩。当学习环境促进课堂讨论时，学生会不断解释和论证他们的思维，深度学习得到鼓励，而这是单纯的说教式教学所无法实现的。表达自己想法的过程有助于学习过程。然而，如果教师说得最多，而不是学生，那么教师就是思考得最多的人。

当教师不再喋喋不休，而是真正倾听学生的心声时，学生就会感到自己的心声被倾听、被关注、被重视。倾听能让我们更好地了解我们的学习者是谁、他们的梦想是什么、他们对什么感到好奇。这些信息对于设计和提供更深层次的学习体验非常有用和重要。"倾听让学生学会探究，问题由此产生并牵引着我们，思想的种子就此萌发。"当教师倾听时，他们是"对话、合作、创造力和同情心"的典范。通过扮演倾听者的角色，教师将学习的自主权转移给学生，使他们能够进行更深入的学习，并发展成为社区积极成员所需的技能。特雷弗·麦肯齐（Trevor MacKenzie）在自己的课堂上解释了倾听的变革力量："我询问他们的学习情况、优点和不足。我先问，然后听他们发言，最后向他们学习。我听得越多，学得越多，我越意识到自己在改变。"

主动性和依赖性

要培养学生的主动性、自我效能感和应变能力，就必须让他们扮演需要这些技能的角色。与此同时，我们也必须谨防扮演拯救者的角色，因为这种角色剥夺了学生发展这些特质的机会。今天，有太多的学生发现自己没有为大学和职业生活的严酷做好准备，因为他们是在"安全主义"文化中成长起来的，这种文化导致他们更加脆弱，抗压能力更弱。很多时候，当教师发现学生在学习任务中停滞不前时，他们会迅速跳入其中"拯救"他们。这可能是由于担心学生会将"挣扎过程"视为缺乏支持，而挫败感会促使他们完全脱离学习。诚然，教师应创造一个支持性环境，为学习提供支架，但过度保护性的做法或"直升机教学"对"培养独立、自信和有创造力的学生适得其反"，并可能产生习得性无助，使学生失去主体感和能力。虽然学生可能认为他们从教师的"手把手"或"勺子喂养"中学到更多，但事实并不一定如此。学生往往误认为他们从说教式教学中学到了更多，而实际上，当他们积极参与课堂时，他们对教材会有更深刻的理解。

关于身份

成为"好学生"或在某一学科或课堂上被认为"聪明"意味着什么？这个问题也是我们正在讲述的学习故事的一部分。"理想学生"的主流建构往往带有种族、阶级和性别色彩，这不足为奇。因此，并不是所有的学生都有平等的机会在课堂上或在学科领域内获得被赞美和强化的身份。当学生的行为挑战或颠覆这些主流身份时，他们会被视为格格不入、具有颠覆性或不值得教师花费时间。他们的行为会像"糟糕的语法"一样被认为是"错误的"。试想一下，在课堂上，好学生被认为是很快就能找到正确答案并完成所有作业的人。在这样的环境中，提出"如果"问题可能会招致老师和其他学生的反对甚至鄙视。好奇心本应被视为一种优点，但被视为破坏性的、令人讨厌的和偏离任务的，因为它干扰了教师完成教学任务。

就其核心而言，学习不仅仅是获取新知识，而是一个持续的身份发展过程。我们的身份始终处于过程中，不断地在构建之中。此外，我们的身份本质上并不单一。学生在表现自己的课堂身份时，会借鉴他们在文化、家庭、社区、就业、友谊团体等方面形成的各种身份。所有这些领域都在不断发生着变化。作为教师，我们必须扪心自问：我们如何在课堂上利用这些不同的身份来服务于有意义的学习？海蒂·卡隆（Heidi Carlone）和她的同事在对小学科学课的学生的身份认同进行纵向研究时发现，学生在校外的身份认同发展与课堂上的正面角色和身份认同之间的重叠越多，学生就越容易成为"好学生"或"聪明的科学家"，也就越不受威胁。例如，当提倡合作和乐于助人是好学生的一部分时，学生可以利用他们作为家庭成员的经验来帮助实现这一身份。同样，当老师鼓励质疑和充满趣味的方法时，学生可以利用他们作为儿童的自然身份，将这些品质带入课堂。相反，当聪明就是"知道老师问题的答案"时，许多学生就会认为自己不是好学生。

有机会尝试、承担并自如地扮演某些角色对于学生身份的形成非常重要。如果学生要成为作家、科学家、艺术家、地理学家、企业家、设计师或数学家，他们就必须有机会尝试这些角色，并将其设想为自己生活的可能性。"即使（在学校）的日常互动、实践和意义受到各种结构的巨大限制，青少年也会发挥一定的意向性，做出选择并创造关于自己的意义和叙事，将一些身份标记为'可思考'，另一些则标记为'不可思考'。"为了帮助我们的学生在未来获得幸福和成功，我们必须让我们的学生拥有最广泛的未来身份"可思考"权，允许他们构建丰富的可能性叙事。我们必须不断扪心自问：我们怎样才能帮助学生将自己视为本学科领域胜任的、自主的学习者和思考者？

愿景与反思：它将是何种情形？

当学生和教师的角色发生转变，从而带来更多的参与和更强的自主性时，课堂会是什么样子？重要的是，随着时间的推移，教师如何支持这一过程？

构建愿景

在当今的教育领域，"自主能力"和"参与感"这两个词经常被提及，我在讨论学生和教师的角色时也经常用到这两个词。现在，请花一些时间更全面地考虑这两个词。想象一下，当你走进一间教室时，你立刻感觉到班上的学生作为学习者既有参与感又有自主能力。你看到和听到他们在做什么，让你做出这样的评价？看看你能否想出至少10个行动，也许你会想把答案记录下来。

回顾一下你的答案（可以是你在头脑中做过的，也可以是你写下来的），然后从中选出三个你认为最有力量、最有潜力或最有影响力的行动。排定优先次序是为了确定高效能的做法。将这些行动写在你记录的页面或文件（你自己的纸张、本章末尾的页面或你的设备）的中间，两侧留出空间，以便做补充说明（见表3.1）。对于你认为有力量的行动，请分别思考以下问题：教师需要做些什么来为这一行为提供支架和支持，使其成为学生舒适的流程行为？将回答写在该行为的左侧。将这一行为如何促进学生更深入的学习和作为思考者的发展写在右侧。回报是什么？

表 3.1 记录模板：既有参与感又有自主能力的学习者

教师提供的支架和支持	学生行动/高效能做法	学生行动的贡献
	1.	
	2.	
	3.	

当我们在课堂（真实的或想象中的）上看到参与度高、自主能力强的学生时，会发现这并不像我们自己的课堂，这既令人兴奋，又令人沮丧。然而，当出现这种情况时，我们不应该把它归结为"那个老师的课上得好"。相反，我们应该考虑如何才能让学生达到这样的境界。这一路上有哪些支架和支持、步骤和过程？这有助于我们认识到，教学始终是一个过程，我们不能期望学生做出我们没有培养和支持的行为。

小组讨论

如果你和其他人一起阅读这本书，请带上你的答案、文章，也许还可以带上手绘图画，以便分享和讨论。

➤ 你们是否有一份类似的最高级别行为清单？列出你们期望在高参与度和自主能力强的课堂上看到的行为。
➤ 如果不这样，个人如何做出选择并证明自己的选择？
➤ 讨论如何在你们的集体课堂上进一步引导和支持这些行为的发展。

设想实践

为了进一步扩展你的愿景，了解通过转变学生和教师的角色，在课堂上创造的学习故事意味着什么，我们现在来看两个实践案例，这可以帮你了解一些具体情况和背景。在这两个案例中，教师们都将通过提高参与度和赋权来提高学生的自主性和学习深度，作为他们希望在教学中实现的重要转变。随着时间的推移，他们的努力展现了他们在教学中的有机转变，因为他们挑战了一些旧的假设和学校的传统语法。

案例一：一条赋权之路。 我曾有机会经常去科罗拉多州丹佛市苏珊·奥斯古德的一年级教室，因为我们合作开展了各种活动。在我们的合作中，有一件事让我记忆犹新，那就是苏珊是如何赋予学生权力的。像每一位老师一样，苏珊希望她的学生能够遵守纪律，尊重他人。这对于刚入学并开始小组合作的一年级学生来说尤为重要。然而，她并不只是希望学生们出于遵守和服从的意识而遵守纪律。苏珊认识到，如果她的学生要互相学习，并培养作为学习者的独立性，这些行为必须来自学生内心。因此，苏珊选择利用她作为教师的权威来培养学生的自我意识和自我调节能力，并培养学生的自主能力。

苏珊通过在课堂上提出两个"贯穿始终的问题"实现了这些目标：1）我对自己有何责任？2）我对社区有何责任？苏珊在新学年伊始就与学生们讨论了这些问题，让他们了解对自己和对社区负责的含义，以及为什么每种责任都很重要。全班通过各种情景讨论，了解责任如何体现在具体行动中。例如，学生们指出，当其他人正在集中注意力时，大声说话会分散他们的注意力。你对他们有保持安静的责任。或者当你在做某件事情时，你有责任尽力而为。在这一年中，当出现问题、困难和不当行为时，苏珊并没有简单地训斥学生，也没有利用自己的权威强迫他们遵守纪律。相反，她利用自己的权威来培养学生对当时情况和正在发生的事情的自我意识，并促进自我调节。这并不神奇，路上也有很多坎坷，但随着时间的推移，不仅苏珊的班级更像一个集体，而且学生个人能力也得到了增强。

案例二：评估中的合作伙伴。在学校教育中，也许没有哪个领域比评估和试卷报告更能体现教师的控制力和权威了。评估，特别是评价性评分，往往是对学生进行而不是与学生一起进行的。然而，如果我们真的想增强学生的能力，培养他们的独立意识、效能感和能动性，那么我们就必须邀请他们参与到这一过程中来。有很多途径可以实现这一点，从自评和互评到与学生讨论他们的作业，从共同构建评分标准到学生主导的会议。加拿大不列颠哥伦比亚省维多利亚市的橡树湾高中的老师特雷弗·麦肯齐利用所有这些机会让学生参与评估会议，而且这一做法还向前推进了一步，与中学英语和技术专业的学生共同制作了成绩单。

特雷弗通过创建一个谷歌表单，让学生对课程学习目标进行思考，从而启动了这一合作过程。他确保这些目标以学生易于理解的语言描述，以便于学生理解。例如："我能出于不同目的，从各种来源获取信息，为写作提供依据"，"我能认识到数字公民的复杂性"，等等。学生通过自我评估学习目标方面的能力，为与特雷弗的会议做好准备，并为讨论以下问题做好准备：作为一名学习者，你正在成为什么样的人？作为一名学习者和思考者，你注意到自己的哪些特点？随着时间的推移，你想发展什么以及如何发展？你下学期的学习目标是什么？学生还将为实现自己的目标制定可行的策略，反思自己的学习成果，并使用"我曾经认为……现在我认为……"的表达进行描述。

当其他人在做准备、收集文件或与同伴排练时，特雷弗与学生进行了10分钟的一对一交流。当学生们分享他们的思考和观察时，特雷弗直接在学校的在线评估门户网站上记录。他与学生一起修改报告，使其真实、有意义且有帮助。报告完成后，特雷弗将评语读给学生听，征求他们的同意。例如：

> 作为一个在小组中表现出色的合作者，杰克逊能完美地与他人分担工作，他尤其喜欢与朋友一起工作。他自认的一个强项是与他人沟通。杰克逊总是向麦肯齐老师和他的同学请教。他乐于接受和给予反馈，以拓宽自己的视野。遵守职业道德是杰克逊的另一个强项。他能按时完成任务。他未来的学习目标是提高自己的作文水平。在这方面，请同学修改他的作文是一个有帮助的策略。

然后通过检查学生的作业来共同确定成绩。评估的重点在于学生的成长和当前的表现，而不仅仅是平均成绩。学生的自我评价也是成绩的一部分，这样会议就不会流于形式。特雷弗发现，学生往往比他更苛刻，只有少数学生高估了自己的能力。如果出现低估或高估的情况，他就会根据学生的实际作业情况进行一次全新的坦诚对话，共同确定一个切合实际的分数。

对当前实践的反思

选择问题并记录答案

在我们学习的不同时期，不同的问题对我们有不同的帮助。因此，我建议你通读这些问题，并确定——

➢ 一两个对你有启发的问题。这些问题可能对你来说具有挑战性或者将你的思维引向新方向。

> ➢ 你最想和同事讨论的一两个问题。
> ➢ 圈出你现在选择的问题并标上日期，这样你就可以确定你的关注点是如何随着时间和经验的变化而变化的。
> ➢ 你可以在本章末尾的空白处或笔记本上记录思考过程。

- 当前有什么是学生自己本可以做但由我做了的？
- 在我的课堂上，学生在哪些方面有发言权，可以有意义地塑造他们的经历、生活和学习？在这一过程中，学生在多大程度上可以成为决策者，还是所有想法和建议都要经过我的批准？
- 我班上上一次主要由学生主导的讨论是什么时候？结果如何？
- 学生在哪些方面需要更多的支持、结构、语言或工具，才能在引导讨论中发挥更大的作用？我该如何做？
- 在促进高效学习和学生自主学习方面，我的课堂座位安排效果如何？我是否使用座位表来控制学生？如果是，我该如何制定指导原则，让学生可以灵活选择有效而有序的座位？
- 我在何时、何处、如何与学生共同构建课程和评估？
- 我如何让学生参与创建课堂程序、政策、规范和/或课堂形式？这些准则如何在课堂上有意义地持续存在？如何评估、审查和讨论这些准则的有效性？
- 我是如何明确帮助学生确定学习优先次序、组织和管理自己的学习的？
- 我是如何帮助学生改进自评和互评的？我如何创造更多机会来练习这些技能？
- 上一次我发现自己只是倾听学生的发言而不加干涉是在何时、何地？

哪些情况我希望能"重来"一次,这样我就能成为一名倾听者而不再插话?

- 完成上一堂课时,我和我的学生谁在课上更卖力?
- 如何将学生在校外的积极身份引入课堂?
- 我的学校如何受到"学校语法"的约束?是否有些事情我们简单地认为必须如此,但事实上却可以改变?

数据、原则和实践:我们可以采取哪些行动?

通过研究,通过观察实践案例,通过反思我们课堂上所讲述的学习故事,我们现在能够更好地理解为什么必须以吸引学生、增强学生能力的方式来改变这种学习故事。此外,我们对"学校语法"所产生的力量的探索,有助于我们理解学校的学习故事是如何经常受到约束和限制的。当我们试图书写新的学习故事时,需要记住:欲速则不达。在我们跃跃欲试进行变革之前,收集一些街头数据是非常有用的,这些数据可以为我们的行动提供依据,并使我们的行动立足于我们的环境。

收集街头数据

街头数据

- ➤ 有助于我们了解自身情况和学生的观点。
- ➤ 收集相对简单快捷。
- ➤ 可立即进行分析并采取行动。
- ➤ 意在提供信息和提出行动建议。

> - 不是成功的评估或衡量标准,而是实践的缩影。
> - 可以采取多种形式:观察、访谈、调查、课堂末尾小测试、录音等。

当你准备好采取行动时,请考虑哪些数据可以为你的工作提供信息,并使你能够在此基础上解决与你目前所处环境相关的问题。以下两个街头数据收集行动可以作为有益的起点。第一个行动的重点是更好地了解谁在课堂对话中发言,第二个行动的重点是帮助塑造学生的角色。构建你自己的"街头数据"行动,有助于你了解你所好奇的问题和事件。在这个过程中,请思考以下问题:我可以从这些数据中学到什么?我该如何利用它来指导我的下一步行动?这些数据将如何揭示事物的状态,并帮助确定需要改变的事情或我们可以利用的有前景的实践?你不能只在一开始的时候使用街头数据,而是要坚持使用,用以评估你个人和学校在创作一个新的学习故事中的进度,并确定你可以继续前进的道路。

街头数据行动一:制作会话地图。通过会话地图,记录参与讨论的人员、时间和频率,为讨论中的会话流程创建一个可视化快照。首先,根据座位安排(桌子、圆圈或长方形座位安排可能最适合绘制地图),绘制一张标有所有学生姓名的图表。一定要把自己也画在图上。当讨论开始时,你、同事甚至学生将在圆圈内画一条线,从第一位发言人到第二位发言人。接着,画一条线连接第二位发言者和第三位发言者,以此类推。渐渐地,你就会画出一个连续的线条网,显示出对话的流程。如果可能的话,你可以给每个人的发言编号,显示他们的发言顺序。这个过程也可以使用苹果的课堂讨论映射工具(Equity Maps)来完成。其他技术工具包括:①Talk Time,这是Google Meets的一个Chrome扩展程序,可自动检测每个发言者的声音并记录他们的发言时间。②Time to Talk,这是一款iOS应用程序,可检测和监控发言人的发言时间,最适合高年级学生或成年人使用。③Unblah,这是一款iOS应用程序,它可以监控你自己的声音,如果你说话时间过长,程序就会发出红色警告。你还可以考虑记录下学生们使用的不同谈话方式(继续交流、尊重不同意见、提出问题、引入新观点等)。以下是一些值得注意的问题:

- 你还记得对话中哪些有趣或令人惊讶的细节、瞬间或事件?它们为什么有趣?

- 以这种方式审视对话有什么有趣、令人惊讶或值得肯定的地方?

- 你注意到了哪些模式、趋势或流程?

- 你如何评价这次对话:平衡的、公平的、一边倒的、丰富的,或富有成果的?你为什么这么评价?

- 学生们在对话中是否相互倾听,他们是否能够借鉴、学会联想或认可他人的贡献?

- 谁没有发言?为什么会出现这种情况?你可以如何帮助这位学生表达自己并做出更多贡献?

- 谁占主导地位?你认为这些人意识到自己主导了谈话吗?如何帮助他们分享发言权?

- 对话过程中是否留有安静时刻供个人高效反思、整理和组织自己的思想?

- 你将在何时、何地把这些内容反馈给学生,供他们检查和反思?

街头数据行动二:怎样才能成为好学生? 让学生参与探索什么是好学

生。如果你愿意，这可以集中在一个特定的学科领域，例如："怎样才能成为一名优秀的科学/数学/艺术学生？"这可以通过全班或小组讨论来完成，也可以简单地让学生写一段话来解释他们的想法。如果有时间进行个别访谈（甚至是部分学生），可以考虑进行卡片分类活动。在每张卡片上，写下某人认为成为好学生的重要特征。例如，"知道正确的答案""倾听他人""保持开放的心态""专心听老师讲课""做作业""有好奇心"等等。争取采用多种做法，并尝试确定至少10种做法。与个别学生一起，要求他们将卡片分为"是""否"或"可能"三类，以表明该行为对成为好学生的重要程度。请学生在分类时向你解释各种做法，并尽可能提供一个他们的经验实例。接下来，让他们选出对在班级或学校取得成功最重要的三种做法，并解释原因。最后，请他们找出在他们"理想"的学校或班级中最重要的三种做法。在与学生一起进行这项工作之前，最好先自己或与同事一起完成这项工作，这样你就会有一个对比基础。你不一定要让每个学生都这样做才可以很好地了解情况。此外，你还可以让学生在小组内进行这项工作，以引发讨论。检查个人和小组的数据，反思以下问题：

- 哪些做法出乎你的意料？
- 学生选择的哪些做法在你意料之中？哪些在意料之外？
- 他们的回答表明他们认为好学生是顺从的还是积极投入的？
- 他们的回答反映了固定型思维模式还是成长型思维模式？
- 数据中是否存在某种趋势或模式？
- 学生对当前学校/班级中重要事项的选择与他们理想中的学校/班级中重要事项的选择有何不同？
- 他们的回答与你的回答有何不同？

- 你希望在班级中更多地强调哪些品质和做法，以便学生了解其重要性？

将思维方式作为行动的原则

将思维方式作为行动的原则有助于指导和引导我们的工作。原则以顶层设计、总揽全局的方式告诉我们应该做什么。从我们的基本原则出发，我们构建了体现原则的具体行动，并将其付诸实施。原则是我们在"如何做"和"做什么"之间架起的桥梁。对于我们的思维方式，"要创造新的学习故事，我们必须改变学生和教师的角色"，我们可以说，原则上我们需要分享权力，支持独立和身份的形成，倾听学生的声音。这究竟意味着什么呢？

- 让学生参与教师通常控制的过程（如评估、引导讨论或选择课程主题），使他们成为共同建构者，体验对这些过程的自主权。
- 为学生搭建支架，支持他们发展所需的技能，让他们更独立地参与学习。避免介入去"拯救"他们。
- 培养学生作为学习者和思考者的身份认同，根据学生的角色，明确他们在每次教学互动中将获得的认知技能。确保这些技能是成功深入学习该学科领域所需的技能。
- 练习多听少说。明确说明为什么要这样做，以及当你倾听和与他们交谈时，你能学到什么。

可以采取的行动

在不同的课堂和学科中，创造一个新的学习故事，改变学生和教师的角色，很可能在外观和表达上都大相径庭。每个人都有充分的空间来发挥自己的创造性，并从其他来源引进有效的做法。以下所描述的行动是：

➢ 取材于我们在学校开展的工作，是全球思维文化项目的一部分。
➢ 置于相关原则之下，帮助你关注每个行动背后的驱动力。
➢ 可根据当地情况进行修改。
➢ 与每个具体行动所关联的最相关的文化力量相联系。8种文化力量和10种思维方式这两种框架具有协同作用，你可以从其中任何一种开始你的旅程。

让学生参与教学过程。在课程和评估这两个领域，学生，有时甚至是教师，都会因课堂外的规定和控制而感到被剥夺了权利。通常情况下，这些都被视为"学校语法"中不可改变的一个方面，是为了维持现状而设置的。事实上，它们在维持现状方面可能相当有效。一种不同的观点是，将课程和评估视为灵活的结构，学生可以在其中发表自己的意见，而不是教师和学生都必须遵守一成不变的脚本。不要将课程视为合同，而应视为指南。在实现规定目标的同时，寻找机会将课程与学生的生活和兴趣联系起来。同样，寻找方法来扩大评估和报告的范畴，通过同伴和自我评估或学生主导的会议等做法，将学生带入评估和报告过程，形成向家长和家庭报告的机制。

共同建构的理念意味着师生双方都要在一种动态的、创造性的互动中，对课程和评估的形式和内容贡献自己的想法和评价。虽然有些人可能会说这是提供发言权和选择权，但共同建构涉及与学生的真正合作。通过让学生扮演这种共同建构者的新角色，可以培养他们的想象力、创造力、独创性和主人翁精神。虽然学生和教师在共同创造中的角色相似，都会为学校带来想法和意义，但他们的不同之处在于，学生的想法可能并不总是直接贡献出来的。相反，学生的想法可能会以线索的形式出现，说明学生已经准备好进行哪种类型的学习。教师要注意学生提供的有关其兴趣、爱好和问题的线索。这些线索并不总是直接表露出来的，尤其是对于年幼的孩子。"从学生那里获得的线索有助于教师成为课程和学生之间的调解人和代理人。"因此，教师仍然负责有关课程的重大决策，但他们是根据从学生那里获得的线索来进行决策的。共同建构也可以延伸到环境中。让学生帮助你策划、设计和组织教室的学习空间，使其既属于他们，也属于你。与此相关的文化力量包括期望、互动、环境和机会。

搭建支架，支持学生的独立能力。积极为学生打下指导、监督和掌控自己学习所需的技能基础，然后寻找你可以撤离的时机，让学生可以向前迈进。你可以先确定一个你希望看到学生更加独立的过程，然后确定独立所需的子技能和过程。从小事做起。与其翻来覆去地讨论或布置大作业，不如确定一个小机会，为日后更宏大的表现奠定基础。在许多情况下，学生的技能可以通过表明具体步骤和动作的流程和协议得到支持和发展。例如，"无领导讨论""互惠教学""微型实验室协议"或"哈克尼斯方法[①]"等结构可以帮助学生学会自己领导讨论。

通过使用"鱼缸"等技巧，让学生了解良好的讨论和富有成效的小组学习是什么样的。学生们分析小组的特点、结构和语言，这样他们就能更有效地独立完成学习过程。这种学习还可以通过分享往年富有成效的小组合作或

---

① 一种通过圆桌讨论促进学生驱动的协作学习的教育方法，由教师引导学生在平等对话中完成知识探索。——编者注

讨论视频来完成。通过一段时间的反复练习，学生就会开始融入这些行为。教会学生使用"负责任的谈话"，重点是倾听并将自己的想法与他人的想法联系起来。可以张贴供学生使用的句子，如"我同意……""以……所说为基础""我对此有另一种看法"等。与此相关的文化力量包括期望、示范、语言、互动和流程。

练习多听少说。当我们总是处于"教师模式"时，就很难倾听，因为我们总是专注于抓住机会插话、重新引导或提供信息。并不是说不需要这些做法，但如果我们能在有效倾听的基础上采取这些做法，它们将更有用、更有依据。当学生以小组甚至个人的形式开展学习时，宣布你已进入倾听模式。你甚至可以告诉学生你在倾听什么：联系、困惑、问题或任何与学习相关的东西。拿一张纸记录下你听到的内容。如果学生试图把你拉进来或让你去拯救他们，你要把他们的注意力重新引回到学习上，同时承认你已经记录下了他们的问题或疑问，并会加以解决。当你和学生都习惯了这一过程时，倾听的时间可能会越来越长。在适当的时候，与全班分享你听到的内容："许多人似乎对……感到困惑""我注意到很多与……有关的联系""很多有价值的问题正在浮出水面"。然后你根据需要向整个小组提供重新指导、支持和信息，首先请学生自己解决这些问题、疑问和挑战。如果需要立即解决一个重要问题或进行对话，与其只让一个学生或小组参与，不如邀请全班同学一起倾听对话。

如果你倾向于过度解释或一次提供过多的指导，请想办法控制自己。你可以设置一个8到10分钟的计时器，并告知学生你将把初次谈话限制在这个时间内。回顾一下你的指导，看看如何将其分块、分阶段而不是一次全部讲完。人们需要了解自己为什么需要这么做，但如果必须要完成的步骤超过两个，他们就很容易不知所措。你可以告诉学生这个过程有几个步骤，但在现阶段，你希望他们只关注其中的一两个步骤，其他步骤稍后再提供。如果学生可以相互解释，可以请他们解释。牢记"等待"（WAIT）原则，问自己：为什么（Why）现在（Am）我（I）需要说话（Talking）？这里相关的文化力量包括期望、语言、互动和时间。

培养学生的学习者身份。 由于学校语法，学生来到我们的课堂时，对成为一名好学生、数学家、科学家、艺术家等有着先入为主的观念。要改变这种语法，我们必须明确教授一种新的语法。确定你希望培养学生的技能。与学生一起讨论为什么这些技能很重要，并确定与这些技能相关的相应年级学生的具体行为，甚至可以制作一张海报供学生参考。在可能的情况下，将这些学习行为与学生已经参与的行为和实践联系起来。例如，在进行体育运动时，你需要同时注意很多事情，并关注细节和小动作。这些技能在工程学中同样重要。然后，创造机会让学生在真实的学习情境中练习这些行为。当你看到学生有这些行为时，要点名、注意并加以表扬。将这些行为作为与学生进行评估对话的一部分。强调培养这些技能需要时间和关注。创造机会，至少在每节课上使用其中的一些技能。与此相关的文化力量包括示范、语言、机会、互动和时间。

让新行动适应当前现实

在跃跃欲试之前，请回过头来想想你目前在学校正在做什么（见图3.3）：

➢ 通过应用之前确定的一些原则，哪些已经实施的行动可以得到加强和发展?

➤ 考虑到这种思维方式,哪些做法需要重新思考或修改?

➤ 你需要完全停止做哪些事情,并将其从你的计划中删除?为什么?是否与这种思维方式背道而驰?是否无效?哪些"非必要障碍"阻碍了你真正实现这种思维方式?

➤ 最后,你是否需要创建全新的流程、结构或行动?

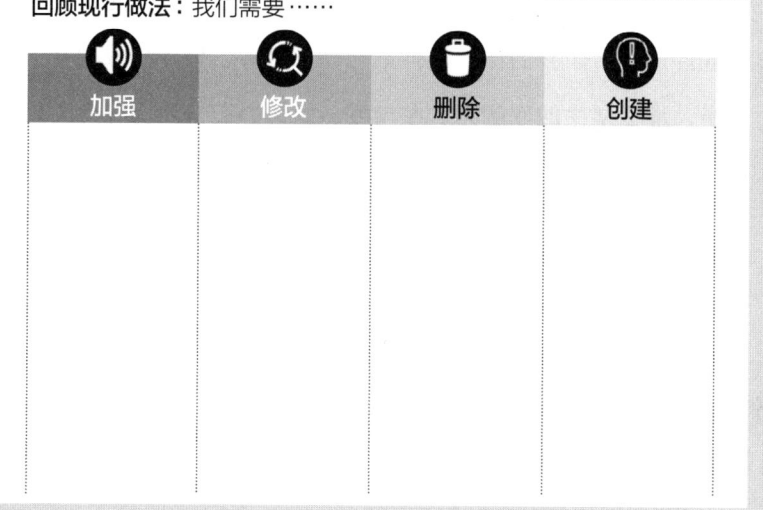

图3.3 加强—修改—删除—创建

结论:我们的行动理论

最后,我们通过制定"行动理论"来结束对这一思维方式的研究。"要创造新的学习故事,我们必须改变学生和教师的角色",在"行动理论"中,我们根据研究和经验,假设我们的行动可能产生的效果。我为第三种思维方式提供了以下行动理论。如果它能捕捉到你计划采取的行动和预期的结果，请使用它。如果不能，请根据自己的实际情况制定出更适合自己的行动理论。要做到这一点，首先要明确你要做什么以及我们为什么要这样做。然后，确定你可能需要了解的细节，以了解你何时以及在多大程度上取得了成功。

如果我们支持学生成为积极的创造者、发起者、问题发现者和社区成员，而我们作为教师则专注于辅导、指导和成为社区领航员，那么学生的理解力、参与度、好奇心和自我引导能力就会提高。

第四种思维方式

当学生感到被老师和同学了解、重视和尊重时，他们学得最好前不久，一位同事分享了一位中学人文学科教师的抱怨，她最近放弃了使用思维流程可视化。她公开表达了自己对这一教学工具的失望。这位教师说，学生（包括她自己的学生和其他学生）只是不知道如何有效地使用思维流程。她声称，只有专家才能在诸如"观察—思考—怀疑"这样的思维流程中进行深层次的认知活动，而其他人更多地只能停留在表面。因此，大多数学生的回答都是老生常谈，没有真正掌握她所教的材料。因此，她认为，只有直接教学才是真正有效的学习方法。

她的评价让我印象深刻的一点是，她似乎很少把学生当作思考者和学习者。虽然学生们可能还不知道她所教的具体内容（她为什么要指望学生们知道呢？），但如果教师不重视学生带进课堂的东西，我们就会贬低学生的个人价值，否定他们作为学习者和思考者已经取得的实质性成就。我们也会使他们更难将新思想与自己已有的理解结合起来，这反过来又会阻碍他们应用和保留我们希望他们理解的新信息。这样做，我们传递的信息是，教学本质上是交易，采用保罗·弗莱雷（Paulo Freire）所说的"银行模式"教育，将学生视为需要填满的空容器。这种方法从赤字的角度看待学生，关注他们缺乏什么、不能做什么。在这种背景下，学生获得价值的唯一途径就是获取我们传授给他们的知识。既然他人看待我们、对待我们和回应我们的方式决定了我们如何看待自己，那么这些学生又如何将自己视为有能力的思考者和学习者呢？

当然，我们不必将教学视为交易。另一种观点是将教学视为一种关系，在这种立场中,教学的目标不仅仅是获取知识,而是将学生转变为理解世界和与世界打交道的人。从这种立场出发,我们不仅要注重传授信息,还要注重理解学生。这种教学植根于好奇心。用有史以来最伟大的教师研究者之一维维安·佩利(Vivian Paley)的话说,"关键在于好奇心,我们所示范的是好奇心,而不是答案。当我们试图更多了解一个孩子时,我们就会表现出观察、倾听、质疑和好奇等行为。当我们对孩子的话语以及我们对这些话语的反应是感到好奇时,孩子就会感到自己受到了尊重。儿童受到了尊重"。由于这种好奇心,我们对儿童的印象总是在不断变化。我们对学生的印象非常重要,因为它指导着我们的行为。正如雷焦艾米利亚(Reggio Emilia)学前教育的创始人洛里斯·马拉古齐(Loris Malaguzzi)所说,一个人所持有的这种形象"是你与孩子交谈、倾听孩子、观察孩子时的导向……所有这些都促使我们进行更高层次的观察。我们必须超越单纯地观察儿童,成为更好的观察者,能够深入儿童,了解每个儿童的资源和潜能及其当前的心理状态"。

在"第三种思维方式"中,我讨论了"学校语法",即我们认为理所当然的关于学校如何运作和应该如何运作的基本结构。这种语法常常使我们固守现状,难以看到另一种做事方式。在这一章中,我们将重新思考教师和学生的角色。我们在本章中探讨的思维方式也代表着学校传统语法的重大转变。这里的转变是从交易型教学观转向关系型和变革型教学模式。我们努力摒弃用知识填满学生的空容器的教学模式,转而建立一个尊重学生的包容性社区。这种观点植根于我们的理解,即我们天生就是社会人,会努力寻求联系、包容、认可和归属感。这些品质让我们感到安全,也让我们在学习中更加大胆,敢于冒险,勇于犯错。

研究表明：为什么这很重要？

神经科学家马修·利伯曼（Matthew Lieberman）在2013年出版的《社交：为什么我们的大脑天生就会联系》（*Social: Why Our Brains Are Wired to Connect*）一书中指出，我们天生就会社交，我们最深刻的动机之一就是与他人保持联系并建立社区。他认为，亚伯拉罕·马斯洛（Abraham Maslow）从食物、住所和温暖等基本需求开始的需求层次理论是错误的。利伯曼认为，真正驱使我们并使我们这个物种成为主导的，是我们对社会思考的渴望和能力。利伯曼的研究表明，在我们不积极做其他事情的时候，我们大脑的默认休息状态是专注于社会认知，即思考他人、自己或我们与他人的关系。事实上，大脑的特定区域在这种静止状态下会变得活跃，他将其称为"默认网络"。利伯曼及其同事推断，这让我们时刻准备着进行有效的社交思考。

然而，学校往往将学生热衷于社会问题的倾向视为一种分心，我们希望他们停止这样做，以便能够集中精力完成手头的任务。如今，在一些不了解情况的部门，教育工作者关注学生社会和情感学习的任何尝试都会遭到怀疑。利伯曼认为这是一种错误的方法，"当我们变得更加社会化时，生活中几乎所有的事情都会变得更好。只要我们稍微调整一下我们的制度和我们自己的目标，我们就能变得更聪明、更快乐、更有成效"。此外，作为学习过程的核心，社会、情感和学业发展之间的相互联系已得到了充分的研究。因此，我们需要利用学生与生俱来的社交天性，发挥他们的优势，利用他们的动力机制，让他们对自己与群体的联系和群体对自己的赞赏做出积极的反应。在此过程中，我们要帮助学生发展对自己和他人的理解。为此，我们可以培养学生的归属感，与学生建立良好的关系，营造公平和尊重的氛围，重视学生。

归属感

关联感和归属感是基本的心理需求。当这些需求得到满足时，人们往往会有更多的个人动力，从而取得更好的表现并提高幸福感。加利福尼亚州奥克兰市儿童发展项目的一项干预措施发现，通过建立关爱学习者的社区来促进学生与学校的联系，对小学生的态度、学习动机和积极行为都有短期和长期的积极影响。这些影响在学生进入初中后仍在继续。此外，与未参与该项目的学生相比，参与该项目的学生在初中的成绩和考试分数都更高。在大学层面，格雷戈里·沃尔顿（Gregory Walton）和杰弗里·科恩（Geoffrey Cohen）发现，"归属感的不确定性"是大多数处于弱势地位和被边缘化的群体感受最深的，它削弱了学生的学习动力和成绩。这与其他研究结果相呼应，这些研究表明，社会排斥会影响认知任务完成的速度和准确性。与此相反，当沃尔顿和科恩减轻学生对归属感的疑虑时（在本案例中，他们只是分享了一位高年级学生写的一封信），学生们表现出了更好的学业成绩。最令人震惊的是，这种单一的、微小的操作在学生的大学生活中一直持续发挥影响作用。3年来，研究参与者每学期的平均学分绩点（GPA）都比同龄人高出0.2。

霸凌是对学生归属感的最大威胁之一。马修·利伯曼的研究表明，霸凌所带来的精神痛苦与身体痛苦一样强烈，甚至有过之而无不及，因为它威胁到我们与群体的联系。他说："霸凌之所以会造成如此大的伤害，并不是因为某个人拒绝了我们，而是因为我们倾向于认为霸凌者是在代表其他人说话——如果我们被霸凌者单独挑出来，那么我们很可能就不被大多数人喜欢和需要。"因此，注意力、认知和动机受到的影响与身体疼痛对学习成绩的影响类似，也就不足为奇了。学校中霸凌现象的普遍程度与测试的成绩呈负相关。最近一项横跨51个国家的大规模研究发现，在所有国家，受霸凌与学习成绩较差呈相关性。与此同时，霸凌现象十分普遍，每5名学生中就有一人遭受过霸凌。青少年早期（9—12岁）遭受霸凌的比例最高，达到49.8%。

师生关系

良好的师生关系能为学生提供茁壮成长、学习和发展所需的支持。师生关系对学生的成绩有很大影响。然而，师生关系不能仅仅停留在对学生的关心上。重要的是，这些关系在为学生提供挑战和拓展空间的同时，也开启了新的可能性。有效关系的特点是能动、高效、尊重学生为课堂带来的一切，以及认可学生的贡献。对参与式课堂的研究发现，这些环境既具有挑战性，又具有支持性。这些课堂由"温暖的要求者"领导，即对学生深切关怀并寄予厚望的人。此外，青少年所报告的牢固人际关系的数量与学习动机、社会情感技能和责任感呈正相关，而与高风险行为呈负相关。

随着学业挑战的增加，对关系支持的需求也越来越大。当孩子们感受到他人的支持和积极的人际关系时，他们会更有动力并愿意承担学习风险。研究表明，积极的人际关系对所有学生都很重要，但在青春期似乎尤为重要。获得教师高度支持的初中生，其参与度几乎是其他学生的3倍。报告师生关系较好的初中生坚持完成具有挑战性的任务、享受辛勤工作以及在学习中接受错误的可能性要高出8倍。遗憾的是，优质的师生关系固然重要，但过于稀缺。在一项针对25000名美国初高中学生的调查中，报告教师关心并促使他们做到最好的学生比例从六年级的约三分之一下降到十二年级的仅16%。

价值、公平和尊重

我们都渴望得到认可,渴望感觉到自己的价值。我们不仅希望自己的成就和努力工作得到认可,还希望自己的人格得到认可。当然,我们希望从最亲近的人那里得到认可,但研究表明,即使从完全陌生的人那里得到积极的肯定,也会激活我们大脑的奖赏中心,并提供多巴胺刺激,从而提升我们的情绪和参与度。事实证明,在某些情况下,这种认可对工人的激励作用超过了加薪。这种认可的积极影响还能改善思维和决策。

公平和尊重是加强我们与他人和团体联系的另外两个重要机制。它们已被证明是我们行动的重要动力和绩效的驱动因素。此外,来自西方国家工人的数据发现,受到公平对待和尊重是预测工作幸福感最有力的因素之一。公平感会激活大脑的奖励中枢,使我们对结果更加满意,即使是在我们个人可能获益较少的情况下。它吸引我们团结在一起,帮助我们与他人建立联系。同样,尊重是一个在关系中发展起来的互惠概念,与等级制和强迫形式的尊重相比,它也将我们与他人联系在一起。正如莎拉·劳伦斯·莱特福特(Sarah Lawrence Lightfoot)在她对尊重概念的深入研究中所指出的,"尊重在各种关系中创造了对称、共鸣和联系,即使是那些通常被视为不平等的关系,如教师与学生、医生与病人"。

愿景与反思:它将是何种情形?

关系中的重要学习是什么样的?怎样才能感受到被了解、被重视和被尊重?我们如何才能想象一个超越现有现实的新现实?为了帮助我们制定这样的愿景,我们要利用自己的经验。然后,我们会反思自己是如何帮助学生建立归属感,如何将我们的教学建立在公平和尊重的基础上,如何与学生建立牢固的关系。

构建愿景

花点时间想想詹姆斯·科默（James Comer）经常重复的格言："没有重要的关系，就不会有重要的学习。"想一想你自己那些重要的学习时刻吧，在理解和发展方面有了真正突破的时刻。这些可能不是单一的时刻，而是一个项目，甚至是一门课程。试着找出两三个。使用本章末尾、空白处、纸张或电子设备列出这些时刻。请参见表4.1，了解如何记录你的时刻。简短地速记在左侧。对于每一个时刻，想想你与谁有关系。可能是同事、导师或朋友。将这些人列在中间，紧挨着相关的重要学习事例。最后，在右侧指出每个人是如何支持和促进你的学习的。他们做了什么使你能够深入参与、承担风险、尝试新事物，并发挥出最高水平？

表 4.1 记录模板：重要的学习时刻和重要的关系

重要的学习时刻	与……有关	他们通过以下方式支持并促进了我的学习
1		
2		
3		

小组讨论

如果你和其他人一起阅读这本书，请带上你的答案、文章，也许还可以带上手绘图画，以便分享和讨论。

➢ 你注意到同事们在确定重要的学习时刻方面有哪些共同点？

> 你发现同事们在确定个人对学习的支持和贡献时有哪些共同点?
> 你列举的示例中的每个人在与你的互动中是如何践行归属感、价值认可、公平和尊重的?

设想实践

为了进一步拓宽大家的视野,让大家了解如何建立牢固的关系,让学生感受到被重视、被了解、被尊重,从而促进深度学习,我们将对两个案例进行研究。这两位教师都是我合作多年的同事,在他们各自的学校发展思维文化。我有幸观摩了他们的课堂,目睹了他们的教学成果。他们的教学本身非常精湛,融合了本书所探讨的许多思维方式。不过,在这两个案例中,我重点介绍了他们帮助学生感受到被重视、被了解和被尊重的方法。

案例一:有感情的数学。杰夫·沃森(Jeff Watson)在教数学时,一直努力满足学生的需求,为他们的思维提供支架和支持。尽管这很重要,但随着时间的推移,杰夫逐渐觉得他还需要在情感上满足学生的需求。"我怎么可能在不了解学生感受的情况下就跳入四元方程呢?"为了做到这一点,杰夫在门边的白板上制作了一个情绪图表。

图表共有九行。最上面一行的标签是"兴奋",然后依次是"快乐""满足""无所谓""悲伤""愤怒""情绪失落""压力大"和"没感觉"。然后,他购买了20多块圆形小磁铁,让学生在进教室时随机选择并匿名放置在与他们的情绪相匹配的一排。在介绍这个图表时,杰夫解释说,每个人(包括老师!)都是带着一天中发生的事情所产生的情绪走进教室的。有的学生可能刚刚经历了一次大考,有的学生可能在走廊上遇到了令人沮丧的情况,有的学生可能刚刚经历了一件大事。这些感受,无论是集体的还是个人的,都为他的教学和学生的学习提供了背景。杰夫告诉他们,他需要了解这些信息,才能成为一名更好的教师。此外,作为一个社区,如果有人受到伤害,我们想知道情况,这样我们就能提供帮助。如果有人在庆祝,我们也想参与其中。弄清这一点的关键是通过情绪表来了解他们。

通常情况下,学生走进教室,选择一块磁铁,把它放在情绪表上,然后开始热身活动。在此期间,杰夫会瞟一眼黑板,确定总体情绪。如果所有磁铁都是"无所谓"或更高,他通常会继续上课。但是,如果磁铁分散在"无所谓"或更低的位置,他就会询问是否有人愿意分享他们的感受和原因。在这个过程中,杰夫经常会发现一些他不了解的学生。例如,有一天一个学生说他们"很累",因为他们每天早上5:30要游泳。在此之前,杰夫甚至不知道他们是游泳队的。其他学生也分享了一些令人沮丧的事件或庆祝活动,比如新兄弟姐妹的到来。

随着时间的推移,杰夫觉得这个过程让他对学生的经历有了更多的理解和同情。这让他更容易与学生沟通,也让这所大型高中的学生们更容易相互了解。每年,杰夫都会询问学生们希望他保留什么,以及希望他停止做什么。每年的一致答案都是"保留情绪表"。

案例二:零距离接触。 在新冠疫情期间,所有教师都在努力与学生建立联系并了解他们。克里斯汀·库尔伯格(Kristen Kullberg)也不例外。为了建立联系,营造社区感,克里斯汀倾听学生的心声,促进互动对话,支持创造性参与,并将思维流程作为支架结构来支持学生的思考和互动。在通过Zoom进行的一堂课上,学生们利用"建构—意义"流程探索了"勇敢"的概念，这些做法得到了充分展示。

克里斯汀在回顾上节课全班同学的行动时，不断提到"我们"做了什么，从而将自己定位在学生群体中，表明大家都参与了集体事业。然后，她开始在屏幕上逐一显示每个学生关于勇敢的问题，并邀请他们"响亮而自豪地"读出自己的回答。这确保了所有学生的声音都能在课的早期被听到，而且每个人都能直观地看到自己对班级中正在蓬勃发展的"勇敢"探索所做的贡献。克里斯汀的语气中充满了期待和兴奋，她指示学生们去拿她让他们带的锡箔纸，并在空中挥舞着她的盒子，表示她已经准备好和学生们一起学习。克里斯汀解释说，在接下来的5分钟里，他们每个人都将用锡箔纸来表达自己对勇敢的理解，然后她指示学生们将电脑屏幕朝下，这样就能看到他们的桌面，但看不到他们的脸。这个简单的动作可以让学生们休息一下，不必再看屏幕上的自己，也不必再目光过度接触Zoom，而这是有记录的导致Zoom疲劳的两个原因。

在戏剧性的夸张倒计时之后，克里斯汀宣布时间到，并要求学生举起手来，将相机对准后方。她解释说，他们将进入分组讨论室讨论他们的创作。当克里斯汀把学生们送到讨论室时，她注意到主屏幕上仍有一名学生似乎睡着了。克里斯汀试着用各种语调呼唤玛丽莎的名字，几次之后终于成功唤醒了她。克里斯汀并没有批评玛丽莎，而是同情地告诉她，在线学习会让人很累。然后，她确保玛丽莎没事，并在送她去分组讨论室之前复习了一下指示。

克里斯汀没有利用这段时间完成其他任务，而是亲自加入了一个分组讨论室，聆听3名学生的分享。分享结束后，她提出问题，帮助学生深入思考："关于勇敢，你们有哪些以前不曾有过的新想法？"当学生们分享时，克里斯汀认真倾听，并表示："我也完全赞同。"当一名学生回答说："我原以为勇敢意味着无所畏惧，但现在我知道勇敢意味着在恐惧的情况下还能站到他人身前。"克里斯汀对着镜头，与学生一起思考，"是的，我想知道：如果没有恐惧，你能勇敢吗？好像你必须为两者留出空间"。她所表现出的真实性和真正的兴趣超越了屏幕。她的好奇心清晰可见。在离开该讨论室前，她对学生们允许自己加入其中表示了感谢。这又是一个简单而有力的举动。通过感谢他们，克里斯汀表明她从他们那里得到了一些有价值的东西。

下课后，克里斯汀让学生们去吃午饭，每个人在离开前都说了再见——除了赫克托，他留了下来，迫不及待地想分享他的成果。克里斯汀听着他解释自己的成果，他坚持说这还不是很好。克里斯汀插话说："不，我看得出来。你说的很对，太棒了！"这时，赫克托的母亲出现在屏幕上。克里斯汀问道："那是你妈妈吗，赫克托？"当他回答说"是"时，他的母亲走近屏幕，挥手说"你好"，克里斯汀向她挥了挥手，并开始告诉她赫克托一直在探索"勇敢"的含义。然后，母亲用西班牙语问赫克托在课堂上表现如何。赫克托翻译成了英语。克里斯汀用她有限的西班牙语回答了这个问题，并在词汇不够的时候用英语补充。克里斯汀的努力虽然并不完美，但表明了她希望与人沟通的愿望，以及她对学习另一种语言的挑战的理解。她表达了对赫克托的母语和语言能力的尊重。

对当前实践的反思

选择问题并记录答案

在我们学习的不同时期，不同的问题对我们有不同的帮助。因此，我建议你通读这些问题，并确定：
> 一两个对你有启发的问题。这些问题可能对你来说具有挑战性或者将你的思维引向新方向。
> 你最想和同事讨论的一两个问题。
> 圈出你现在选择的问题并标上日期，这样你就可以确定你的关注点是如何随着时间和经验的变化而变化的。
> 你可以在本章末尾的空白处或笔记本上记录思考过程。

• 我的教室座位安排传达了什么信息？它反映的是群体取向还是个人取向？

• 何时、何地、如何在课堂的视觉、文学和实例中体现我所有学生的背景、文化、性别、邻里关系和性取向？

• 我是否已经/能够怎样去创造一个尊重和吸引家长参与的环境？

• 我如何/是否能够帮助学生与社区和同学保持联系？

• 在我的课堂上，谁会感到不被接纳，或有"归属感不确定"的感觉？我能做些什么来减轻这些感觉？

• 我如何/是否能够处理霸凌行为、流言蜚语和其他小的侵害行为？

• 我已经/可能使用哪些结构、流程、过程和协议来帮助学生相互倾听并进行有意义的对话？

• 我的课堂哪些部分有幽默、游戏或快乐？哪些部分还有更多的可能性？

• 我的语言传达了哪些关于包容、尊重、集体和价值方面的信息？

• 我对学生个人的好奇心体现在哪里？

- 我的学生如何知道我关心、重视和尊重他们？
- 在课堂之外，我对每个学生在校内外的特长、爱好和兴趣有什么了解？
- 在课堂之外，学生对我有哪些了解？让他们知道什么对他们可能有帮助且适合他们？
- 我上一次讨论学生感兴趣的非学术话题是什么时候？讨论的内容是什么，如何帮助我了解学生？
- 我对学生的愿望了解多少？我如何/是否能够支持学生保持和发展自己的志向？我什么时候与学生谈论他们的未来目标？
- 在我的课堂上，什么会得到赞美、认可或推崇？例如，是成绩、进步、个人成长、善良、合作还是……？谁会受到表扬？谁没有？
- 我对不当行为和违规行为的处理方式，如何体现我对建立集体、保持同理心、宽容、公平和支持的渴望？
- 我的决策如何对学生透明？我怎样才能更好地寻求对个人和班级公平公正的解决方案？
- 我的学生在哪些方面以及如何为我们的社区做出积极贡献？
- 我何时以及如何收集和使用数据或反馈来帮助我监督和促进我与学生建立的关系？

数据、原则和实践：我们可以采取哪些行动？

在更好地了解了与学生建立关系的方方面面以及这样做的重要性之后，你很可能已经准备好采取行动，在你的学校和课堂上运用这种思维方式。为了给你的有效行动奠定基础，收集一些街头数据是非常有用的。现在，你已经习惯于收集和使用街头数据来为你的工作提供信息。无论你是制定自己的行动方案，还是使用这里提供的行动，重要的是要不断总结个人和学校在倡导这种思维方式方面的情况。

收集街头数据

> **街头数据**
>
> ➤ 有助于我们了解自身情况和学生的观点。
> ➤ 收集相对简单快捷。
> ➤ 可立即进行分析并采取行动。
> ➤ 意在提供信息和提出行动建议。
> ➤ 不是成功的评估或衡量标准，而是实践的缩影。
> ➤ 可以采取多种形式：观察、访谈、调查、课堂末尾小测试、录音等。

街头数据行动一：制作关系图。卡拉·沙拉比（Carla Shalaby）请我们把那些不受重视的学生、捣乱者、不合群者，甚至是捣蛋鬼看成是埋在沙中的金子。这些人可以表明，我们的课堂和教学行为并不总能让所有学生感到安全、被了解、受到尊重和得到支持。使用"关系图"来创建一个可视化的快照，显示哪些学生得到了良好的支持，哪些学生最需要额外的支持。这里介绍了这一过程的主要步骤。

1. 在事先指定的私人会议室内，在图表纸或白板上按姓氏首字母列出所有学生（年级、系、班级或学校）的姓名。或者，这也可以在共享的电子文档上进行。不过，对所有数据的视觉效果一目了然可能会很有用。将此信息保密处理，只有参与此过程的教师才能看到绘图和清单。

2. 使用灰色和黑色的圆形贴纸（也可使用"X"标记），每位与这些学生有联系的教师都要在与他们有积极、相互信任关系的学生姓名左侧打上一个灰点，这意味着他们认为"如果这些学生有个人问题，就会来找我帮忙"。教师在其认为可能因学业、个人或其他原因而面临风险的学生姓名右侧打上黑点。可以在同一个人的名字旁边同时打上灰点和黑点。虽然教师会重点关注本班学生，但也应考虑他们认识的其他学生。注：此步骤可在小组开会讨论数据之前单独完成。见图4.1。

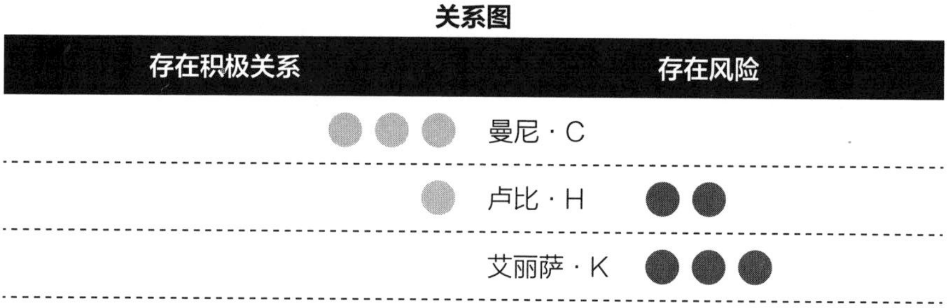

关系图

存在积极关系		存在风险
●●●	曼尼·C	
●	卢比·H	●●
	艾丽萨·K	●●●

图4.1　关系图

3. 观察快速收集的数据，思考以下问题：

• 有什么有趣或令人惊讶的现象？

• 关系图让你发现什么问题或产生了什么思考？

• 哪些可能的因素导致一些学生比其他学生有更多的灰点或更多的黑点？

• 是否有学生既没有黑点也没有灰点？为什么会这样？如何更好地了解这些学生？

- 可以在全校范围内做出哪些改变来增加学生的灰点数量以及减少黑点的数量？

街头数据行动二：互动分析。 人际关系是在长期积累的微小互动中建立起来的。因此，关注这些微小的互动、表达、肢体语言、姿势和微时刻是非常重要的。在这个过程中，首先要注意到自己和他人的这些行为。在分析中你可以通过几种方式来提高观察水平：

1. 观看一段你不认识的教师的视频（自己观看或与同事一起观看）。视频越未经剪辑越好。你可以在互联网上搜索这些视频。资料来源之一是马萨诸塞州中小学教育部。虽然这种分析不会产生数据，但对培养你的分析能力很有帮助。

2. 观察同事的教学并做笔记。这可能会让被观察的教师感到害怕，因此建立相互信任的关系非常重要。此外，观察可能比使用视频更有挑战性，因为互动和表达无法重复播放，这将产生一些数据。

3. 最有用的数据来自对自己的录像。许多学校的技术部门都可以协助完成这一过程，或者你也可以简单地将平板电脑或智能手机放在支架上或三脚架上来录像。你可以自己分析视频，也可以与同事一起分析。

在分析中，请重点检查以下互动和表达：

- 是否有任何表达似乎为学生创造了进入课堂谈话/对话的空间和机会？反之，是否有一些表达让学生感到无趣或切断了谈话/对话？
- 教师是如何邀请学生相互交流的，还是所有谈话都通过教师进行？哪些机会本可以以不同方式加以利用？
- 教师在何时、何地使用了包容性语言（我们、我们的）？教师还可以在哪些地方、以何种方式表达班级是一个共同学习、共同理解的集体？

- 教师的肢体语言、在课堂上的位置和动作传达了什么信息？
- 学生是如何得到认可和重视的？教师的评价是侧重于学生取悦他们和正确的答案，还是侧重于他们对小组学习的贡献？
- 教师是否使用了微型肯定语（如"我很高兴你今天回来和我们在一起"），快速而巧妙地传达了关爱、包容或善意？
- 反馈是否有意义、具体、真实？
- 教师在哪些方面以及如何激励学生，以表达他们对学生的殷切期望，并发现他们是有能力的学习者？
- 除了正确答案之外，教师如何对学生的思维表现出好奇和兴趣？
- 是否存在削弱个人或群体的微小的行为冒犯？例如，认为某人的生活经历不符合常态，使用只代表一个群体的例子（或名称），以他人为代价开玩笑，不使用某人喜欢的代词，念错名字，等等。

将思维方式作为行动的原则

将"当学生感到被老师和同学了解、重视和尊重时，他们学得最好"这一思想转化为行动原则，有助于指导和引导我们的努力，并形成我们的行动。我们的这些指导原则是以前面详述的研究为基础的。

- 培养归属感，让所有学生都感到自己是受欢迎和被接纳的。
- 与所有学生建立关系，了解他们的为人，对他们的生活和活动表示好奇。表明你相信他们是学习者，并对他们寄予厚望。
- 在与学生的所有互动中营造公平、尊重和重视的氛围。

可以采取的行动

> 我们有许多方法与学生建立联系和关系。这些方法自然会带有个人色彩，因为这些努力必须真实地反映出你自己。以下行动可以调动你的思维：
>
> ➤ 取材于我们在学校开展的工作，是全球思维文化项目的一部分。
> ➤ 置于相关原则之下，帮助你关注每个行动背后的驱动力。
> ➤ 可根据当地情况进行修改。
> ➤ 与每个具体行动相关联的最相关的文化力量相联系。8种文化力量和10种思维方式这两种框架具有协同作用，你可以从其中任何一种开始你的旅程。

采取任何这些行动都需要时间和长期投资。这些都不是一次性的行动。但是，不要认为这些时间会占用教学内容。将这段时间视为一种投资，它将通过提高学生的参与度、合作性和减少干扰而获得回报。

培养归属感。我们希望学生在学校和课堂上有归属感。这对于那些因种族、社会经济背景、性取向或性别认同而感到"归属感不确定"的群体的学生尤为重要。关注教室的物理环境有助于实现这一点。例如，我们应确保教室里的陈列品能体现学生的不同背景、文化、性别、邻里关系和性取向。此外，我们选择的文学作品和范例应该让每个学生都能"看到自己"。还要考虑如何通过教室的座位安排来提升集体感和建立联系，而不是各自孤立。一个座位足够灵活的教室，可以让学生很容易地组成小组，进出各种社交圈，同时也为较安静的学生留出空间，让他们感到舒适。新生或过渡学生（从小学升入初中）也很可能有"归属感不确定"的问题。让这些学生及早进入学校和教室，以小组的形式帮助他们了解和熟悉学校的空间，这样他们在第一天就不会感到不知所措。

归属感还与社区建设有关。我们希望学生能够相互了解，并以积极和相互支持的方式进行互动。但是，我们不能仅仅期望学生们在学年伊始就知道如何进行互动、合作、倾听，甚至是适当而有效地相互交谈。利用流程和协议帮助学生学习这些行为。微型实验室协议帮助学生学会相互倾听，并在他人贡献的基础上进行对话。你不妨与学生一起确定良好对话的标准。例如，倾听他人、提出问题、建立联系、借鉴他人的发言、确保每个人都参与、不喧宾夺主等。你可以阅读《早晨课堂对话：每天培养学生的社会情感、品格和沟通技能》一书，找到更多的评分标准和自我评估工具。

"每日献词"是另一个常规活动的例子，可以帮助学生相互联系并建立集体。这个简单的课堂流程是由中学历史教师亨利·西顿（Henry Seton）开发的，并已成为他课堂上的一种仪式，有助于建立信任和集中全班注意力。在自愿和轮流的基础上，学生在课堂开始时用30—60秒的时间将当天的学习内容献给激励他们在学习和生活中做到最好的人。这个人可以是真实的，也可以是虚构的，可以是在世的，也可以是已故的。学生通常会投射一张照片或图像。正如西顿解释的那样，"这些短暂的时刻成为建立更深层次关系的种子，成为未来对话的起点……它在文化上具有持续性，并以学生为中心，因为学生可以带头尊重和赞美自己的不同身份"。凯利·加拉格尔（Kelly Gallagher）采用的另一种方法是让学生在课堂开始时朗读一分钟的诗歌或选段。

如前所述，霸凌是对归属感的最大威胁之一。如今，大多数学校都制订了预防霸凌计划或健康倡议，这些计划和倡议有助于打击这种非常普遍的行为。这些计划很重要，但并不是万能的。打击霸凌行为需要我们教师在与学生的所有互动中保持警惕和一致。在这方面，戴维·莫里森（David Morrison）中将就澳大利亚军队中的性别歧视事件向公众发表的讲话很有启发意义。他向所有士兵强调，"你用过的标准就是你接受的标准"。当我们听到学生说"这太娘了"或嘲笑某人的口音时，我们就是在纵容这种行为。有人称这些行为为"微攻击"，它们为更大的霸凌事件埋下了伏笔。受害者认为我们的沉默证明了他们不被重视，也不真正属于我们。

建立关系。 建立关系首先要创造了解学生的机会。我们有很多方法可以做到这一点。在学年开始时，你可以做一个简短的调查，通过询问学生过去在学校的经历，他们钦佩的人是谁，他们的希望和梦想是什么，他们喜欢和不喜欢学校什么等等，来了解学生。有些教师则采用写信的方式，要求学生给他们写信，讲述他们希望新老师了解自己的哪些方面。中学教师艾琳·奥特（Erin Ott）则采用了不同的方式，她要求学生列出一份"照顾我"的清单，在这份清单中，学生们可以指出她可以做哪些具体的事情来帮助、支持作为学习者的他们。她还分享了自己的清单，列出了学生可以反过来为她提供哪些支持，例如，"从自己的角度和理解出发，开诚布公地发表意见"。马克·丘奇要求五年级学生的家长给他写一封关于孩子的信，以便与孩子和家庭建立联系。许多家长表示，这项任务既具有挑战性，又意义深远。数学老师杰夫·沃森使用"情绪表"进行快速调查。还有一些教师要求学生写下3个描述自己的词语，然后用这个与学生进行快速交流。每学期重复这一过程，教师和学生都能看到自己的变化。

关系也是通过我们与学生的互动长期建立和维系的。这意味着要寻找各种机会与学生建立联系，哪怕是短暂的一对一联系。你可以从每天在教室门口向学生问好开始，叫他们的名字并问好。这听起来似乎是一件小事，但研究表明，在教室门口积极问好能使学生的学业参与度提高20%，课堂捣乱行为减少9%，有可能使一天的学习时间再增加一个小时。北卡罗来纳州夏洛特市的小巴里·怀特（Barry White Jr.）邀请学生设计并教他个性化的握手方式，将问候提升到了一个全新的高度。

当然，正确读出学生的名字也很重要，否则就是将学生推远。这是一种微小的伤害行为，表示我们并不在意是否正确记得学生的名字。如果你在这方面遇到困难，或者过去曾经读错过，请向学生求助，说："你知道吗？我想我这一年来一直在弄错你的名字，我很抱歉。我想把它说得完美些。你能教教我吗？"如果你和我一样在这方面很费劲，可以将学生正确发音的视频或音频录下来，以便在需要时复习。互联网上也有一些发音工具可以派上用场。

定期给学生写个人便条是建立联系的另一种方式。中学教师约翰·蒂尔斯马（John Tiersma）给自己设定的目标是，每年至少给每个学生写一张个性化的字条并寄给他们。他将这一目标分解为每周的小目标。这样，他就可以只关注几个学生，并真正对他们产生好奇心。他发现，当他在学生身上寻找积极的一面时，他会注意到更多的东西，这样他就能写出针对孩子的东西，流露出真诚的赞赏。这些表达可以是真实的，甚至可能暗指他对学生未来的愿望和目标，比如，"我可以看到你有一天会成为一名作家"。约翰说，通过这些字条，"学生们认识到自己在他们身上花了时间，他们值得被了解。手写的卡片是他们可以持有的东西，表明有人了解他们，爱他们"。其他教师也将这一理念推广开来，让学生定期互相写感谢信。

在全校范围内，研究鼓励或抑制建立关系的政策和做法非常重要。例如，研究表明，对小学生而言，教师与学生循环教学（至少两年教同一个班）与排班教学（每个科目都有专门的教师）相比，优势明显。与同一位教师在一起能取得更好的学业成绩，减少旷课和停学，降低留级率，减少破坏性行为，对有特殊需要的学生和非白人学生尤其有利。在德国、意大利、以色列、瑞典和日本以及华德福学校，小学年级的循环教学很常见。

营造公平、尊重和重视的氛围。我们的语言可以是传达尊重和重视的主要媒介。我们需要有意识地使用我们的语言、肢体语言和语调，这样才能传达出真正的兴趣、好奇心和关爱。有时，这意味着我们所说的话要有微妙的变化。例如，虽然"好孩子"或"我为你感到骄傲"这样的短语并无不妥或有害之处，但它们并没有提供具体内容，没有表现出真正的兴趣，也没有鼓励反思或引起对话。这可能会无意中在学生之间进行比较，或者把重点放在取悦老师上，而不是学生的个人成长上。取而代之的是，要具体指出做得好的地方，"你做得很好，真的把问题弄明白了"或"谢谢你打扫卫生，我真的很感激"，而不是用"好孩子"一带而过。与其说"我为你感到骄傲"或"做得很好"，不如试着更深入地询问，"告诉我更多有关这方面的情况""你是怎么做到的？"，甚至"你一定为此感到很兴奋"。所有这些都更有可能引发对话，为学生提供反思和阐述自己行为的机会。此外，"谢谢你的想法"或"我会好好想想你刚才说的话"这样的短语可以肯定学生的贡献，而不是"太棒了""很好"或"真聪明"。

研究人员玛丽·罗（Mary Rowe）认为语言、语气和存在感也是"微肯定"（microaffirmations）的关键。这些"是为机会敞开大门的微小举动，是包容和关爱的姿态，是优雅的倾听"。其形式可以是友好的手势、微笑或简单的致谢，如"很高兴见到你""今天好吗？""我们昨天很想你"或"很高兴你来了"。这些短语都是对个人的认可，并传达他们被看见的信息。尝试使用更多的微肯定也可以通过提供新的行动来取代旧的行动，从而帮助抑制微冒犯。

有一种简单的例行活动可以帮助学生经常表现出对彼此的尊重和重视，这就是3A流程方法：赞赏（Appreciation）、道歉（Apologies）和"啊哈"（Aha）！这一例行活动只需在下课时花上几分钟，请学生与全班分享他们对教室里任何人的感激之情（可以是帮助过他们的人，也可以是提出了一个引发对话的好问题的人），对自己的行为表示歉意（可以是认识到自己在某种情况下分散了注意力或帮倒忙），或者分享一个"啊哈时刻"（可能是他们有了新的见解或学到了新的知识）。当然，并不是每个人都会分享。你可能只有一两个学生会分享。但是，通过将此作为例行活动，你就为学生提供了展示彼此尊重和珍视的空间。

在与学生的互动中，我们可以通过公开透明的决策过程来体现公平。这并不意味着退让或宽松；这意味着分享我们工作的信息和要求，并在适当的时候邀请学生提出意见。这可能涉及考试的时间安排、接受逾期提交的作业的政策等。也许，没有什么比处理不良行为时更能体现公平了。以同情和好奇的态度对待违规行为对学生有益，你可以询问他们：发生了什么？当时你在想什么？你现在如何看待这件事？你的行为影响了谁？你需要做些什么来弥补伤害？

如果学生不了解自己的行为对他人造成了怎样的影响，他们就无法挽回关系。要警惕使用"应该"等带有评判意味的词语，避免使用指责的语言。例如，不要说自己"震惊"或"讶异"。同样，挖苦、辱骂和威胁都是无益的，只会羞辱学生。注意自己的肢体语言和语气，表现出坦诚和关爱。采用"恢复性正义"方式有助于增强归属感，并传达这样的信息：学生不会因为犯了错误而被排除在群体之外。

让新行动适应当前现实

在跃跃欲试之前，请回过头来想想你目前在学校正在做什么（见图4.2）：

➤ 通过应用之前确定的一些原则，哪些已经实施的行动可以得到加强和发展？

➤ 考虑到这种思维方式，哪些做法需要重新思考或修改？

➤ 你需要完全停止做哪些事情，并将其从你的计划中删除？为什么？是否与这种思维方式背道而驰？是否无效？哪些"非必要障碍"阻碍了你真正实现这种思维方式？

➤ 最后，你是否需要创建全新的流程、结构或行动？

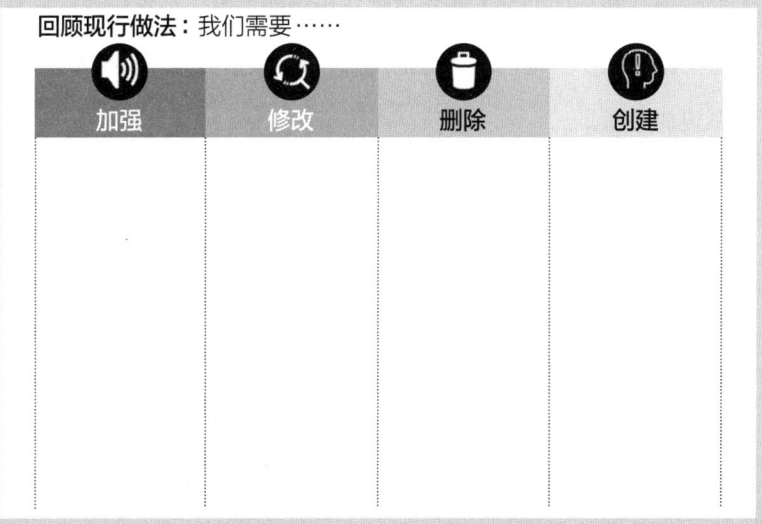

图4.2　加强—修改—删除—创建

结论：我们的行动理论

"当学生感到被老师和同学了解、重视和尊重时，他们学得最好"，在对这一思维方式进行研究的最后，我们提出了一个"行动理论"，对我们的行动可能产生的效果进行了假设。根据我们制定的原则采取行动，我们可能会看到什么？行动理论之所以有用，是因为它明确了我们在做什么以及为什么要这么做。因此，它确定了我们可以寻找的具体内容（街头数据），以了解我们何时以及在多大程度上取得了成功。本着将我们的行动与预期成果联系起来的精神，我为这种思维方式提供了以下行动理论。如果它能捕捉到你计划采取的行动和预期的结果，请使用它。如果不能，也可以根据自己的实际情况制定自己的行动理论。

如果我们注重了解学生，表明我们重视他们作为思考者和学习者的价值，并与他们个人和集体建立积极的关系，那么学生的破坏性行为就会减少，他们就会更加投入，就会感到自己与学校社区的联系更加紧密。

犯了错误而被排除在群体之外。

让新行动适应当前现实

在跃跃欲试之前，请回过头来想想你目前在学校正在做什么（见图4.2）：

➢ 通过应用之前确定的一些原则，哪些已经实施的行动可以得到加强和发展？
➢ 考虑到这种思维方式，哪些做法需要重新思考或修改？
➢ 你需要完全停止做哪些事情，并将其从你的计划中删除？为什么？是否与这种思维方式背道而驰？是否无效？哪些"非必要障碍"阻碍了你真正实现这种思维方式？
➢ 最后，你是否需要创建全新的流程、结构或行动？

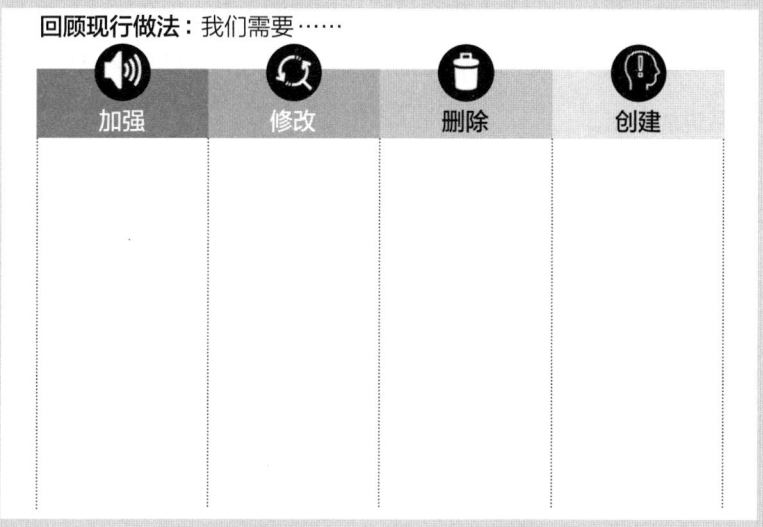

图4.2 加强—修改—删除—创建

结论：我们的行动理论

"当学生感到被老师和同学了解、重视和尊重时，他们学得最好"，在对这一思维方式进行研究的最后，我们提出了一个"行动理论"，对我们的行动可能产生的效果进行了假设。根据我们制定的原则采取行动，我们可能会看到什么？行动理论之所以有用，是因为它明确了我们在做什么以及为什么要这么做。因此，它确定了我们可以寻找的具体内容（街头数据），以了解我们何时以及在多大程度上取得了成功。本着将我们的行动与预期成果联系起来的精神，我为这种思维方式提供了以下行动理论。如果它能捕捉到你计划采取的行动和预期的结果，请使用它。如果不能，也可以根据自己的实际情况制定自己的行动理论。

如果我们注重了解学生，表明我们重视他们作为思考者和学习者的价值，并与他们个人和集体建立积极的关系，那么学生的破坏性行为就会减少，他们就会更加投入，就会感到自己与学校社区的联系更加紧密。

第五种思维方式

学习是思考的结果

"学习是思考的结果。只有在学习过程中，学习者对所学内容进行思考，才能保留、理解和积极运用知识。"戴维·珀金斯在其著作《智慧学校》（*Smart Schools*）中言简意赅地总结了我们为什么要关注思考。虽然我们的课程可能充满了需要传授的知识，但我们希望学生能在考试之后牢牢记住这些知识，并能在未来有效地加以运用。因此，我们希望学生能够对所学内容建立牢固的理解。为此，我们需要思考。认知科学的研究结果表明，要构建可用的知识，我们需要"玩"它、推动它、思考它，而不仅仅是记住它。戴维·珀金斯强调了这一点："思考使知识充满活力，使知识发挥作用，用证据标准检验知识，调动知识建立联系和进行预测，使知识形成创造性的产品和成果。"

你可能会同意珀金斯所说的那种有意识的学习，即我们主动寻找并为自己创造的学习，这种植根于意义建构和理解的深层学习确实需要思考，但你仍然怀疑是否所有的学习都需要思考。比如简单的知识、偶然的事实和基本的印象？当然，我们可以不假思索地获取这类知识。我们可以把这种学习称为偶发学习，这种学习似乎只是发生在我们身上，没有太多的刻意性。

作为偶发学习的一个案例，让我们来看看我曾经带领三年级学生进行的一次远足——前往落基山国家公园的双姐妹峰顶。我没有给学生布置作业，也没有给他们太多的指导。我们没有在途中停下来进行小型讲座或讨论。我想让他们体验环境、远足，并感受到成就感。我的目标是建立社区，为我们为期一年的科罗拉多历史学习做好铺垫。因此，他们的学习并不像其他培养思维的努力那样是有意为之。尽管如此，在整个实地考察过程中，学生们还是形成了联想，发现了规律，确定了因果关系，并进行了观察和联系。在这一年的晚些时候，我利用这种偶然的学习，通过更明确的思考，帮助学生拓展对科罗拉多州的地理、地质、航海和探索的理解。我之所以能做到这一点，是因为他们在徒步旅行中确实在思考。

那么技能训练呢？那不就是无意识的重复吗？马尔科姆·格拉德威尔（Malcom Gladwell）在他的《异类》（Outliers）一书中断言，要在某一领域形成专长，平均需要10000小时的练习。然而，这并不是无意识的训练。它是深思熟虑地关注需要改进的领域，分解自己的行动，对质量进行精细的辨别，分析问题，整合反馈，等等。换句话说，这是深思熟虑的培训。

有些人可能会说，我们在婴儿时期学习语言的自然方式似乎并不需要思考。这似乎毫不费力。然而，理论家和研究人员已经证明，即使是简单的单词学习也是通过推理和联想完成的。迈克尔·伦特利（Michael Luntley）断言："经验证据有力地证明，人类婴儿所进行的一些最基本的学习，也就是使其在我们的共同文化中首次获得利益的学习，是推理学习，而不是训练学习。"更重要的是，伦特利强调教师必须承认学生是积极的推理者和感知者，因为这样做就是赋予他们作为学习者的权力，让他们参与其中。按照伦特利的要求，让学生作为思考者参与其中，可以让学生对情境和视角更加敏感，从而对自己的经历有更多的控制和指导。

研究表明：为什么这很重要？

约翰·哈蒂所做的元分析表明，让学生参与思考的教学实践与高于平均水平的效应量有关，因此与更积极的学习结果有关。0.5的效应量可视为相当于一个等级的飞跃（从C到B），而1.0的效应量则大致相当于两个等级的飞跃（从C到A）。如果能提高一个等级，就证明是有效果的。因此，超过0.5的效应量被认为是高效应量。效应量越大，说明教学实践与学生学习之间的关系越密切。哈蒂指出了几种已被证明非常有效的基于思维的教学实践，如：认知任务分析（教学重点放在如何思考教学内容上）（效应量 = 1.29）、与先前知识的整合（0.93）、迁移策略（0.86）、课堂讨论（0.82）、阐述和组织（0.75）、思维过程通过对话外化的互惠教学（0.74）、元认知策略（0.69）、自我对话和自我提问（0.64）、概念图（0.57）和理解策略（0.77—0.58）。

谨防流畅性陷阱

这里有一个问题，学生自己往往不相信这是事实。他们认为，听老师讲课、记笔记和复习笔记是最好的学习方法。他们已被教化，这就是学习。本尼迪克特·凯里（Benedict Carey）在他的《我们如何学习：关于学习发生的时间、地点和原因的惊人真相》一书中，把这称为"流畅性陷阱"，"认为事实、公式或论点现在很容易记住，明天或后天也会如此"。更复杂的是，当学习需要大量的思考和深度处理时，就会让人感觉不那么确定、动摇和犹豫不决。哈佛大学的物理学教授进行了一项研究，他们比较了学生对学习的感知和实际学习效果。虽然学生认为他们从讲座中学到了更多，但实际上，当他们通过讨论、预测、实验和解决问题积极参与思考时，他们学到了更多东西。同样，学生在学习时经常会陷入流畅性陷阱。他们觉得自己知道这些材料，因为他们已经复习过了，而且认为这些材料很有道理。研究再次表明，与复习、重复或记忆相比，通过思考进行考试学习最为有效。在知识的保持、回忆和应用方面，创造解释、构建新概念图和自我提问都已被证明远远优于复习笔记或在最后一刻进行填鸭式学习。

识别思考类型

当然，仅仅帮助学生在低水平考试中取得好成绩并不是本书的目标。我们努力让教学的目的超越应付考试。我们认识到，大多数考试并不能真正考查学生的理解能力，也不一定能很好地衡量学生的深层学习。此外，我们还认识到，学生并不只是在学校范围内或为了学校教育的目的而学习。我们希望我们的学生终生都能参与学习并努力加深理解，我们希望他们为此做好准备。因此，我们必须帮助学生掌握有效的终身学习工具，并让他们享受学习的乐趣。为了促进这一点，我们必须考虑理解与知识的不同之处，然后将注意力转向识别形成理解所需的思考类型。

我们通常从占有的意义上谈论知识——我们拥有或可以声称拥有的东西，而理解则是"能够就主题进行各种表现"。它要求我们超越所提供的信息，产生新的东西。一个人的理解往往在于原创性、创造性的反应，而不是再现性、经典性的反应。这种反应要求我们在构建新的意义时利用手头的信息进行思考。那么，什么样的思考最有助于促进更深入的学习和理解呢？在"零点计划"中，我们确定了形成理解的8个核心思考步骤：

- 仔细观察并描述现象
- 做出解释和诠释
- 用证据推理
- 建立联系
- 考虑不同的观点和视角
- 捕捉问题核心并形成结论

- 思考和提问
- 揭示事物的复杂性，深入探究其本质

这8个思维步骤合在一起，就是我们所说的"理解地图"（见图5.1）。我们不一定会在一次学习中涉及所有这些活动，但在一个单元的学习过程中，我们一定可以确保为学生提供参与所有这些活动的机会。

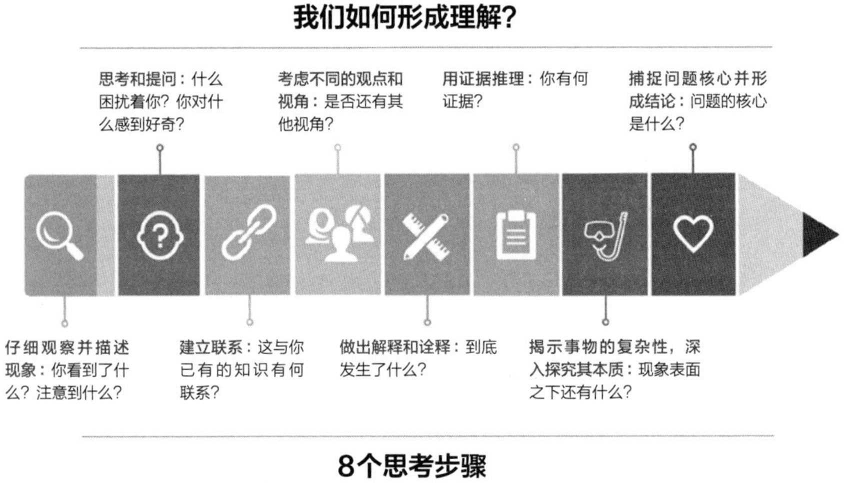

我们如何形成理解？

思考和提问：什么困扰着你？你对什么感到好奇？　　考虑不同的观点和视角：是否还有其他视角？　　用证据推理：你有何证据？　　捕捉问题核心并形成结论：问题的核心是什么？

仔细观察并描述现象：你看到了什么？注意到什么？　　建立联系：这与你已有的知识有何联系？　　做出解释和诠释：到底发生了什么？　　揭示事物的复杂性，深入探究其本质：现象表面之下还有什么？

8个思考步骤

图5.1　理解地图

虽然思考是形成理解能力的核心，但我们不应在理解能力和知识获取之间划出太明显的界限。思考也能为知识获取带来益处。我们听到、读到或看到的信息，如果对我们没有意义，很快就会被遗忘。正如杜威所说，"信息除非被理解，否则就是无法消化的负担"。此外，理解有利于记忆。当新知识与先前的知识相联系时，不仅更容易回忆，也更容易应用。概念图式的发展有利于信息检索和新信息的学习。此外，我们建立的联系越多，我们的学习能力就越强。事实证明，通过自我提问来深入学习内容是一种有效的学习技巧。尝试向自己或他人解释概念，是费曼学习法的核心过程，既能加深理解，又能积累知识。因此，我们可以把重点放在传授知识上，而忽略理解、长期记忆和应用；我们也可以把重点放在培养理解力上，这也有助于积累知识。既然两者可以兼得，为什么要舍弃其中一个呢？

愿景与反思：它会是什么样子？

1988—1995年，哈佛大学教育研究生院开展了"为理解而教"项目，作为该项目的一部分，我们花了很多时间，让教师们对"理解"这一主题有了更深刻的认识和见解。我们知道，仅仅交给他们新的"理解"教学工具是远远不够的，除非教师们对"理解"本身是什么样子，它是如何产生和培养的，以及它与知识有什么不同有了深刻的理解。以下两个愿景活动就来自这项研究。第一个活动使用了隐喻，这可以帮助我们从新的角度看问题，并确定关键特征。第二个活动借鉴了个人在发展理解方面的经验。

构建愿景

理解是什么样子的？感觉如何？打开智能手机，进入"照片"。在搜索功能（通常是屏幕底部的一个望远镜图标）中，输入随机选择的月份和年份。我输入的是"2018年11月"，就会出现该月份的照片集。你可能需要选择"全选"。在图片中滚动，选择一张对你来说能捕捉到"理解"的图片。实质上，你是用这张照片来比喻理解对你的意义。我有一些令人惊叹的选择：一位亡灵节的庆祝者独自坐在长椅上，头发上插着一圈金盏花；一个房间里，250名与会者正在交谈；一块写满了字的白板；一辆汽车沿着一条长长的土路驶向远方；一间小木屋上挂满了生锈的铁皮；一条登山小径，小径旁的岩石上长出了坚韧而娇艳的红色花朵；等等。选择太多了！我相信你也会有的。做出选择后，请向自己解释为什么选择这幅图来表达"理解"。例如，我选择了徒步旅行时拍摄的岩石上长出花朵的图片。这让我想到，理解往往产生于坚持不懈的努力，产生于特定条件的满足，产生于合适的生态系统。然而，这个过程并不总是一帆风顺的。思想的立足点很重要。这让我想到为理解垫定基础的重要性。当理解最终出现时，它是非常明显的，就好像我们会情不自禁地看到它。理解是一种美。记下你选择的图像，以及为什么它是理解的好比喻。

现在想一想你真正理解的东西。虽然并不完美，但也很好。一旦你找到了一个具体的例子，请指出你是如何形成这种理解的。你是如何形成现在的理解的？请使用本章末尾的页面、空白处、纸张或电子设备记录你的回答。现在，请确定并记录你在每项活动中的思考类型。例如，你可能写道，你观看了烘焙专家的视频来学习烘焙过程。在这项活动的旁边，你还可以标明你正在仔细观察和/或建立联系、关注过程等等。你的思考步骤不一定要来自"理解地图"，但如果你陷入困境，它可能是一个有用的工具。

小组讨论

如果你和其他人一起阅读这本书，请带上你的答案、文章，也许还可以带上手绘图画，以便分享和讨论。

➢ 你们的集体思考揭示了理解的哪些重要特征？
➢ 对形成理解有用的行动和思维揭示了什么？
➢ 出现了哪些关于理解或思考的问题？

设想实践

为了让大家进一步认识到思考在学习中的核心地位，我们将注意力转向两个案例研究：一个来自历史课，另一个来自数学课。在阅读过程中，请注意教师是如何不断地在课程中引导学生思考和理解的。也许我们很容易沉浸于活动本身，但这些课程的成效取决于能否让学生在每个环节都保持思考。

案例一：从事实到理解。 泰丽雅·奥姆斯比（Thalia Ormsby）即将在加利福尼亚州德尔玛市阿什利瀑布学校六年级班级中引入一种新的思考流程。作为校区持续专业学习的一部分，在一次教师"学习实验室"活动中，她与同事们共同制订了一个计划，最终选定了"+1"流程。泰丽雅解释说，她的学生通过大量阅读了解了秦始皇。其中一些阅读是前一天与一位代课老师一起完成的。泰丽雅知道学生们似乎对所学内容很感兴趣，但她很想知道他们能记住多少。比起仅仅记住事实，她更希望学生们能够利用这些事实来判断秦始皇作为皇帝的功绩。这是在他们学习"领导力"的大背景下进行的。考虑到这些目标，"+1"流程似乎非常适合。

在展示流程时，泰丽雅站在她自制的"理解地图"公告板旁边。在8个思考步骤的每一个动作旁边都有便签卡，上面标明了班级迄今为止使用过的各种思考流程，这些流程都借鉴了该思考方式。"你知道，每当我们进行一个新的思考步骤时，我都喜欢先介绍一下它能帮助我们进行哪种思考，这样我们就能理解为什么要使用这些步骤。今天，我们要做的'+1'流程就是帮助我们识别我们所学到的有关秦始皇的一些事实和信息，然后利用这些信息帮助我们进一步思考秦始皇是一位怎样的领袖。"泰丽雅解释道，"我们将进行的主要思考类型是'描述现象'，因为我们要找出有关秦始皇的各种事情。然后，我们还要'建立联系'和'做出解释'。"

接下来，泰丽雅向学生们说明了这套流程的步骤，她解释说，学生们首先要尽可能多地回忆有关秦始皇的信息。她强调，这是靠记忆，而不是靠回想笔记或读物。她解释说："这叫作提取练习，它可以帮助我们巩固记忆。"提取练习是一种经过深入研究的学习技巧，可以将想法锁定在记忆中。当我们检索一个事实时，我们会通过更精细、更深入的编码来增强对该事实的记忆。我们与事实形成新的联系，为获取信息创造不同的路径。正如本尼迪克特·凯里在《我们如何学习》一书中坚定地指出的："使用我们的记忆会以我们意想不到的方式改变我们的记忆。"

学生们开始忙着写下他们所能回忆起的有关秦始皇的一切。有些学生采用画点的方式，有些学生则采用叙述的方式。大约过了5分钟，在大家还没有完全写完之前，泰丽雅叫停了："请按顺时针顺序把你们的纸递给坐在你们左边的人。当你拿到旁边人的纸时，请通读一遍，然后至少添加一个新内容。这就是'+1'。如果你有时间，可以添加更多。你的'+1'可能是一个他们没有的想法或事实，也可能是在他们已有的东西上增加一个阐述或细节。"在这一步骤中，学生们在强化同伴笔记的同时，也建立了自己的记忆。在努力回忆信息的过程中，毫无疑问，有些想法被遗忘了，或者几乎就在那里，但无法完全回忆起来。看到这些"差一点"就能回忆起来的信息被写在朋友的纸上，新信息就可以被编码了。努力回想的过程会让大脑在信息出现时更有效地对其进行编码。

全班安静地阅读，然后慢慢地拿出铅笔进行补充。几分钟后，泰丽雅要求学生再次传阅自己的纸张，并重复这一过程。他们又传了两次，直到每个人都拿回了自己的纸，这时，学生们被要求在自己的笔记页上添加他们可能读过但尚未记录的内容。此时，学生所做的思考都与建立对信息的牢固记忆有关。现在，泰丽雅转而让学生们利用这些信息，帮助他们更好地解释秦始皇是一位怎样的领袖："现在，我希望你们对同桌小组提供的所有信息进行分类整理。看看所有这些事实，并判断每个事实告诉你秦始皇是一位怎样的领袖。你们可以把一张图纸分成两栏。在一边，列出你们认为支持或证明他是一个好领袖的事实；在另一边，列出可能表明他不是一个优秀领袖的缺点或事实。"

全班顿时活跃起来。学生们围着自己的共享纸张，开始讨论自己的事实。一位学生说："嗯，他确实开始运用法家思想，这是我记下的一件事，但我不知道这是好还是不好。"其他同学也纷纷发表自己的看法。"嗯，他确实为人们创造了更多的秩序，所以是好的。""是啊，但如果你遵循儒家思想，那就没那么好了。"在另一张桌子上，围绕修建长城的问题也展开了类似的辩论。很快，学生们开始思考各种观点：对谁有利？时间如何改变我们的观点？这些对话的结果是，学生们开始在他们的事实旁边写上修饰语，表明从领导的角度来看，它既可以是好的，也可以是坏的："最后，长城是好的，但在当时，它花费了很多钱，死了很多人。"对话很快变得复杂起来。由于马上就要放学了，泰丽雅必须暂时中止探讨。"这些对话非常有趣，引发了很多争论。我们明天再继续。我很想听听各小组对你们决策过程的看法。"

案例二：三幕式数学。 数学教育家丹·迈耶（Dan Meyer）推广了"三幕式数学任务"的理念，其展开方式就像一个好故事。故事不仅能唤起人们的兴趣，还能为我们的持续注意和记忆提供重要的支撑点。作为社会人，我们喜欢故事、关系、冲突和问题。第一幕凸显中心，揭示问题，这不一定是教师的责任，而往往是学生的责任。在第二幕中，学生们努力解决问题，克服障碍，寻找资源，发展所需的技能。第三幕是故事的结局。冲突/难题已经解决，并通过讨论得出结论，甚至可能指向后续故事。

当研究人员贾尔·梅塔（Jal Mehta）和萨拉·费恩（Sarah Fine）研究情境中的深度学习时，他们走访了许多教室，其中之一是美国东北部一所高度贫困的城市学校的中学数学课。在这里，他们偶然发现尼克·柯林斯（Nick Collins）和纳撒尼尔·马丁（Nathaniel Martin）的代数课上正在进行"三幕式数学"教学。当他们第一次走进教室时，他们注意到了一个牌子，上面写着"数学是一种活动：质疑、注意、计算、探索、组织、坚持、理解、应用联系"。这些动词提示了学生们每天在课堂上要进行的思考活动，为他们的主动学习奠定了基础。

演出开始。学生助教纳撒尼尔·马丁将一包气球投影到屏幕上，问道："你注意到了什么？你在想什么？"这就是第一幕，通过仔细观察和提问，在看似普通的事物中发现了一个令人困惑的问题。我们有时会忽视观察的重要性，但它是所有分析的基础。我们看到的越多，可以利用的信息就越多。当然，问题是探究的催化剂，也是学生成为积极自主的学习者的最有效的方式之一。当学生们说出观察结果时——"气球是红色的""有6个"——纳撒尼尔正在吹气球。一名学生开玩笑说："别晕过去！"另一名学生则观察到："嘿，包装上的气球图片是圆的，但你吹的气球却不太圆。"

"你还能问什么问题？"纳撒尼尔问道。一名学生回答："如何测量一个气球？"随后，学生们开始讨论直径、周长和半径。纳撒尼尔要求他们定义这些术语，以及如何用它们来回答问题。他的问题不仅能吸引学生，还能快速评估学生的技能和知识。他问："需要多少次呼吸才能填满这个气球？它完全充气了吗？你怎么知道？"这些令人费解的问题让学生们沉默不语，陷入思考。随后，纳撒尼尔引出了第一幕的戏剧冲突："要想装满一个更大的气球，需要呼吸多少次？"这时，指导老师尼克·柯林斯拿着一个和他差不多高的巨大紫色气球走了进来。问题建立。第一幕结束。只用了5分钟。

课堂的其余时间用于进行第二幕。学生们要解决一个问题，从一系列气球中收集数据，整理数据，研究数据之间的关系，并绘制数据图，从而推导出一个函数，解决已知尺寸的气球需要呼吸多少次才能填满的难题。事实证明，这种主动学习与雄心勃勃的数学教学相结合，是提高参与度和学习成绩的关键。第三幕要等到明天。当被问及他们的数学课与以往的数学课相比有何不同时，学生们告诉研究人员梅塔和费恩，这门课"更有趣""更像数学家的思维方式"。

对当前实践的反思

口头上说重视思考是很容易的。毕竟，谁会说自己不重视思考呢？然而，要真正重视思考并将其视为学习的核心，我们就必须深入研究我们的实际教学。以下问题旨在帮助你审视自己的教学实践，不仅要了解你重视哪些思考，还要了解你是如何真正体现思考的价值并使其成为学生学习的核心的。

选择问题并记录答案

在我们学习的不同时期，不同的问题对我们有不同的帮助。因此，我建议你通读这些问题，并确定：

➢ 一两个对你有启发的问题。这些问题可能对你来说具有挑战性或者将你的思维引向新方向。

➢ 你最想和同事讨论的一两个问题。

> ➤ 圈出你现在选择的问题并标上日期，这样你就可以确定你的关注点是如何随着时间和经验的变化而变化的。
> ➤ 你可以在本章末尾的空白处或笔记本上记录思考过程。

- 在我所教授的学科中，哪些思考方式是必不可少的？这些思考在创造新知识和加深理解方面发挥着什么作用？

- 我正在尝试（或我想尝试）将哪种思考方式流程化，让学生自动参与其中？

- 我的学生能告诉外人我们班上哪些思维方式很重要吗？

- 我有哪些常用流程和结构来支持学生的学习和思考？为什么是这些流程？我从中学到了什么？我的学生学到了什么？是什么让它们对我们整个班级产生影响？

- 我在什么地方、什么时候、如何自言自语，并让自己的思考清晰可见？

- 我的评估在多大程度上需要学生思考？我的哪些任务、作业、项目和评估可以让学生不假思索地完成？

- 我的学生会如何回答这个问题："与我相处的这一年，你成了怎样的学习者和思考者？"

- 我为学生提供了哪些工具、结构和经验，帮助他们发展并认识到自己是强大而有能力的思考者和学习者？

- 在向学生解释作业、任务和项目时，我是否总是"以所需的思考方式为先导"，还是倾向于解释任务的所有工作内容和组成部分？我该如何转变？

- 作为一个班级，我们是否经常反思自己的学习过程，以调整和改进我们的学习？

- 我是如何帮助学生理解思考在学习中的重要性的？我可以如何分享一些关于有效学习和学习的研究成果？
- 我如何/是否可能创建展板来突出思考的重要性？
- 我在何时、何地、如何向学生反馈他们的思考？
- 我上一次注意到学生的思考并点名表扬是什么时候？

数据、原则和实践：我们可以采取哪些行动？

在探索了知识与理解之间的联系，并确定了有助于两者的特定思考类型之后，我们对思考在学习中的核心地位有了更好的理解。思考流程和"理解地图"提供了实用的工具，我们可以围绕这些工具开始采取行动。为了更好地定位这些行动，使其取得成功，我们有必要了解目前思考在学生的学习生活中所扮演的角色。以下三种可能的数据收集技术可以让你了解思考在你的课堂和学生的认知中所扮演的角色。

收集街头数据

街头数据

➢ 有助于我们了解自身情况和学生的观点。
➢ 收集相对简单快捷。
➢ 可立即进行分析并采取行动。
➢ 意在提供信息和提出行动建议。
➢ 不是成功的评估或衡量标准，而是实践的缩影。

> 可以采取多种形式：观察、访谈、调查、课堂末尾小测试、录音等。

街头数据行动一：对思考的反思。下面的问题既可以作为课堂末尾小测试，也可以作为课堂讨论的基础。你不必使用所有这些问题。同样，你也可以修改或添加新的问题，以更好地吸引学生。

• 你在学校——不仅仅是这门课上，而是所有的课上——最喜欢哪种思考方式？在这些思考方式中，哪些对你的学习最有帮助？注意：如前所述，学生并不总是能很好地判断哪些对他们的学习最有利。因此，学生的回答可能是更好地解释某些思考类型如何帮助学习的一个事例。

• 今年，通过与我一起学习，你成为了怎样的学习者和思考者？你在哪些方面有所成长？你发现自己有哪些变化？作为一名学习者和思考者，你对自己有了哪些认识？

• 在这门课中，你认为我关心和重视哪种思考方式？在这个学科领域，哪种思考方式看起来很重要？

街头数据行动二：在本节课。使用"在本节课"调查表来确定你在某节课上优先考虑的思考类型（学生也注意到了）（见附录E）。一堂课结束后，让学生填写调查表。这大约需要5分钟，但第一次可能需要更长时间。课后自己完成调查。如果有同事旁听，让他们完成调查。如果之前没有讨论、探讨和研究过某一思考类型，学生不知道它的表现和感觉，那么学生可能很难确定这种思考类型。如果你收到很多关于这方面的问题，请将其视为有用的信息。也许你以后会与学生就思考问题进行更多的交流。现在，只要求学生依靠自己的直觉完成问卷。在分析这些数据时，不要在意1、2和3的排名。

相反，只需将学生的回答统称为他们在课堂上注意到的前三种思考方式。在试用这一工具时，我们发现，对学生来说，排序比让他们说出做得最多的3种思考更容易。学生们希望将它们全部包括在内。这听上去有些反直觉，但我们发现这个方法最简单快捷。你可以下载电子表格，在其中输入数据，并通过扫描二维码生成雷达图。你还可以在扫描的网络链接中查看通过各种课堂观察生成的雷达图示例。

快速收集数据时，请思考以下问题：

- 学生的看法与你的看法一致吗？为什么会这样？
- 差异和趋同的程度如何？
- 学生是否能够确定他们作为学习者可以做的具体而有用的事情（元认知的标志）？今后你可以如何帮助支持他们的想法？
- 学生就他们作为学习者所需要的东西提出了哪些有用的建议？
- 你将在何时、何地、以何种方式与学生分享你的反应和计划？
- 如何用图形显示本次调查的结果，以便更好地了解模式？

请记住，本调查的结果只是学生、教师和观察者对一节课看法的一个缩影。这些结果只是提出了一些问题和启示，而不是对教学做出判断或评价。随着时间的推移，一个班级、一个系或一所学校可能会出现一些值得进一步研究的模式。例如，以复习和练习为主的课程本身并没有什么问题。但是，如果主要是这种情况，那就成了问题。

街头数据行动三：检查评估。根据对学生思考水平的要求，检查你的评估。收集一个单元甚至一个学期的测试、测验和总结性评价。虽然这可以通过一次测试来完成，但考虑更广泛的评估内容往往更有用。在一次评估中提出知识性问题本身并没有错。但是，如果这些问题在更广泛的测评中占主导地位，就可能需要引起关注。使用诺曼·韦伯的"知识深度"等级来评定每个问题/任务要求学生思考的程度。你要分析的是任务/问题本身，而不一定是学生对任务/问题的反应。有些学生可能会以较低水平的回答来应对更具挑战性的任务。换句话说，学生在三级任务中做出三级回答，可以获得最高分，但他们可能做出二级回答，获得较低分数。

- 第1级：回忆事实、定义、术语或信息。使用基本技能、程序或能力。简单应用已知算法、公式或方法。关键词可能包括命名、识别、解决、完成、列表、匹配、绘制或定义。

- 第2级：除回忆外，还需要一些脑力处理。要求学生决定如何处理问题或难题。关键词可能包括分类、组织、估计、观察、收集和显示数据、总结或预测。

- 第3级：超越课文或给出的内容，利用给出的证据解释、归纳或联系观点。需要推理和计划，有复杂性和抽象性。关键词可能包括综合、分析、联系、概括、提供证据、支持、制定、假设、解释或推理。

- 第4级：任务非常复杂，通常需要较长时间才能完成。在项目过程中，还可能需要定期向学生提供反馈。学生往往要参与设计、调查和创造一些新颖独特的东西，以展示他们自己的想法。对多种变量和角度的分析和考虑，以及对自己作品的全面评估也经常出现。关键词可能包括设计、评判、创造、应用、确定替代方案、证明或从多个角度进行论证。注意：即使是年幼的儿童也有能力完成第4级作品。

将思维方式作为行动的原则

哪些原则可以帮助指导我们努力为"学习是思考的结果"这一思维方式

注入活力？正如你所记得的，原则并不提供具体的行动，而是从广义上指导我们的努力。以下原则是可以为你的行动提供指导的主要路标：

- 注重加强理解，同时使学生积极主动地学习。
- 明确思考方式，让学生意识到思考是学习的动力。
- 为思考提供支架、提示和推动力，让学生感到既得到支持又面临挑战。

当你思考这些原则时，问问自己：这对我有什么用？在我的学科领域，在我的学生身上，在我的环境中，这些原则会是怎样的？这将帮助你制定出符合个人情况的行动方案，并反映出最有利于你和学生的指导和方向。

可以采取的行动

有一个重要的点需要牢记，上述三项原则是协同作用的，相互依赖才能产生最大的影响。因此，我建议你从这三项原则中的每项原则中确定同时实施的行动，而不是按顺序实施。这会让你和你的学生感觉你的工作更有凝聚力。你也可以从其他来源引进有效的做法。以下行动：

➢ 取材于我们在学校开展的工作，是全球思维文化项目的一部分。
➢ 置于相关原则之下，帮助你关注每个行动背后的驱动力。
➢ 可根据当地情况进行修改。
➢ 与每个具体行动所关联的最相关的文化力量相联系。8种文化力量和10种思维方式这两种框架具有协同作用，你可以从其中任何一种开始你的旅程。

注重加强理解，同时使学生积极主动地学习。要让学生参与思考，他们就需要经常遇到超越记忆知识的学习任务。他们需要的任务是要求学生进行原创性思考，而不是简单地回忆事实。因此，以重要概念为重点的课程更有可能使思考发挥核心作用，这种课程既能培养学生对概念的理解，又能促进更深入的学习。有许多指南可以为教师开展这项工作提供支持。例如《为理解而教指南》（*The Teaching for Understanding Guide*）、《基于概念的课程和思维课堂教学》（*Concept-Based Curriculum and Instruction for the Thinking Classroom*）和《深度学习教学：让学生参与意义建构的工具》（*Teaching for Deeper Learning: Tools to Engage Students in Meaning Making*）。所有这些方法的一个关键要素是，教师必须为每个单元的教学制定清晰的理解目标并分享，以便学生知道他们在努力理解什么。这就为学生和教师指明了方向，使所有人都能保持专注。在具体做法上，注重理解必然涉及激活学生的已有知识，不断阐述新的学习内容，在真实情境中学习，注意将所学知识迁移到新的情境中，以及以强调不同观点之间联系的方式组织新知识。

虽然研究表明，雄心勃勃的教学对于培养学生的理解能力（以及提高考试成绩）非常重要，但学生们往往并不欢迎其中的挑战和智力难题。因此，学习必须是主动的、实践性的和协作性的，这样学生既能参与其中，又能加深理解。例如，在前面的案例二中，数学教师马丁和柯林斯通过主动学习让学生参与到重要的数学学习中。虽然你的学生可能没有参与"三幕式数学"，但也要确保他们积极参与学习，而不仅仅是在课堂的大部分时间里阅读、观看或聆听。像案例一中泰丽雅·奥姆斯比所做的那样，留出时间让学生主动处理新信息。正是通过与他人的积极互动，学生才能处理知识和信息，并将其加以调整，以便使用和应用。这一过程将培养学生的自我效能感和独立性。教师面临的挑战是确保所有学生都参与思考，而不仅仅是少数学生。这可能意味着，与其只叫一个学生回答一个关键问题，不如要求每个人先独立完成，然后与同伴讨论他们的答案，以协调和深化他们的初步想法，最后随机叫一对学生回答。

培养和评估理解能力的一个关键部分是结合应用、创造和表现。让这些成为教学的核心。理解能力的表现既能发展理解能力，又能证明理解能力。寻找各种方法，让学生在深化学习的同时，应用他们正在萌芽的学习成果。这不一定是一个大项目或终结性评价。前面的两个案例都让学生参与到本节课的整体理解中。当学生在新颖的情境中应用所学知识时，他们就学会了技能和知识的迁移，并解决了问题。应用有助于使学习具有目的性，也能更好地保持学习效果。与此同时，这些真实的机会往往会为新技能和新知识的引入提供情境。

明确思考方式。思考（think）是英语中使用频率最高的单词之一，但我们并不总是清楚自己在说什么。即使我们清楚自己的意思，学生也未必清楚。因此，重要的是要发展一种完善的学习和思维语言，使我们能够明确地与学生谈论思考。这可能包括像案例一中泰丽雅·奥姆斯比所做的那样，展示和使用某种版本的"理解地图"，以确定关键的思维步骤。还可以使用二维码访问"理解地图"的其他图形表示法，包括不同语言的表示法。此外，在大多数课堂上，教师还必须解读其他学习词汇，如：分析、合作、坚持、理解、深入、巩固、讨论、评估等。重要的点在于，这是与学生一起持续建构的，而不仅仅是交给他们一套定义。构建表达学习的语言的一种方法是注意到并说出你正在进行的思考。学生发表意见时，教师可能会回答："这是我们尚未考虑过的观点。""谢谢你为我们归纳了这个观点。"

在布置任务时，我们需要养成一种习惯，以学生需要进行的思考和思考的目的为引子。教师往往从任务方面或任务步骤的角度来解释活动、任务或作业。这可能会帮助学生完成任务，但不会激活他们的思考，因而可能会让学习成为偶然。在介绍和解释任务时，将学习"定位"在任务中，并指出学生在完成任务时需要进行的思考，是非常有用的。以第四种思维方式中克里斯汀·库尔伯格的案例为例，教师可能会说："我们接下来几节课的目标是建立对'勇敢'这一概念的理解。我们将借鉴我们已有的一些关于勇敢的想法，但很多学习将聚焦于讨论想法之间的联系和提出关于勇敢的疑问。因此，我们将在这方面花费大量时间。这里的重点是要超越自己的想法，考虑他人提出的不同观点，以丰富自己对勇敢概念的理解。"

我们还可以通过认知任务分析（CTA）来明确思考方式。约翰·哈蒂发现，在他所研究的所有教学策略中，这种教学策略对支持学习的影响最大，其效应量高达1.29。虽然这听起来很复杂，但它只是通过确定完成任务或作业所需的思考方式，使其明确化。这种分析应首先由我们教师完成，这样我们才能知道任务中涉及哪些思考方式，然后才能为其提供支架和支持。同时，让学生参与这一过程也很重要，这样他们才能培养元认知和自我调节的学习技能。教师可能会问："要解决这个问题/写这篇文章/完成这个目标，我们需要做哪些思考？"这样做的目的是确保学生了解他们所需要的思考技能，以便他们在解决问题、做出决定或完成作业时能够运用和监控这些技能。

澳大利亚墨尔本艾特肯学院的本·劳利斯（Ben Lawless）在撰写历史论文之前，会这样问他的学生："你在写历史论文时会用到哪些技巧？"学生们找出了写作、研究、使用证据、拼写、语法、得出结论、正反两面观察和使用例子等方面的技巧。然后，他把重点放在"研究"上，并询问相关步骤。

学生的回答包括提出问题、寻找资料来源、做笔记、整理笔记和改写笔记。最后，本让他的学生创建了一个评分标准，其中包括上述每种做法的不合格、合格和优秀范例。

了解自己需要做哪些思考，才能取得更好的成绩。CTA是对任务（而非程序）的认知映射，我们在其中确定需要进行的思考和将出现的决策点。教师也可以反向绘制任务图，作为培养这种分析技能的一种方式。例如，在一堂课或一个项目结束时，要求学生确定所做的思考，以及这些思考如何有助于我们理解和/或成功完成任务。

为思考提供支架、提示和推动力。研究表明，经常使用思维流程来引导、支持和辅助学生思考，能够带来更好的学习效果。在引入一种流程时，首先要明确活动的目标，然后将该思维流程作为实现该目标的工具来介绍。这样做有助于确保"进行思维流程"不仅仅是一种活动，它还能帮助学生了解何时使用这种思维流程，从而最终使他们能够在各种情境中独立地运用这些流程。当学生能够在各种不同的情境中整合并灵活运用各种思维策略时，这些策略和流程才最有效。

鼓励学生思考，使他们不仅仅提供信息和答案。使用诸如"你为什么这么说？""你的想法是基于什么？""你能告诉我更多相关信息吗？"之类的问题。经常要求学生思考的教师会让学生产生这样的期望：光有答案是不够的，答案背后的思考、推理和所收集的证据才是重要的。凯瑟琳·库什曼（Kathleen Cushman）多年来对问题学生的访谈表明，学生希望他们的老师相信他们，而老师发出这种信号的一种方式就是不断催促学生思考。

提示思考与提示答案是两码事："你知道，我们昨天讨论过这个问题。它以'B'开头。"当教师关注学生获得正确答案或正确完成作业时，往往会过度溺爱学生，从而剥夺了学生的学习机会。与此相反，当教师关注学生的思考时，他们能够提示学生独立成功所需的思维。例如，教师可以提示有困难的学生"试着思考这两个观点之间的联系"。同样，教师的反馈也应侧重于对学生思考的反馈，以便为他们提供信息，帮助他们提高独立解决问题和完成创造性任务的能力。

让新行动适应当前现实

在跃跃欲试之前，请回过头来想想你目前在学校正在做什么（见图5.2）：

- 通过应用之前确定的一些原则，哪些已经实施的行动可以得到加强和发展？
- 考虑到这种思维方式，哪些做法需要重新思考或修改？
- 你需要完全停止做哪些事情，并将其从你的计划中删除？为什么？是否与这种思维方式背道而驰？是否无效？哪些"非必要障碍"阻碍了你真正实现这种思维方式？
- 最后，你是否需要创建全新的流程、结构或行动？

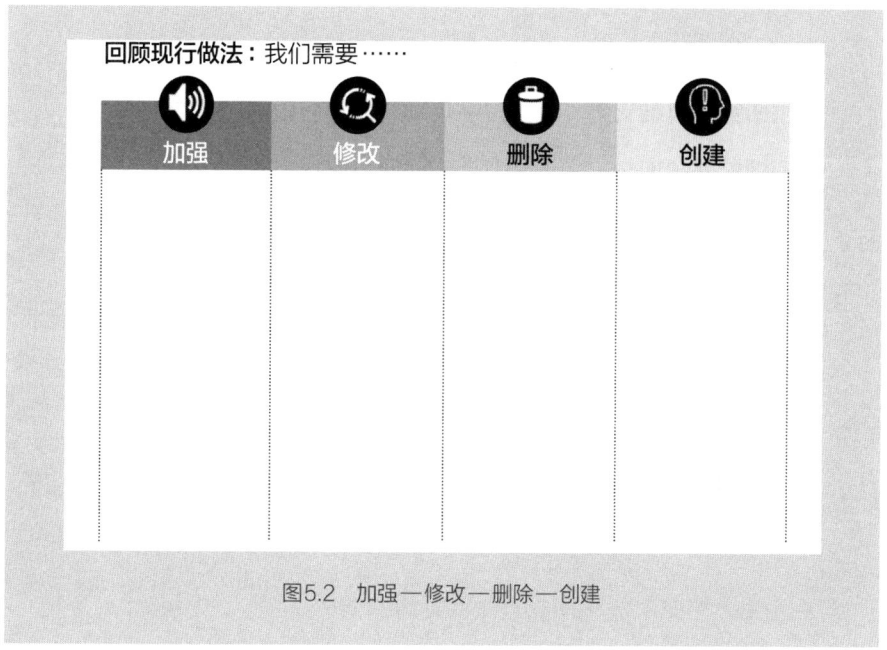

图5.2 加强—修改—删除—创建

结论:我们的行动理论

最后,我们通过提出行动理论来结束对"学习是思考的结果"这一思维方式的研究。如果我们完全接受这种思维方式,并按照我们提出的原则行事,我们可能会看到什么?行动理论既阐明了我们在做什么,也阐明了我们为什么要这样做。因此,它确定了我们可以寻找的路标,以表明我们何时以及在多大程度上取得了成功,而不仅仅是我们实施了什么。本着将我们的行动与预期成果联系在一起的精神,我为"第五种思维方式"提供了以下行动理论。如果它包含了你计划采取的行动和预期的结果,请使用它。如果不能,也可以根据自己的实际情况制定自己的行动理论。

如果我们在每堂课、每份作业和每项任务中都能识别、交流和提供所需的思维支架，以支持学生发展成为有效的思考者，那么学生的理解就会加深，学生就会把主要精力放在学习上，而不仅仅是完成作业。

第六种思维方式

学习和思考既是集体事业,

也是个人努力

我们是为协作而生的。神经科学表明，当我们与他人联系在一起并采取一致行动时，感觉会很好（我们的身体会释放催产素）。此外，当想法受到挑战、进行讨论、深入探究并得到充分检验时，想法会变得更好。然而，学校往往将学习视为一种建立在服从和竞争基础上的个人努力，并以奖励、奖品和成就等级作为点缀。这种情况在美国尤为普遍，在美国，"成功的标准过去和现在都是先锋精神、自我主张、个人智慧和个人努力的融合"。在这里，我们再次看到学校语法强化了学生和教师的传统角色。

尽管教育改革者、学者、哲学家和理论家长期以来一直在批评这种竞争性和个性化的学习观，但仍有一些人表示担心，过分关注群体会导致每个儿童个性的丧失。然而，与其将个人和群体视为对立的力量或相互矛盾的教学方法，不如认为群体和个人之间是一种共生的动态关系。这就承认，个人在与群体的关系中成长，而不会被群体所淹没。正如杰罗姆·布鲁纳（Jerome Bruner）所言："思维在头脑中，但也与他人紧密相连。"

在学习中，我们有必要将学生作为一个团队（通常只是分工合作）完成一个项目或一项任务的小组工作或团队作业的常见做法与我们这里所说的真正的学习小组、学习者社区或集体区分开来。同样，我们所说的"合作学习"策略也不是为特定活动分配角色。小组工作和合作学习往往是一次性的任务或体验，而"第六种思维方式"则侧重于发展一种持续的班级运作方式，帮助和支持作为学习者和思考者的彼此。换句话说，就是真正的合作。小组合作保留了传统的教师和学生角色。协作思维要求重新思考这些角色。

高管培训师约什·贝尔（Yosh Beier）将协作定义为一种坚定的、持续的意向，需要始终如一的行为和态度。维果茨基的社会文化视角认为，个人会逐渐内化新的概念、心理工具和技能，而这些概念、工具和技能最初是在他们所经历的社会环境中外化的。因此，群体环境中发生的事情会影响个人。

集体的概念有助于理解这种心态的基础。道格拉斯·托马斯（Douglas Thoma）和约翰·西利·布朗（John Seely Brown）使用"集体"这一术语，而不是"团体"或"社区"，来表示"人员、技能和人才的集合产生的结果大于各部分之和"。他们强调集体的积极性、目标导向和参与性。集体智慧的概念自亚里士多德以来就一直存在。如今，它正在包括商业、生物、计算机科学、民主制度、喜剧即兴创作和设计在内的广泛领域得到更正式的探索。然而，这与集体思维不是一回事。事实上，学习小组刻意地寻求对抗群体思维的概念以及个人认知偏见，以实现更高的表现水平。皮埃尔·L将集体智慧定义为"一种普遍分布且不断增强的智力形式，能够实时协调，有效调动技能"，其目标是"个人的相互认可和补充"，而不是盲目的、狂热的共识。因此，集体智慧是新兴的、协同的，因为个人以开放的态度和着眼于共同利益的眼光分享信息和处理想法。

研究表明：为什么这很重要？

是什么造就了一个高效的协作团队？当然，这个重要的问题没有单一的答案，但研究指出了我们可能会考虑并试图实现的几个因素。

杰罗姆·布鲁纳指出四个因素在学习者社区中发挥作用：1）能动性，控制一个人的学习；2）反思，使学习有意义；3）合作，共享所有参与教与学的人的人力资源；4）文化，即我们构建、协商和建立的生活方式和思维方式。在这些因素中，我们看到了群体和个人之间的动态相互作用。乔·布勒（Jo Boaler）指出了有效学习小组的三个必要组成部分，它们可以促进所有个人的高水平成就并促进"关系公平"：1）尊重他人的想法，产生积极的智力关系；2）为他人的学习贡献；3）学习沟通和支持的方法。托马斯和布朗在他们对自然涌现的集体（博客、学习小组、非正式网络）的阐述中认识到，集体的出现通常有几个共同因素：共同的目标或兴趣、积极参与学习过程、分散的专业知识、群体的灵活和多变的性质，以及玩耍和想象力。

我们在所有这些因素中看到的是，学习（而不是工作）必须是组织的核心，良好的协作和沟通技能是最重要的，尊重和认可他人带来的东西是基础，建立和保持社区意识也必不可少。当教室作为真正的学习小组运作时，成年人和学生都会觉得他们属于一个比自身更为宏大的整体，这个整体具有超越个人的意义。大量研究表明，在这样的学习社区中，学习者在智力、社交和学业上都得到了发展。

智力发展

在社会环境中，学习如何学习、发展智力和学会思考是最有效的发展方式。通过相互解释、辩护和讨论的过程，儿童利用同伴的观点作为"思维工具"，从而反思和转变自己的思维。当学生与更有经验的同伴一起学习时，就有机会"共同努力，集思广益，汇集知识和见解，进行集体分析，相互批评，并从共同的目标中汲取能量"，从而实现深度学习。通过相互交流，学生们共同构建了新知识，由此产生的"认知冲突"成为"推动智力发展的动力"。因此，作为一项集体事业，学习是建立在个体努力的基础上或拓展个体努力，而不是取而代之的关系。通过与他人合作，学生可以获得其他方式无法获得的经验，包括学会"捍卫、协商和修改我们的想法"。

社交发展

在适当的条件下，学生不仅愿意而且能够相互学习。此外，当学习被视为一种集体努力而非个人竞争时，学生就能培养他们的社交和协作技能。相互依存是学习社区的一个关键组成部分。当学生分享想法和资源时，他们会共同承担学习责任。这就创造了一个安全的环境，让学生将彼此视为"盟友"而非竞争对手，从而提高参与度和学业成绩。在这种情况下，学生还能发展语言和交流技能。哲学家迈克尔·奥克肖特（Michael Oakeshott）将对话描述为一种"未经排练的智力探险"，当个人对他人提出的观点做出回应、激发和发挥时，这种探险就产生了。这可以采取"负责任的谈话"的形式，帮助学生倾听、回应和借鉴他人的观点，从而建立集体共识。

在合作过程中，学生学会了"重视不同方法、观点和部分正确甚至不正确观点的贡献"，并培养了开放的思想。因此，我们不能忽视培养个人高效分享、交流和探索所需的社交技能。学会提出探究性问题，以激发同伴对概念的理解，以及与不同种族和阶级背景的人合作，有助于学生发展重要的社会情感能力。学生只有在有机会与观点不同的人进行交流的情况下，才能学会以尊重的态度与他们进行沟通。

学业发展

克劳奇（Crouch）和马苏尔（Mazur）通过采用同伴教学发现，大学生在学习中更加积极主动，自主性更强。与传统的说教式教学相比，他们的成绩和掌握程度也更高。理查德·莱特（Richard Light）也报告了类似的研究结果，参加学习小组的大学生比没有参加学习小组的大学生在课程中取得的成绩要好得多。在博勒（Boaler）对中学数学课堂的研究中，她发现经常合作解决概念性数学问题的混合式教学模式的学生的表现优于传统的按成绩分组的数学课堂上的学生。他们学习的关键在于，每个学生都能感受到对小组学习的承诺，那些有困难的学生不会被视为拖班级的后腿，而是提供了一个教学、解释、探索和在社区内建立理解的机会。在一项针对中学生的研究中，协作学习提高了解决问题的效果。协作学习的性质还能让学生的思维显露出来，因为对话往往比书面作业透露出更多的信息。这为教师收集和分析有关学生学习的数据提供了机会，这些数据对教师下一步的教学工作很有帮助。

专业学习

到目前为止，我们主要关注的是对学生的益处。当然，教师也是学习者。作为在学校共同学习的专业人员，这种思维方式对我们有何影响？当教师不仅将教学和教学学习视为一项个人事业，而且将其视为一项集体事业时，他们就更有可能承担风险，参与创新实践，产生更强的效能感，在教学中更有信心，更有能力，并提高积极性。毫不奇怪，学生的成绩也会显著提高。哈蒂认为，"教师集体效能"，即教师群体有能力共同影响变革的共同信念，其效应量为1.57。这是他对200多个干预措施和因素进行研究后得出的最高效应值。朱迪斯·沃伦·利特尔（Judith Warren Little）在其开创性著作《定义教师间的同事关系》中，对"软"同事关系和"硬"同事关系进行了区分。"软"同事关系的特点是讲故事、分享和协助。与此相反，"硬"同事关系则以合作为核心。利特尔指出，这种合作具有个人和集体共同学习的动力。这些专业合作文化依赖于我们与学生共同培养的相同品质，并以这些品质为特征：乐于助人、支持、信任、开放，以及重视每个人对团体的贡献。

愿景与反思：它将是何种情形？

将思考和学习作为一种集体努力的真正含义是什么？我想，几乎每个人都有在学校开展小组工作或集体项目的经历。对许多人来说，这是一次令人紧张的经历，而不是一次令人愉快或充实的经历。也许有人不尽心尽力，也许有人独占鳌头，或者为了完成工作而需要做出妥协，这一切都让工作变得支离破碎。我们当然不想让我们的学生重蹈覆辙。我们想要的是让学生参与到快乐的、以目标为导向的工作中。为了帮助我们制定这样的愿景，我们首先利用自己的经验来反思我们参与这样的小组的时光。

构建愿景

保罗·扎克（Paul Zak）在对信任的神经科学研究中解释说，当我们与他人建立联系，在他们身边感到安全，并将他们视为为我们谋福利的伙伴时，催产素就会释放出来。因此，当我们与他人联系在一起、相互协作并朝着共同目标努力时，我们会感觉良好，而在这个过程中，团体和个人都会受益。通过持续释放催产素所形成的强化反馈回路，这样的环境可以建立信任。扎克在总结这种效应时说，快乐"来自与一个值得信赖的团队一起做有目的的工作"。回想一下你参与快乐学习的一次经历，也就是"与一个值得信赖的团队一起开展以目标为导向的工作"。结合这一具体事例，回答下列问题。使用本章末尾的页面、空白处、纸张或电子设备记录你的回答。

- 在此过程之前、期间和之后，你感受到了什么情绪？
- 信任是如何建立的？你是如何对这些人产生安全感的？是什么让这项

工作变得有目的性？这种目的性是如何维持和建立的？你在这个过程中扮演了什么角色？

- 哪些做法不是促进了工作，而是促进了合作？这些做法可能是领导者的促进行动、组织结构、规范、流程或其他，也可能是使用的语言。
- 是什么让这个项目与众不同？

> ### 小组讨论
>
> 如果你和其他人一起阅读这本书，请带上你的答案、文章，也许还可以带上手绘图画，以便分享和讨论。
>
> ➢ 你注意到你的同事们在确定他们的小组的感受以及他们在参与过程中产生的情感时有哪些共同点？
>
> ➢ 你注意到同事们在确定建立信任的方式和促进合作的方式时有哪些共同点？
>
> ➢ 对于如何促进集体思考和学习，而不仅仅是开展小组工作，你能从这次集体研讨中获得哪些有益的启示？

设想实践

为了进一步扩展你的视野，让你了解真正的协作学习和思考可能是什么样的，我们现在来看看两个案例研究。第一个案例来自"让学习可见"项目，该项目是"零点计划"的同事与意大利雷焦艾米利亚学前教育机构的合作项目。这个案例是根据"让学习可见"（零点计划，2006a）中的"文档示例"在线账户及其配套视频制作的。孩子们的话是直接引述，上下文的叙述和评论来自我。第二个例子来自十二年级的文学课,是我们在澳大利亚墨尔本比亚利克学院开展的"思维文化"项目的成果。

案例一:雷焦市。 意大利雷焦艾米利亚的一个班级几个月来一直在探讨有关"城市"的想法。他们就城市的特征和目的以及人们在城市中的互动方式进行了大量讨论。其中许多对话都通过录音记录了下来。今天,3个5岁的男孩埃米利亚诺、西蒙尼和贾科莫聚在一起画一座城市。他们选择了一张60平方厘米的大纸。当被问及是否想听听他们之前的对话时,他们拒绝了。不过,将这些文件作为小组集体记忆的一部分,可以让他们在过去的基础上再接再厉。这也强调了他们学习的连续性。埃米利亚诺和西蒙尼肩并肩开始工作。贾科莫则在旁边观看。一开始,他们并没有太多的交谈。后来,他们谈到了城市广场和街道对通行的重要性。西蒙尼说:"街道通向许多地方,城市里的广场一个接一个。"埃米利亚诺延伸了这一思路,补充说:"是啊,否则你会迷路的。"

贾科莫仔细观察和聆听,但没有参与。已经过了将近20分钟。这时,西蒙尼问道:"你为什么什么都不做?"贾科莫略微坐立不安,然后解释说:"城市必须运转起来,我得看看你们说的是否行得通。"埃米利亚诺以此为契机,解释了他和西蒙尼的选择。"你看,贾科莫,这是个不一样的广场。"他指着自己正在设计的新广场说。他解释说:"这是有孩子们玩耍的场地的广场,所有的房子都不一样。"然后,他直接要求对方融入其中:"贾科莫,你能画出房子的屋顶吗?来,试试看!"西蒙尼也附和道:"那你能帮帮我们吗?"贾科莫终于高兴起来:"好的!"他笑了。这种在所有成员都准备好的情况下,通过利用他们独特的能力、视角和才干,让他们参与进来的做法,是真正的学习小组的标志。

贾科莫开始指挥："我们再建一个广场吧。我相信城市里有很多广场。"现在，男孩们并肩作战，各自在对方的画上添砖加瓦，也许是给田野添草，也许是给房屋加屋顶，也许是给道路加线条。同样，他们也没有明确的分工。在他们的新兴城市背后有一个基本原理。每个广场都是独一无二的，是活动和生活的中心，但它们在城市中的连接依赖于道路。贾科莫说："在广场上，人们在交谈。"西蒙尼补充说："广场有漂亮的，也有丑陋的。也有一些广场是停放汽车和足球运动员逗留的地方。"埃米利亚诺阐述了广场的重要性："我觉得没有广场的城市有点奇怪。"贾科莫延伸了这一观点："我认为广场没有很好地发挥作用，因为人们不知道该去哪里。"

工作还在继续，他们增加了更多的街道和广场、火车站和电线杆。连通性、游戏、工作和运动这些中心主题在他们的绘画和相互对话中逐渐显现出来。他们的成果远远超出了任何一个人的想象。在与老师分享他们的地图时，他们讨论了绘画的美感、质量和功能。贾科莫评论说："我们画了一座美丽的城市，尽管它有点乱。"埃米利亚诺强调了功能性："所有的街道都能带你去某个地方。在这座城市里，你不会迷路，也不会害怕。"最后，西蒙尼表明，他们在汲取集体知识的同时，也超越了集体知识，"这是一座可以成为雷焦艾米利亚的城市，因为这里有坎波德玛尔特，但它不是雷焦。也许它被称为'世界之城'，因为世界上所有的人都可以生活在这座城市里"。

案例二：集体概念图。在准备让学生就蒂姆·奥布莱恩（Tim O'Brien）的《林中湖》（*In the Lake of the Woods*）撰写个人论文时，十二年级英语教师拉维·格雷瓦尔（Ravi Grewal）希望利用小组的集体智慧，帮助学生深入挖掘书中的主人公约翰·韦德（John Wade）。为此，她选择了一种思考程序来促进合作和讨论。例行的"生成—分类—连接—协作"（GSCE）将有助于通过协作讨论来组织学生的思考和分析。拉维解释了她的意图："我希望有一种结构能让学生自由发表不同观点、建立联系并得出结论，而不必担心自己的观点不正确。我还希望他们成为讨论的主要参与者，而不是成为教师指导下的参与者。"

在解释了今天课程的目的之后，拉维指导学生按照流程步骤绘制个人概念图。"我希望你们各自提出一些想法。想一想对约翰·韦德个人产生影响的所有因素，并列出一个清单。"在拉维进行下一步指导之前，学生们需要时间来完成这项工作。"现在，把你们认为最重要的想法放在靠近中心的位置，而那些边缘的想法则按重要性从高到低的顺序放在离中心较远的位置。"接下来，拉维指导学生在相互补充或相互影响的因素之间连线。最后，她要求学生阐述自己的想法，并添加细节以加深理解。

学生完成个人概念图后，他们会被分成3至4人的混合式小组，按照同样的步骤制作集体概念图。通过从个人开始这种方式，拉维确保每个人都带着想法来到自己的小组。没有哪个人可以搭顺风车而不思考。利用混合式小组，学生可以接触到不同的观点，从而获得更丰富的学习内容。她鼓励学生在达成"共同理解"之前分享和讨论他们的想法。拉维向学生解释说，他们的大部分学习将来自他们的讨论、听取其他观点以及证明他们的选择是正确的，而不仅仅是完成最终作业。制作概念图，虽然是有形的，但只是达到目的的一种手段，而不是目的本身。

学生在小组内推动对话，因为他们表达了对文本的理解并完善了自己的思维。这是合作讨论的重要组成部分。拉维指出："他们的讨论非常热烈。每个人都强烈地认为自己的'观点'是最准确的。这种辩论正是我所追求的。"当一群学生讨论到底是在越南的经历把韦德推向了崩溃的边缘，还是

171

因为他父亲在童年时期的欺凌时，这一问题引发了一场激烈的争论。学生们讨论说，如果他的父亲没有欺负他，没有剥夺他的自尊，那么他长大后可能会足够坚强，能够承受住越战的创伤。一些学生说，没有人经历过越南美莱的创伤而不会受到伤害。在所有小组中，没有人愿意在对方不加证明和解释的情况下就接受其观点。

课堂接近尾声时，各小组向同伴展示他们的概念图。在展示过程中，全班同学提出问题，以了解他们的定位、选择和联系，而不是仅表达同意或不同意。随后，一个小组就"谋杀"（murder）与"杀戮"（killings）这两个词的选择展开了热烈的讨论。学生们提出的问题是，在战争中杀人算不算谋杀？通过集体讨论，大家理清了思路。课堂最后，拉维布置了家庭作业："写一篇文章，讨论'约翰·韦德是一个怪物，还是他唯一的过错就在于他是一个男人？'。"学生们通过深入讨论和合作探究约翰·韦德的性情，为完成这项作业做好了充分准备。这项作业不仅确保每位学生都明确自己的学习责任，同时利用集体思考的力量来增进理解。家庭作业让学生明白，本课的目标是"理解约翰·韦德这个人物，从而能够写出一篇有思想的文章"，而不是"绘制一张可以挂在墙上的小组概念图"。个人在小组环境中学习。

对当前实践的反思

选择问题并记录答案

在我们学习的不同时期，不同的问题对我们有不同的帮助。因此，我建议你通读这些问题，并确定：

➤ 一两个对你有启发的问题。这些问题可能对你来说具有挑战性或者将你的思维引向新方向。
➢ 你最想和同事讨论的一两个问题。
➢ 圈出你现在选择的问题并标上日期，这样你就可以确定你的关注点是如何随着时间和经验的变化而变化的。
➢ 你可以在本章末尾的空白处或笔记本上记录思考过程。

• 在我的班级和学科领域，我希望在丰富、富有成效和相互尊重的对话中看到和听到什么？

• 我是如何教导和支持学生进行这种丰富、富有成效和相互尊重的对话的？

• 我在何时、何地、以何种方式向学生反馈他们参与课堂对话的情况以及他们的合作情况？

• 我如何确保所有的声音都能在讨论中被听到，并在组织过程中避免性别、种族、认知能力或外向型偏见？

• 我可以如何调整即将到来的任务，使其具备不止一个起点，要求不止一条解决途径，并使思考和学习过程可视化？

• 思考即将到来的小组任务，它是否既需要积极的相互合作，又需要个人负责？

• 在开始小组讨论之前，我在哪里、何时以及如何提供思考时间？我注意到这样做对贡献者和贡献的质量造成了什么不同？

• 我现在/将来如何利用课堂空间更好地促进学生的讨论与合作？学生是否可以选择移动到课桌以外的地方？学生是否可以随时使用挂图、海报板或白板？

- 作为一个小组，我如何/是否能够向学生提供他们的进展反馈？
- 我使用哪些流程方法和结构来促进学生的小组讨论、问题解决和学习？是什么让这些流程变得有效？它们可能对谁无效？
- 我如何/是否能够利用文档记录小组学习？
- 如何让学生做好相互合作的准备？哪些方面需要进一步加强？
- 我的学生能否描述什么是有效的学习小组和小组讨论？
- 我在何时、何地以及如何确保班级中的学生能够跨越不同的能力水平、种族群体、性别界限和朋友圈子？
- 我的课堂上乐趣在哪里？
- 在我的团队、部门和学校中，哪里存在着以探究、反思、检查教学问题为特征的合作？

数据、原则和实践：我们可以采取哪些行动？

在更好地了解小组如何促进和深化个人学习，使其更加丰富和有意义之后，我们就可以行动起来了。但首先，我们必须深入了解学生在积极和有意义地参与小组活动方面的能力和看法。以下两个街头数据行动可以派上用场。

收集街头数据

> **街头数据**
>
> ➢ 有助于我们了解自身情况和学生的观点。
> ➢ 收集相对简单快捷。

> 可立即进行分析并采取行动。
> 意在提供信息和提出行动建议。
> 不是成功的评估或衡量标准，而是实践的缩影。
> 可以采取多种形式：观察、访谈、调查、课堂末尾小测试、录音等。

街头数据行动一：分组协作。 使用"分组协作"观察表（见附录F）来确定学习小组成员的行为。该表可在学生小组合作或全班讨论时使用。并不是表中列出的所有行为都能在任何一节课上观察到。此外，一个小组越是被引导（例如，在全组讨论中由你引导），某些行为出现的可能性就越小。当然，这也是数据。在查看这些数据时，你需要考虑以下一些问题：

• 哪些行动最普遍/最不普遍？原因何在？
• 数据引发了哪些问题或思考？
• 学生的互动模式可能与哪些因素有关？
• 哪些小组协作技能/行为需要更多关注、解释和练习？你可以怎样做？
• 如何与学生分享数据？
• 如果在小组讨论中使用，你可以如何促使一些还没有观察到的行为出现？

街头数据行动二：协作精神。 对学生的协作精神和效率进行快速调查。以下两个问题来自彼得·利尔耶达尔（Peter Liljedahl）的《构建数学思维课堂》（*Building Thinking Classrooms in Mathematics*）这一非常实用的研究。虽然问题针对的是数学问题的解决，但也可以用适当的合作任务来代替，使问题更适合你。例如，绘制概念图、分析原始资料、讨论课文或进行实验。这些问题可以通过课堂末尾小测试或在线问答的形式提出。

1. 如果我告诉你，下节课你们要分组解决一个文字问题，你提出想法的可能性有多大？

    A. 很有可能　　B. 有可能　　C. 不太可能　　D. 极不可能

2. 如果你提出想法，你的想法对解决问题做出贡献的可能性有多大？

    A. 很有可能　　B. 有可能　　C. 不太可能　　D. 极不可能

从学生对这两个简单问题的回答中，你可以获得一些基础数据，了解他们如何看待自己作为小组成员在积极参与和自信方面的表现。利尔耶达尔发现，在他的样本中，80%的青少年学生认为自己不太可能或极不可能做出贡献，90%的学生认为他们的想法没有帮助。虽然结果令人沮丧，但利尔耶达尔观察到，学生在随机分组学习仅6周后就有了显著改善。这种做法将在"可以采取的行动"部分详细阐述。后期，所有学生都表示他们有可能或很有可能提出想法，而且至少有50%的学生认为他们的想法将有助于形成小组的解决方案。

将思维方式作为行动的原则

"学习和思考既是集体事业，也是个人努力"，推进这种思维方式要求我们首先确定指导和引导我们努力的原则。虽然协作思考小组的形式和运作方式并不是单一的，但从研究文献中可以找到很多有用的指导原则和实践方法。以这些最高级别的原则为指导，思考当前的教学，并确定要实施的新做法。

- 在课堂上发出你期望学生合作的信号。

- 传授沟通技能，帮助学生有效地倾听和交谈。
- 让学生做好成为团队一员的准备。
- 利用结构和流程来支持和练习协作思维。

可以采取的行动

虽然根据具体情况调整行动非常重要，但一定不要低估了学生的协作思考能力，只要提供正确的支持和指导，他们就能在小组中有效地开展工作。彼得·利尔耶达尔通过测试、实验和评估制定了一套有效的实践方法，本着这种精神，我们可以尝试一种方法，看看效果如何。根据所获得的数据，定期进行调整和迭代。记住，我们往往会被学校语法所禁锢，从而将目前的方式视为理所应当。不要害怕冒险，给你自己和你的学生一些时间来培养进行深度合作所需的技能和能力。

> 帮助学生协作学习的策略、工具和资源有很多。这些策略和资源自然会带有个人色彩，因为重要的是，这些行动要符合你自己的真实情况。以下行动可以激发你的思维。这些行动：
> ➢ 取材于我们在学校开展的工作，是全球思维文化项目的一部分。
> ➢ 置于相关原则之下，帮助你关注每个行动背后的驱动力。
> ➢ 可根据当地情况进行修改。
> ➢ 与每个具体行动所关联的最相关的文化力量相联系。8种文化力量和10种思维方式这两种框架具有协同作用，你可以从其中任何一种开始你的旅程。

发出你期望学生合作的信号。 设定期望不仅仅是发出"我希望你们合作"的指令。我们还必须构建一个便于协作的物理环境，创造定期协作的机会，使协作成为常态，并让学生对自己的学习负责。我们将对这些做法逐一进行深入探讨。

环境是一种强大的文化力量，它传递着在此空间里学习的信息。教师要确保教室的实际布置是为合作和协作思考而设计和准备的，并传递出这样的信息：这就是课堂的运作方式。确保如此安排传递出对学生的期待，即学习将通过积极的讨论、个人想法对小组的贡献来实现，学生不是单打独斗，而是集体中的伙伴。彼得·利尔耶达尔对协作式数学问题解决的研究表明，学生对环境非常敏感，并能根据课堂设置的方式预测教师和学生的行为。笔直的行列和高度有序的空间（即使很美）传递着控制和方向的信息。相反，那些组织性稍差（但并不混乱或凌乱）、家具非线性和非对称摆放、没有明确哪里是"讲台"的教室，在学生眼中则是协作性更强的空间。这不难理解，当所有学生都能看到对方时，与他人讨论就会变得更容易。当教师不再是关注的焦点时，学习小组就成了焦点。利尔耶达尔称这种方法为"无讲台课堂"。有人可能会问："但我在哪里上课呢？"你仍然可以根据需要使用白板和投影仪，当然，学生也可以在课桌边转来转去，或者在必要时移动位置观看演示。灵活的座位安排让这一切变得轻而易举。新墨西哥州圣达菲的高中科学教师威廉·诺伊维尔特（William Neuwirth）发现，当他去除教室的讲台时，他大部分教学工作都是在教室中央进行的，学生围成一圈，把讨论对象放置在地板或桌子上。

利尔耶达尔的研究还给教室环境带来了其他转变，其中之一就是小组合作时书写的最佳表面。在教室里进行了大量调查研究后，他得出结论，在垂直、非永久性的表面（如白板）上工作，能引起更多的讨论、更容易开始学习、提高参与度，并且能增加学生在任务上的投入时间，等等。当学生坐在课桌前学习时，他们可能会感到更加孤立，从而导致注意力不集中。站立能使血液更好地流向大脑，有助于集中注意力和提高警觉性。站立时精力充沛，学生在交流时更能全身心投入。此外，每个人都能更容易地看到小组的文件。

要使合作成为一种持续的、有意识的做法，学生必须经常在学习小组中活动，而不仅仅是为了完成一次性任务。教师要创造经常性的合作机会，只有这样，学生才会开始认识到集体思考问题的价值，才会有更多的合作机会。因此，在建设思维文化的过程中，教师需要定期让学生参与小组分析、问题解决或实验。在这些环境中，小组通过讨论和探索所构建的理解支持了每个人的学习，而每个人又通过个人评估对自己的学习负责。我们希望学生将小组视为对他们学习的支持，而不是对学习的替代。在创造这样的机会时，设计的任务应提供多个切入点，以便所有学生都能做出贡献。值得小组合作的任务侧重于构建共识和团队间的相互依赖关系。这类任务一般涉及复杂的问题、议题或项目，并有多种可能的解决途径。这需要广泛的互动和讨论，无法通过分而治之的策略完成。如果一项任务可以通过将其分成若干部分并分配给个人来完成，那么它就不可能产生很多学习效果。在观察学生合作时，一定要注意学生何时以及如何向他人学习、借鉴他人的想法或吸引他人参与对话。在汇报这些任务时，一定要谈论小组的问题、见解和理解，而不仅仅是个人的问题、见解和理解。

全班讨论也是丰富的合作机会。斯蒂芬·布鲁克菲尔德将全班讨论描述为"参与式课堂的皇冠上的宝石"。在这些讨论中，我们希望学生能努力解决复杂的问题、接受新的观点、形成并表达观点、提出问题、建立联系、积累词汇并发展理解能力。然而，要做到这一点，我们可能需要避免一些常见的教学方法，如提出狭隘的问题或提出我们已经知道答案的问题。这也意味着我们要限制自己的发言，以便学生有空间分享他们的想法。我们希望学生相互交流，而不仅仅是向我们表达或通过我们交流。从本质上讲，我们希望全班讨论能够反映出我们希望在小组中看到的情况。迪伦·威廉姆斯（Dylan Wiliam）将这种方式称为"打篮球"，即不断传球，而不是"打乒乓球"，即球只是在两名球员之间来回移动。他用"PPPB"（摆好姿势、暂停、扑腾和弹跳，Pose、Pause、Pounce、Bounce 的缩写）来表示这种互动中的教学动作。全班讨论也为我们提供了树立典范和积极倾听学生的机会。

我们都希望学生成为成功的学习者。然而，当我们在与学生的互动中过度指导或过度简化任务，从而消除了能够促进学习的适当难度时，我们往往会破坏这一目标的实现。这可能会让学生更成功地完成任务，但学习效果却大打折扣。我们有时会破坏学生学习的另一种方式是过度帮助学生。学生提出一个问题，我们会习惯性地立即回答。然而，很多时候，我们的回答会阻止学生自己思考或去找同伴交流。如果我们回答了所有与学生如何完成任务有关的问题，那么布置集体思考任务还有什么意义呢？有时，我们需要停下来问问自己"只有我能回答这个问题吗？""我的回答促进学生多思考还是少思考？"等。在"先问三人再问我"的策略中，指导学生在向教师提出问题之前，先与三位同伴接触，鼓励学生将同伴视为学习的资源，这是合作的核心。这在课堂上创造了新的互动模式。

传授沟通技能。 教师必须在学年初期投入时间，通过明确教授和总结小组互动要求以及培养沟通技巧，帮助学生提升有效互动的能力。沟通技能一直被评为企业在员工身上寻找的最重要、最受欢迎的技能,因此,花时间培养沟通技能是值得的。许多冲突和误解都是由于曲解了他人想要表达的意思而产生的。学习倾听的语言、负责任的谈话方式、如何识别话语模式、反馈的语言以及如何提出澄清性和探究性的问题,都是避免此类误解的有用工具。这些方法利用了语言、典范、时间和互动等文化力量。

"负责任的谈话" 是指发言者负责为自己的观点提供理由和证据,并将其与对话联系起来的谈话。这一过程通过教授负责任的谈话,帮助学生有效地参与有意义且相互尊重的谈话,使发言者和倾听者都能从中获益。负责任的谈话是通过我们的示范、提供学生可以使用的提示语以及通过我们的反馈来强化负责任的谈话的重要性而形成的。根据以下示例,使用适合学生年龄的语言创建提示语:

- 我想对_____说的话作补充。
- _____说的话与我的观点有联系。
- 第_____页上说_____。
- 你能向我说明一下你的意思吗?
- 我有另一种不同于_____的看法。
- 因为我很难理解_____。
- 我同意/不同意_____,因为_____。

许多课堂对话都是"爆米花"式的,每个人都有自己的见解。虽然这种对话有其发生的时间和场合,例如当产生新想法的时候,但这类对话往往不能建立、联结或引起对主题的更好理解。相反,应鼓励在对话中将新想法小心地置于之前想法之上,并与之前的想法联系起来,就像堆叠在一起的冰激凌甜筒。这种形象的比喻对所有年龄段的学生都很有用,而且与"负责任的谈话"这一理念相吻合。与"爆米花"式对话相比，分享、示范和推广"冰激凌甜筒"对话更有意义。教师可以考虑收集课堂会话数据，记录在引入新内容之前，对某个观点或问题进行了多少次会话补充。

利用鱼缸技巧，我们可以模拟小组互动，并将隐含的内容显性化。在鱼缸（有时也称为内圈和外圈）中，学生围着一个小组站成一圈，该小组正在进行所要学习的过程，例如进行有效的讨论。鱼缸中的小组一般都是战略性地选择出来作为范例的。教师可以是这个小组的一部分。外围的学生围成一圈（应能看到每个学生），并得到具体的观察指导要求。例如，可以要求他们注意谁在说话，说了多久；哪些问题引发的讨论最多；小组成员如何相互回应；他们如何使用负责任的谈话；等等。很多人都不善于在别人提出问题后直接回答。我们很多人都需要时间来处理、组织和演练。教师可以采取这样的形式：先给学生几分钟时间，让他们单独记笔记，然后让他们与旁边的同学交谈或在小组内讨论，最后在全班分享。这样，内向和外向的学生都有时间发展自己的想法。为此，你可以使用大家熟悉的"思考—结对—分享"方法或"1-2-4-All"方法，即个人单独思考或写作（1），然后与伙伴讨论（2），接下来伙伴小组合并（4），最后全班讨论（All）。这两种形式都能让学生在不那么公开的空间里发展自己的想法并向他人学习，这可能会让比较安静的学生更有信心进行分享。请记住，小组中第一个分享的人往往会为接下来的讨论定下基调，因此预留思考和处理的时间往往能确保讨论有一个更好的开端。尽管思考时间和演练在讨论中很有用，但如果讨论的重点是解决问题，有时就不需要预留思考时间。彼得·利尔耶达尔认为，如果学生在分组之前就思考问题的解决方案，他们更有可能坚持自己的想法，而不是倾听他人的意见。此外，能力较强的学生可能在进入小组之前就已经有了解决方案，而能力较弱的学生则会听从他们的意见，因为他们似乎知道自己在做什么。利尔耶达尔更倾向于让学生立即发言，以确保他们的平等地位。因此，尝试（并收集证明数据）决定是否在某种情形中预留思考时间，看看哪种方式最适合你的学生。

向学生传授说明性问题和探究性问题的知识，并鼓励他们使用这些问题，可以帮助学生形成对自己和他人的理解。说明性问题是我们在某些事情不清楚或缺乏背景信息时为自己提出的问题。不过，它们对被提问者没有任何帮助。例如，如果我问你教几年级，这会给我提供有用的信息，但对你个人没有任何帮助。你已经知道这个问题的答案了。事实上，这就是我们如何识别自己提出了一个说明性问题的方法。回答者会立即用几句话回答，因为他们已经知道了答案。相比之下，探究性问题则是邀请被提问者进行更深入的思考。例如，"你注意到教室去除讲台的结果是什么？"这样的问题会引起回答者的思考。

让学生做好成为团队一员的准备。 要在合作中学习、与人合作和通过合作学习，我们必须教给学生在大型和小型小组环境中积极互动的方法。我们不能期望他们只是有备而来，来了就能与他人进行富有成效的互动。我们必须建立一种尊重的文化，同时关注社区和组织，在这种文化中，每个人都感到自己对彼此的学习负有责任。学生们需要将彼此视为课堂上的重要资源，并积极向教师之外的其他人寻求帮助。有了这一共同愿景作为基础，我们就可以确立行为方式或小组规范，以支持学生积极参与并保持尊重的态度。在制定规范时，必须确保学生明确小组的目标。如果目标仅仅是完成工作，学生很可能会提出"每个人都要尽到自己的职责"。相反，如果目标是集体思考问题和议题，那么准则可能是"确保听到每个人的想法"。明确了合作讨论的目标，学生们就能预见到什么样的贡献才是相关和恰当的。张贴这些行为方式，让学生定期重温，并在必要时进行修改。张贴的规范有助于学生监督自己在小组中的行为，并为讨论小组协作提供了共同语言。

在培养学生成为团队一员的过程中，要注重行动而不是角色。合作学习的一个特点是分配角色：主持人、计时员、记录员等。这样做的目的是让角色明确界定学生的行动，便于问责。然而，这种角色的分配可能具有局限性。学生只会关注自己的角色，而不会真正关注小组的集体学习。因此，他们并没有真正学会如何从小组中学习、与小组一起学习和在小组中学习。相比之下，确定每个小组成员需要采取的行动更有用，如此可以支持小组的集体学习和思考。例如，向他人提出问题、在可能的情况下用证据支持自己的观点、邀请他人分享自己的观点、倾听他人的意见、在不理解的时候说出来，等等。请注意，这些行为必然与"行为方式"相交叉，并促进积极的互动。这就是为什么我喜欢"行为方式"这个词，而不是"规范"，因为规范往往意味着规则。

作为教师，小组的规模和如何组建小组是我们经常思考的问题。关于这个问题的建议五花八门，时常相互矛盾。然而，如果我们将目标锁定在合作讨论和集体思考上，要选择哪些建议就会更加清晰起来。乔·布勒和彼得·利尔耶达尔都提倡将具有不同能力的学生分为一个小组。他们发现，如果把重点放在集体学习上，并为他人的学习做贡献，这些小组就能发挥作用。利尔耶达尔发现，小组的形成需要"明显的随机性"。这意味着学生可以看到教师没有幕后操纵。从字面上看，这就是抽签的运气。在这种情况下，学生与当天分配给他们的同学一起合作，然后小组就成立了。与挑人分组相比，随机分组时，学生的控诉和抱怨较少，偏离任务的行为也较少。有关此类小组的更多结果,请参见前面的"街头数据"部分。

利用结构和流程促进协作思维。通过使用例行程序、结构和规程,为学生的学习和协作思考提供支持,并有意识地鼓励学生整合各种想法。在《思维可视化教学》一书中,有一章是关于与他人合作的流程。我们已经分享了其中的几个流程,如"创造意义""生成—分类—联结—协作""+1思维流程"。这些都为学生提供了相互学习和分享专业知识的机会。这些例行活动也自然而然地记录了小组的学习情况,展示了小组的理解是如何通过每个人的贡献而发展的。

"无领导讨论"为学生创造了一个机会,让他们自己掌握和主导谈话的方向。它能让更多的学生参与进来,将他们的想法带到小组中。"无领导讨论"还为教师提供了倾听和观察的机会,以确定学生在理解过程中会冒出哪些想法和概念。流程的另一个核心内容是学会提出好问题。学会提出能吸引他人参与讨论的问题并非易事。这需要时间来培养。

将学生视为学习资源是发展学习者社区的关键之一。给予和接受反馈是建立和扩大社区凝聚力的一种方式。反馈需要信任。因此,必须为反馈过程搭建支架,使其既具有实质意义,又让人感到安全。

反馈阶梯为学生提供提示语,支持他们进行积极而有意义的互动(见图6.1)。SAIL(分享—询问—思想—学习,share-ask-ideas-learned)技巧是另一种反馈套路。这里的重点是主讲人口头分享他们的计划,同伴在提供想法的同时提出说明性和探究性的问题,主讲人向小组分享他们从谈话中学到的东西和将要借鉴的东西。反馈也可以围绕以下简单的提示语进行。学生向同伴朗读自己的作品后,同伴回答"我听到的是……"和"我想知道的是……"。

反馈阶梯

感谢
我想就……进一步思考。
我正在想……
这让我理解了……

建议
如果加上……会怎样?
或许你可以因为……对此进行修改。
或许……还有进步的空间。

问题和关切
我想如果……
如果……会发生什么?
……是否可能?

重视
我重视……因为……
我很感激你做了……
这真的很有影响,因为……

说明
告诉我更多关于……的信息。
你说的……是什么意思?
……有何用途?

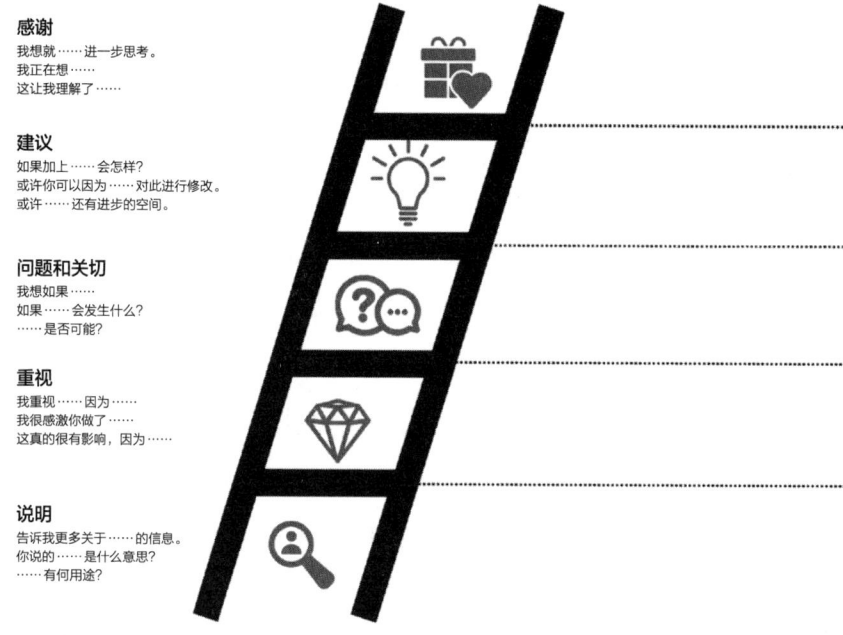

图6.1 反馈阶梯

让新行动适应当前现实

在跃跃欲试之前,请回过头来想想你目前在学校正在做什么(见图6.2):

➢ 通过应用之前确定的一些原则,哪些已经实施的行动可以得到加强和发展?

➢ 考虑到这种思维方式,哪些做法需要重新思考或修改?

➢ 你需要完全停止做哪些事情,并将其从你的计划中删除?为什么？是否与这种思维方式背道而驰？是否无效？哪些"非必要障碍"阻碍了你真正实现这种思维方式？

➢ 最后，你是否需要创建全新的流程、结构或行动？

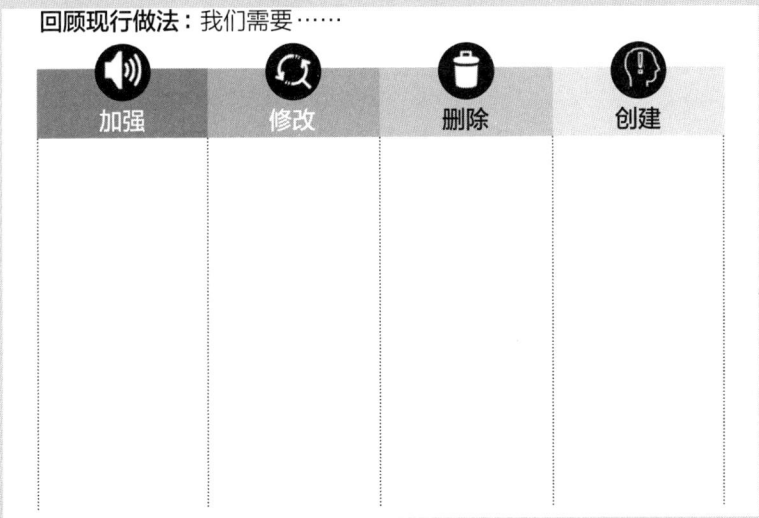

图6.2　加强—修改—删除—创建

结论：我们的行动理论

最后，我们将提出一种行动理论，以结束对这种思维方式的研究。如果我们完全接受"学习和思考既是集体事业，也是个人努力"这一思维方式，会发生什么？如果你按照我们提出的原则行事，你的课堂或整个学校可能会出现什么情况？这就是你的行动理论。我为"第六种思维方式"提供了以下行动理论，或许对你形成自己的行动理论有所帮助。如果它包含了你计划采取的行动和预期的结果，请使用它。

如果我们让学生通过积极讨论和小组探究内容的方式相互学习，那么学生的参与度就会提高，他们会成为更加自主的学习者，并形成一个能够进行真正合作、相互支持的学习者社区。

第七种思维方式

在挑战中学习

7

掌握学术技能的压力有时会迫使教师将重点放在快速传递信息上，而不是给学生留出时间去思考、梳理模糊之处和处理复杂问题。很多时候，教师倾向于降低任务的挑战性，目的是让学生更容易掌握。然而，这种简化恰恰剥夺了促进学生学习和参与的奋斗。事实上，正是奋斗促进了学生深入的学习和理解，而不仅仅是完成作业。我们之所以倾向于减少学生的挣扎过程，甚至将其视为坏事，并推动学生快速展示技能的复现，是源于我们对学校目的、学习如何发生以及教育意味着什么的理解。在本书中，以及在我数十年关于发展思维文化的研究和写作中，我一直主张优质教育的目标是将学生培养成强大的思考者和学习者，他们拥有强大的理解力，随时准备作为积极的推动者在世界上占据一席之地。遗憾的是，这种观点尚未得到统一采纳。许多教师、学生、家长和政策制定者认为，学校就是在竞争谁能尽快掌握规定的内容。事实上，这种观点是学校语法的一部分，也是我们认为理所当然的许多学校的做法的基础。直接教学法就是其中之一。

在直接教学中，教师为一堂课设定明确的意图，树立成功的标准，示范技能，引导学生进行指导下的技能练习，并以更多的独立练习结束这堂课。根据美国国家直接教学研究所（NIFDI.org）的说法，直接教学的前提是教学应设法消除误解、错误认识和曲解，以加速学习。此外，它还注重"小幅度提升"和"规定任务"，将学生置于其预定的"技能水平"上。当学习者对某一领域知之甚少，而教学又能启发专家思维时，直接教学最为有效。研究综述显示，直接教学的效果处于中等水平，效应量为0.59。

然而，直接教学会在几个重要方面削弱学习效果。教学内容不是着眼于全局和复杂的思想，而是缩小了范围，使其变得没有挑战、易于处理。这种教学方法的前提是认为学习的目标是高效地掌握规定的技能（在短期内进行评估），而忽视了教师在传授内容之外还有各种各样的目标。此外，当教师和学生只关注眼前的成功时，往往很少关注长期的学习。神经科学家罗伯特·比约克（Robert Bjork）对学习和成绩作了重要区分，前者是长期持续的，而后者则是即时的、短期的功能。注重成绩的教学会造成学习的假象，但收获很快就会丧失。

在这种方法中，学习小组（在"第六种思维方式"中讨论过）的效果也有所减少，因为学生是按照特定的技能水平来学习的，这样教材就变得很容易掌握。此外，直接教学的重点往往是复制他人的想法和技能。这就失去了深入学习和深刻理解所学内容的机会——而这正是实现长时记忆和有效迁移所需要的。这种对展示和讲述的关注也忽视了学习者的能动性及其理解复杂性的能力。苏加塔·米特拉（Sugata Mitra）在德里的贫民窟安装了一个计算机亭，他在著名的"墙洞"（Hole-in-the-Wall）实验中表明，只要有机会，学生就能处理极端复杂的问题。最后，试图降低学习的挑战性、困难和难度的做法忽视了神经科学的研究结果，这些研究结果表明，迫使我们的大脑更加努力地工作可以在记忆存储和记忆提取方面取得更好的学习效果。

然而，过分强调直接教学并不是唯一的罪魁祸首。导致教师减少挑战和学生害怕挑战的另一个原因是，我们中的许多人根本看不到从错误中学习的好处。我们可能已经将社会的信息内化了，认为错误是失败，会给我们带来不好的影响，应该避免。事实上，这种观点似乎已成为现代社会的普遍现象。然而，研究表明，学业上的挫折是成长所必需的。犯错误，但更重要的是从错误中学习，有助于大脑的发育和联结性增强。世界上一些成绩最好的人就是那些受挫最多的人。简而言之：如果我们不受挫，我们就没有在学习。

研究表明：为什么这很重要？

有明确的证据表明，在考试中取得好成绩的方式是通过挑战而非简化来实现的。在一项比较美国和日本教师的研究中，研究人员发现美国教师倾向于演示数学问题的解决方案，而日本教师允许学生探讨问题，并留出时间制定解决方案。总体而言，与其他成绩优秀的国家相比，美国课堂上学生在数学问题上进行高质量的挑战和探索的现象并不普遍。无论是在美国还是其他国家，当教师演示解决方案或将学习"程序化"时，他们就消除了问题的挑战性，从而将解决问题的任务转化为单纯的练习。学生在练习中将程序/规则应用到问题中，而没有促进深度学习的认知挑战。长期以来，美国国家数学委员会一直倡导在数学课堂上增加挑战性，不过这些理念仍未得到广泛推广。在密西西比州和夏威夷开展的通过基于问题的教学模式进行的有成效的探索性学习实验表明，与接受传统教学的同龄人相比，接受过这种教学的微积分学生的成绩水平更高，并表现出更高的流畅性、灵活性和独创性。

高质量的挑战与挫折

有53项研究对高质量的挑战与挫折进行了元分析，在这些研究中，学生接受基于教学前尚未学习过的概念的问题解决任务，比传统的直接教学模式（先进行教学，然后解决问题）效果更好。这就像在第五种和第六种思维方式中分别讨论的丹·迈耶的"三幕式数学"或彼得·利尔耶达尔提倡的方法。然而，关键条件不仅仅是产生挫折。解决问题的任务是集体完成的，让学生能够激活和区分已有知识。此外，还强调对各种表述和解决路径进行完善和评估，所有这些都发生在"第六种思维方式"所讨论的协作学习中。

遗憾的是，这种具有挑战性的教学很少见。约翰·哈蒂对专业教学的研究表明，即使是经验丰富的教师，也有70%以上的时间将重点放在以获取知识为中心的狭隘的表面目标上。与此相反，那些获得国家委员会认证的专家级教师，70%以上的教学重点是培养学生的理解能力，其中包括知识的联系、延伸和抽象。然而，确保学生经历富有成效的挑战，并不是简单地通过为教师提供具有挑战性的任务和以理解为重点的目标就可以的。在对教师如何应对学生面临的挫折所进行的研究中，将学生的回答简单地评价为对或错的教师往往会调整任务，降低任务的复杂性，使学生有可能"获得"正确答案。相比之下，注重了解学生思维的教师能够在此基础上进行调整，从而提高任务的复杂性并给予学生参与概念学习的机会。研究人员在对经常通过主动干预和帮忙完成任务"帮助"孩子的家长的研究中发现，这对孩子完成任务的持久性和投入度产生了负面影响。

必要难度

事实上，增加一点难度，迫使大脑更加努力地工作，可以提高记忆力和留存度。认知心理学家罗伯特·比约克创造了"必要难度"（desirable difficulties）一词，用来描述那些在短期内可能比较困难并阻碍学习，但从长远来看却能带来更好学习效果的条件。例如，罗勒和泰勒的研究比较了一种典型的直接教学法和另一种方法。在前者中，只教授和练习一个非常狭隘的目标，即只教学生如何求一个图形的体积，而在后者中，则是教学生求几种不同类型图形的体积。在短期内，直接、狭隘教学组的成绩较好。然而，一周后，采用"必要难度"学习条件的小组的成绩优于直接教学小组，该小组答对了63%的问题，而直接教学小组答对了20%的问题。也有类似的研究和结果，将教授了数学公式的学生与自行寻找创造性解决问题方法的学生进行了比较。后者的大脑并不是简单地练习程序和死记硬背，而是在积极探索各种关系，建立联系，更深入地处理信息。这就产生了多种检索途径和更高的灵活性。功能磁共振成像扫描证实，通过挑战学习的学生记忆更牢固，更容易回忆。出现这种情况的另一个原因是，当学生的学习目标狭隘时，他们更容易停止学习，因为在他们看来，他们已经掌握了学习材料。然而，这种学习虽然可以在短期内被充分回忆起来，但其存储能力很弱。

成长型思维模式

卡罗尔·德韦克认为，经常遇到挑战除了能提高吸引力、促进思考和增进理解之外，还有助于学生的自主性、创造力和成长型思维模式的发展。当学生学会克服挑战时，他们就会把奋斗和挫折视为学习的自然步骤。一项针对智利学生的研究发现，具有成长型思维模式的学生在考试中取得前20%成绩的可能性是其他学生的3倍，而具有固定型思维模式的学生在考试中取得后20%成绩的可能性是其他学生的4倍。成长型思维模式不仅与更好的成绩和学习成果相关，而且还会影响学生对学校的看法。当学生拥有固定型思维模式时，学校就会被视为充满威胁的地方，学生必须在此证明自己的智力。相反，当学生拥有成长型思维模式时，学校则被视为充满挑战和成长的令人兴奋的地方。

渴望挑战

鉴于许多教师都在努力降低复杂性，学生们可能会惊讶地发现，他们实际上喜欢并重视一定程度的认知复杂性以及被推动和挑战的感觉——只要有人支持他们。要求更高的任务会鼓励学生在学习中寻找联系，从而使他们更感兴趣、更投入、更有动力。反之，当学生感觉不到自己在认知上受到挑战时，他们就更有可能对学习失去兴趣。美国国家研究证实，缺乏挑战是学生在课堂上失去兴趣的主要原因。

或许，基于我们对参与、乐趣和"身临其境"的直观认识，这种对更多挑战的渴望并不会让我们感到惊讶。米哈里·契克森米哈赖的"心流"理论，即在进行一项活动时"身临其境"的体验，其核心思想就是挑战。如果任务太容易，我们就会失去兴趣。如果任务太难，我们就会感到沮丧。找到挑战点是创造心流状态的关键，在这种状态下，我们会感到完全沉浸其中，精力充沛，全神贯注。处于心流状态会对学习产生强大的影响。约翰·哈蒂说："当学习者深深地投入到任务中，进入状态时，他们就能体验到最深刻、最持久的快乐。沉浸在任务当中时，他们会有一种对活动的个人控制感，他们会寻求并解读即时反馈，他们会感到自己有可能取得成功。"科学记者凯瑟琳·普莱斯（Catherine Price）认为，心流也是乐趣的一部分。她将乐趣定义为"玩乐、联系、心流"。我们喜欢被活动推动和拓展。

什么是具有挑战性的任务，什么是只有难度的任务？有许多方法可以使任务既具有挑战性又引人入胜。丹·迈耶认为，吸引学生学习数学的是困惑，而不是现实生活中的应用。困惑是一种能激起兴趣的东西，它让我们想知道更多，既有一点神秘感，又有一点复杂性。制造认知冲突是为学生创造学习如何思考的条件的另一种方法。在科学领域，具有挑战性的任务要求学生：1）运用知识解释可观察到的现象；2）利用观察和数据进行推理，构建或评估解释性模型或理论；3）利用证据展开论证。另一种挑战学生的方法是将他们置于"最近发展区"，即学习者在没有帮助的情况下所能做到的与在指导下所能达到的之间的差异。

愿景与反思：它将是何种情形？

什么是高质量的挫折、挑战或有复杂性的挑战？我们怎样才能理解这些概念以及产生这些概念的条件，从而为学生创造这些条件？这样的任务是什么样子的，也许更重要的是，学习者认为它们是什么样子的？如果我们要帮助我们的学生迎接挑战，那么我们就必须对他们作为学习者在遇到和经历这些体验时的感受产生共鸣。为了帮助我们制定这样的愿景，我们要从自身的经验出发，然后开始定义一些术语。

构建愿景

你在何时、何地经历过学习具有挑战性的时刻？也许你曾被迫挑战自己，进行高难度的任务。花点时间反思一下：

- 当时是什么感觉？
- 事后感觉如何？
- 挑战与你的成就感有什么联系？

使用本章末尾的页面、空白处、纸张或电子设备记录你的思考。

挑战、挫折和困难都是我们经常使用的熟悉词汇。即使加上"学习的挑战""高质量的挫折"和"必要难度"等修饰词，这些词语在直观层面上仍会引起共鸣，让人感觉熟悉。然而，在实践中，这些术语是有细微差别的，也是复杂的。虽然我们对这些术语的理解会随着时间的推移，随着我们对它们的探索和实践而不断增长和发展，但我们现在要明确我们是如何理解它们的。请选择其中一个术语。如果让你向别人解释，你现在如何概括其含义？如果你不想动笔，可以尝试用颜色、符号或图像来表达你所选的术语，从而捕捉其核心并提炼其精髓。再次强调，以某种方式记录你的回答。在你处理这些想法的过程中，回过头来看看你记录的内容，看看如何调整才能更好地体现你的新思维。

小组讨论

如果你和其他人一起阅读这本书，请带上你的答案、文章，也许还可以带上手绘图画，以便分享和讨论。

➤ 你发现了哪些挑战或高质量的挫折事例？这些事例中是否有共同的元素或特征？

➤ 你注意到你的同事们在确定克服挑战之前、期间和之后的感受时有哪些共同点？你认为你的学生会有类似的反应吗？为什么？

➤ 关于你的同事如何定义"挑战""困难"或"挫折"这些术语，你注意到哪些共性和差异？有可能得出一个共同的定义吗？

设想实践

案例一：让挫折成为常态。新泽西州费尔黑文市诺尔伍德学校的四年级教师凯特·米尔斯（Kate Mills）在课堂上有意识地将挫折和挑战常态化。

"从开学第一天起，我就有意识地选择一些语言表达和活动，帮助营造一种解决问题的课堂文化。我希望培养出能够思考实现特定目标并管理自己心理过程的学生。"她解释道。因此，她会利用一切机会关注学生的成长、挫折、解决问题的策略、主动性和合作精神，并点名表扬这些行为。此外，她还会退后一步，确保"强调学生而不是教师是如何解决这些问题的"。

这些策略对于帮助学生接受"挫折和失败是学习的正常部分，而不是应该避免的"这一观点至关重要。同时，凯特认识到故事和隐喻对于巩固概念和提供共同参照物的重要性。为此，她向学生们展示了一段由加拿大一家关注心脏健康的组织制作的两分钟视频，视频中一对夫妇在一栋空荡荡的大楼里乘坐自动扶梯。自动扶梯突然停了下来。两个人开始呼救，拿出手机打电话，最后坐下来等待救援。当然，正如凯特的四年级学生们很快意识到的那样，这对夫妇完全可以走完剩下的路。被"卡"在自动扶梯上的荒谬性显而易见。凯特把这个隐喻清楚地解释出来："我们中的许多人，也许是我们所有人，都会像视频中的人一样，在被困时大声呼救。当我们被困时，我们停了下来，大喊'救命！'，而不是迎接挑战，找到新的解决方法。"随着时间的推移，"从自动扶梯上下来"的表达已成为教室里耳熟能详的口头禅。

当凯特给学生一个问题让他们去解决时，她会告诫学生："你们的任务是让自己陷入困境——或者允许自己陷入困境，然后通过努力，注意如何让自己摆脱困境。"她在检查学生的情况时会问："你是如何摆脱困境的？""你采取了哪些措施？""什么没有奏效？""你从中学到了什么？"这些问题注重过程而非结果，同时帮助学生提高元认知能力。

通过这些个别谈话和全班汇报，凯特与学生一起制作了锚点图。其中一张标有"为了摆脱困境，我们可以尝试……"。后面还有一些建议，例如：阅读问题、用自己的话重述问题的要求、突出重要信息、制作表格、写下重要数字、寻找规律、画图等等。另一张海报的标题是"我们可以通过说……和做……让自己摆脱困境",接下来是一些有用的提示语,如"我认为……""也许我们可以……""……怎么样?""让我们试试……"。在"做"一栏中,有修改、重读、提问、说出步骤、解释等词语。凯特解释了这些图表的作用:"这些图表会随着时间的推移而不断更新,当学生遇到困难或感到困惑时,我们就会参考这些图表。这些图表成为学生的资源,也是他们在反思和监测哪些有效、哪些无效时谈论自己的学习过程的一种方式。"

案例二:形成性挑战。分数、小数和百分数是六年级数学的主要内容,尽管这些内容对学生来说并不陌生,但学生会遇见很多程序上的问题(转换、排序和运算)、情境理解问题,甚至是误解题目。在阿姆斯特丹国际学校任教的马克·丘奇试图通过将学生带入一系列复杂的问题中来解决这个问题。他意识到:"我需要了解学生在程序和概念上的情况。他们使用什么表述?他们如何理解有理数的部分?作为问题解决者,他们将使用什么样的直觉和策略?此外,学生的难点在哪里?他们在哪里遇到困难?"

马克从《连通的数学》(*Connected Mathematics*)中选取了两个问题情境来帮助他实现这一目标,并让学生感受高质量的挫折:

• 塞缪尔正在给自己和弟弟买零食。冰箱里有两块糖。塞缪尔给自己拿了一半,给弟弟拿了一半。他的弟弟抱怨塞缪尔拿得更多。塞缪尔说他拿了一半,弟弟也拿了一半。问题可能出在哪里?

• 热身赛中,蒂西亚罚球30次,罚中19次;克拉丽斯罚球13次,罚中8次;多萝西娅罚球21次,罚中14次。你认为谁的罚球命中率最高?

马克认为他不需要修改这些问题来实现他的目标。他喜欢这些问题的复杂性和易用性,"我觉得这些问题有足够的模糊性,可以创造一些有趣的思考机会,或许还能引起一些讨论。糖果问题涉及'公平'问题,而青春期早期的学生对'公平'问题非常着迷。篮球问题则包含了找出'谁最棒'的因素"。这些问题也让学生们感受到了他们将在本单元学习中面临的挑战。

在预测学生可能做出的反应时,马克想到了部分与整体的关系问题,以及"半数"和"……范围中"等词的模糊性。他很想知道学生是否会发现其中的挑战。例如,学生们是否会认识到,确定"最佳"比简单的求平均值更复杂,在许多场合下表现出来的可能性也很重要?

因为马克将此作为一次形成性评估,所以他首先让学生以书面形式单独完成任务,这样他就可以花时间仔细评估每个学生在读题和推理方面的想法和特征。然后,他鼓励学生们进行开放式讨论,看他们如何相互交流和借鉴彼此的想法。听了这些对话后,他觉得学生们很愿意分享他们的想法,随后进行了大量的讨论和辩论。一位学生提出了整体考虑的观点,他说:"我不确定'一半'是否意味着相同的数量。如果奥普拉捐出她工资的一半,那就比丘奇先生捐出的多得多。"在另一次谈话中,一位学生说:"但是,如果你只投了一个罚球并罚进了,那就是100%,但这并不意味着你一定是最好的球员。"

马克在后来回顾学生的作业时,注意到了他们在完成任务时所运用的推理、技能和理解能力:

- "如果两个人都分到一半,那塞缪尔的弟弟就不该抱怨。"坚持一半的字面意思。
- "但塞缪尔可能只是从糖块里拿了一块,而没有确保它们是相等的。"分数作为精确计量单位的问题。

- "很多孩子说，'你拿的是大的那一半'，但这是不可能的。"说得对，但看不到整体的背景。
- "两块糖的大小可能不同，所以你得到的数量也不同。"考虑一半与整体的关系。
- "我只是把所有分数都化成了最小项，我不需要为此找到公分母。多萝西娅的投中率最高。"具备解题技能和对分数相对大小的良好感性认识。
- "克拉丽斯有5次没投中，其他人分别是11次和7次，但我认为这是不对的，因为它们的分母不同。"尝试直接比较，随后认识到公分母的重要性，但不确定如何进行计算。

对当前实践的反思

正如我们所研究的那样，接受挑战、复杂性和挫折与我们作为教师和学习者的自然倾向背道而驰。此外，学校的规则和对快速正确给出答案的短期强调使我们倾向于直接教学。因此，接受这种思维方式可能会让人感到有些不适应。当前的做法可能不一致，甚至相互矛盾。因此，在检查时要对自己宽容。关键是要随着时间的推移不断成长和发展。利用以下问题来帮助你确定改变的良好起点。

选择问题并记录答案

在我们学习的不同时期，不同的问题对我们有不同的帮助。因此，我建议你通读这些问题，并确定：

➢ 一两个对你有启发的问题。这些问题可能对你来说具有挑战性或者将你的思维引向新方向。

> ➤ 你最想和同事讨论的一两个问题。
> ➤ 圈出你现在选择的问题并标上日期，这样你就可以确定你的关注点是如何随着时间和经验的变化而变化的。
> ➤ 你可以在本章末尾的空白页或笔记本上记录思考过程。

- 在我的学校、社区和课堂上，有哪些关于挫折、挑战和失败的观念？
- 我如何/是否能与我的学生一起将挑战、高质量的挫折和从失败中学习的观念常态化？
- 我对学生错误的反应如何表明我将错误视为失败的标志或学习的机会？
- 当我的学生失败时，我是想方设法去了解原因，还是简单地认为总是因为缺乏努力或能力不足？
- 我今天上的课的挑战性、拓展性和压力在哪里？是所有学生都受到了挑战，还是只有部分学生受到了挑战？
- 我是否愿意给学生布置一些我还没有"指导"过他们的具有挑战性的任务和问题？还是说，看到他们受到挫折时，我会感到紧张，因为本可以直接展示答案？这些感觉从何而来？
- 我是如何为所有学生找到挑战点的？
- 我在哪些方面拥有成长型思维模式，而在哪些方面又拥有固定型思维模式？①
- 我在何时、何地给学生时间对他们的学习进行有组织、有意义的反

---

① 德韦克指出，我们都是两种思维模式的混合体，没有人是百分之百的一种或另一种思维模式。

思？这些反思是否会影响学生下一轮的学习方法？如果会，如何影响？如果不会，原因是什么？

- 我是如何支持学生发展元认知技能以应对挑战和挫折的？
- 我如何/是否能够在课堂上记录高质量的挫折？
- 我上一次面临的重大挑战是什么？我是如何应对的？我何时以及如何与学生分享这个故事？
- 我是否在不经意间给任务和作业设定了上限或限制，以至于学生一旦达到上限就停止努力和学习？我该如何提高或提升上限，让所有学生都能找到自己的挑战点？
- 当学生轻松而快速地完成一项任务或作业时，我是简单地让他们做其他事情，还是重新设计任务，使其对他们具有适当的挑战性？
- 当学生遇到困难时，我是倾向于帮助他们，还是通过提出问题鼓励他们进行思考，从而支持他们的主动性？
- 我可以如何与学生进行对话，让他们了解挫折和必要难度是如何影响大脑和学习的？

数据、原则和实践：我们可以采取哪些行动？

在思考如何推动这种思维方式发展的同时，分析学校和课堂的现状是非常有用的。在这种思维方式下，学生的看法可能是一个特别有用的研究领域。第一项街头数据行动是让学生确定挑战时刻。从他们的选择中可以看出他们是如何看待挑战的。第二项行动从全校角度出发，研究学校的信息如何支持或抑制学生接受挑战。

收集街头数据

> ### 街头数据
>
> ➤ 有助于我们了解自身情况和学生的观点。
> ➤ 收集相对简单快捷。
> ➤ 可立即进行分析并采取行动。
> ➤ 意在提供信息和提出行动建议。
> ➤ 不是成功的评估或衡量标准,而是实践的缩影。
> ➤ 可以采取多种形式:观察、访谈、调查、课堂末尾小测试、录音等。

街头数据行动一:哪里有拓展性? 在一周的教学结束时,要求学生完成"课堂末尾小测试"或写一篇关于"在哪里感受到了拓展性?"的反思。给学生足够的时间反思整个一周的学习,确定两个事件,并分别写一段话。如果这是第一次使用这些语句,你需要谈谈学习中的"拓展"概念:它看起来像什么,感觉像什么,以及为什么它对学习很重要。这可能包括讨论为什么挑战重要以及挑战如何促进学习。我们使用"拓展"这个词,是为了捕捉学习中的"甜蜜点",即事情不会太容易,但也不会难到遥不可及。根据你的学生和学科领域调整以下问题:

• 本周的课程、活动和我们/你的学习给你带来了哪些拓展?告诉我你为什么选择那个时刻/事件。

• 你在哪些方面对自己进行了个人挑战?告诉我你做了什么,为什么,以及你的感受。

如果你是第一次使用"课堂末尾小测试",那么其成功的关键在于教师必须向学生表明,学生花在"课堂末尾小测试"上的时间很重要——我们会阅读小测试,并在我们的教学计划中使用。这意味着我们要与学生分享我们的见解,以及我们计划如何处理收集到的信息。在阅读学生的回答时,需要考虑以下几点:

- 你注意到哪些有趣或令人惊讶的细节?
- 学生的回答是否反映出他们理解了"拓展性"的概念,而不是仅仅理解了某件事情的困难或艰辛?是什么让你明白了这一点?如果他们不明白,你将在何时、何地、以何种方式重新讨论这个问题?
- 学生对"拓展性"的反应是否表明这些时刻产生了快乐、成就感和更强的学习者自我效能感,还是他们只是经历了挫折?
- 关于有拓展性的学习机会类型,你注意到了什么?其中是否有一些共同的因素或要素?
- 你当时是否意识到学生正在得到拓展?你是否计划过会发生这种情况?你是否对此施加了压力?你是否有办法将其利用得更好?
- 是否有学生无法识别拓展性?你认为这是为什么?你将来如何示范、支持和帮助他们这样做?
- 下次见到学生时,你将如何与他们分享你所学到的知识?你将如何在教学计划中使用这些数据?

街头数据行动二:实地考察。如果实地考察是为了更好地了解学校正在发生的事情,而不是作为一种评估措施,那么它可以成为一种有用的数据收集工具。实地考察的一个宝贵之处在于,它采取的是全校参与的方式,关注的是集体行动而不是个人行动。实地考察还可以激励我们,帮助我们制定愿景,然后为之努力。这意味着要放弃人们期望看到的"行为是否规范"的行为清单,转而把重点放在制定全校愿景上。要做到这一点,首先要召集一个小组来进行演练。人数可以少到两个人。通过询问确立愿景:

• 在一所认为学习是在挑战中进行的学校里,学生们会如何得到这样的信息:人们确实是在挫折、困难和挑战中学习的?

• 什么样的行动、语言、环境、互动、示范和机会可以传递这一信息?尽可能具体和多样。将回答记录在白板或图表纸上。

• 这种思维方式有哪些相反的指标?我们可能会看到或听到什么会向学生传递相反的信息?再次记录这些回答。

有了这一愿景,你就可以进行实地考察了。你对信息传递和反信息传递变得更加敏感。在分配给你的时间内,尽可能多地参观教室,因为你知道这样做的目的是加深印象,收集有助于回答问题的证据:"这里的学生会如何得到这样的信息:人们确实是通过挫折、困难和挑战来学习的?"请避免在课堂上做笔记,因为这会给被观察的教师增加不必要的紧张感。相反,回到走廊后,记录下自己的反应。回到会议室后,使用以下提示帮助你们讨论所看到的内容:

• 我们看到哪些东西向学生传递了这样的信息:我们通过挑战、挫折和困难来学习?

• 这些因素中有哪些是重要而有力的?

• 我们怎样才能进一步加强这些要素?

• 哪些地方隐约透露出挑战的积极信息,但难以判断?

• 我们可以如何调整或改进这些做法,使其更加有力?

• 我们看到了哪些相反的指标,表明学生可能没有得到"在挑战中学习"的信息？注意：有可能教师做的一切都是正确的，但我们仍能从学生的行为中发现学生没有接受挑战。

- 我们是否需要对某些做法进行审查和检查，因为它们传递的信息与我们的要求背道而驰？

将思维方式作为行动的原则

将"在挑战中学习"的思想转化为行动原则，是指导和引导我们努力的一种方式。这些原则从总体上告诉我们应该做什么。它们是帮助我们确定方向的最高级别的路标。有了这些原则，我们就可以根据自己的实际情况制定行动指南。更重要的是，这些原则为我们提供了试金石，据此我们可以了解我们当前的做法，研究我们在哪些方面以及如何使这些做法保持一致。根据研究，我确定了4项原则：

- 定义并探索高质量的挫折、挑战、有效的失败和必要难度。
- 为奋斗和挑战制订计划。
- 支持当下的挫折。
- 反思并庆祝挫折、挑战和新的学习。

可以采取的行动

在本节中，你会发现大量的行动来帮助你推进"第七种思维方式"。尽管这些行动有其潜在的作用，但除非人们真正相信学习是在挑战中进行的，否则就不可能取得成功。如果教师没有抱持这种心态，他们可能会发现自己不知不觉地破坏自己的努力成果。例如，他们可能会降低任务的复杂性，因为他们内心深处认为，不能指望学生去解决他们没有被教过的问题。教师可能会过度训斥学生，一有风吹草动就去帮助学生，因为他们担心受挫会损害学生的自尊心，他们希望学生取得成功。他们的语言可能只关注和表扬结果，而不是过程。一旦感到时间紧迫，他们可能会立即采用直接教学法，因为这会造成一种错觉，即他们已经教过了，学生已经学会了。因此，在向前迈进之前，请确保你了解这种思维方式背后的研究，以及这种思维方式如何帮助学生发展成为强大的学习者和思考者。

> 挑战的内容和形式自然会因年级和学科领域的不同而大相径庭。此外，每个人对什么是挑战的理解也不尽相同。本节所述的行动可以启动你的思维。这些行动：
> ➢ 取材于我们在学校开展的工作，是全球思维文化项目的一部分。
> ➢ 置于相关原则之下，帮助你关注每个行动背后的驱动力。
> ➢ 可根据当地情况进行修改。
> ➢ 与每个具体行动所关联的最相关的文化力量相联系。8种文化力量和10种思维方式这两种框架具有协同作用，你可以从其中任何一种开始你的旅程。

定义和探索"高质量的挫折""挑战""有效的失败"和"必要难度"。隐喻和类比有助于我们理解新概念并与之建立联系。因此，引入一个引导性的隐喻对帮助学生理解这些术语的含义非常有用。在凯特·米尔斯的课堂上，"从自动扶梯上下来"的告诫成了一块试金石。还有人采用詹姆斯·诺丁汉

（James Nottingham）的"学习坑"①这一隐喻和相关图示来帮助学生理解，挫折、质疑和挑战应该是学习的预期过程。在学习一项运动时，学生认识到，要想取得进步，就必须经常超越现有的阈值。所有这些比喻都有助于学生直观地了解学习过程，并理解为什么挑战是学习的必要组成部分。

建立集体定义也可以帮助学生掌握一个概念。你可能只想讨论和定义一个你计划经常使用和参考的术语，如挑战、有效的努力、有效的失败或必要难度。在探索概念的复杂性时，"创造意义"思维流程（《思维可视化教学》）可以帮助建立个人和集体的定义。此外，找出范例和非范例也很有用；例如，看看是什么让挫折具有建设性或破坏性。同样，失败也是多种多样的。因蔑视、不注意或不努力而导致的失败是不值得鼓励的。与此相反，与探索、原型设计或处理复杂问题有关的失败会带来新的学习成果，应予以表扬。围绕这些术语发展一种语言有助于我们就其进行交流。

你可以通过探索科学进一步加深高年级学生的理解。一项研究综述显示，当学生有机会了解神经可塑性以及大脑在挑战性经历中不断成长时，他们更有可能拥有成长型思维模式、接受挑战并提高积极性。网上有很多针对不同年级的教案，可以帮助学生理解这些概念。此外，必要难度的概念基于记忆科学。由于必要难度的做法似乎与直觉相悖，学生很可能会陷入"流畅性陷阱"，因此，让他们了解相关研究以及这些做法有效的原因非常重要。网上有许多由加州大学洛杉矶分校比约克学习与遗忘实验室主任罗伯特·比约克博士（@gocognitive）、持久学习小组（LastingLearning.com）以及认知

---

① "学习坑"（Learning Pit）是由詹姆斯·诺丁汉提出的一种学习理论。其将学习过程比作一个"坑"，即学习者会进入一个知识或技能的困境区域，但这也是学习真正发生的地方。当学习者克服困难，从"坑"中爬出来时，就实现了学习的进步和提升。——编者注

科学家兼作家本杰明·凯普博士（@benjaminkeep）制作的优质视频短片。凯普博士就这一概念制作了适合教师和学生观看的视频。

为了保持和扩大这些努力，你可能需要制作锚图来确定具体的行动。制作不断更新的海报和锚图，展示这些概念在教室物理环境中的外观和声音效果。为学生提供他们在面对挑战时可以采取的行动。让学生用自我对话的方式来表达他们的成长型思维模式和接受挑战的态度。

为努力和挑战制订计划。挑战、高质量的挫折和必要难度不会随随便便发生。它们必须作为我们创造的机会的一部分加以规划和预期。要做到这一点，我们必须避免过度溺爱和减少挑战的倾向。我们必须学会把课程看作是学习过程中的一个阶段，而不是最后的成果展示。我们必须创造、寻找和修改任务，使其具有适当的挑战性。如何才能做到这一点呢？

寻找那些能激发学生去理解、推理、将观点联系起来、建立自己的观点、面对挫折、"动手做"或"沉浸"于概念的任务。好的任务能揭示错误的概念或尚未完善的观点，并促成讨论，从而揭示、纠正或完善这些观点。寻找能为不同的解决方案或观点和方法创造机会的任务。好的任务能让学生有更多机会建立概念联系，加深理解。这类任务的一个主要特点是，它们要求学生做出原创性的回应（即便不是具体的解决方案），而不是简单的重复性回应。另一个特点是，这些任务为所有人提供了一个容易接受的切入点，同时也提供了一个拓展的机会。这些通常被称为"低门槛、高要求"的任务，让学生自然地进行自我差异化，找到自己的挑战点。

你可以修改任务，要求学生以不止一种方式做出回应、使用不同的方法或创建不同的解决方案。此外，要求学生从效率、可推广性、有效性或其他标准发面进行分析，也会使任务更具挑战性。有时，只需问"有什么可行的解决方法"而不是"答案是什么?"就能打开任务的思路。使用条件性语言,如"可能",表明你对单一的解决方案并不感兴趣。《哈佛大学教育学院思维训练课》(*Making Thinking Visible*)中的"主张—证明—提问"流程是一种很好的方法,可以开启任务,以探索复杂性和潜在概念。例如,凯特琳·费曼(Caitlin Faiman)问她的六年级学生:"两个分数的和是112/3。这两个分数可能是多少?"在5分钟的时间里,学生们思考了该问题的所有可能解决方案,然后就所有可能的解决方案中哪些是正确的提出"主张"(可概括的特征)。例如,"至少有一个数必须是分数或混合数"。然后,他们集体寻找证明和相关问题,进一步完善他们的主张。

支持挫折,鼓励挑战。为了充分支持学生,我们需要预测学生的反应。亲自完成任务,并尝试从不同的角度去处理它。这将有助于你掌握完成任务的方法,澄清问题或难题,并发现不太明显的挑战。它还能让你确定你想让学生提供什么,从而让你看到他们的决定和推理过程。完成任务后,你就可以预测学生可能会如何表述问题,他们可能会使用什么语言或在什么方面有困难,以及可能会出现什么误解。这将有助于你计划你的应对措施。很多时候,教师都想立即纠正学生的误解、错误或错误策略。这样做的出发点是"如果我不告诉他们,他们怎么会知道呢?"。另一种方法是将这些问题作为矛盾、争议、观点或挑战提出来,供全班讨论。例如,"我注意到有些人说'一半的意思就是一半',但也有人说'一半的大小可以不同'。你怎么看?"大多数时候,教师只需要以提问的形式提供很少的指导,学生就能集思广益,发现自己理解上的错误。

在与学生互动的过程中,我们可以通过开放式的提示邀请他们思考和解释,例如:

- "跟我说说你在做什么？"
- "我对你的想法很感兴趣，你能解释给我听吗？"
- "你的挑战在哪里？"
- "你还有别的方法吗？"
- "这让你想起了什么？"
- "关于这个问题，你知道些什么？"
- "你知道什么解决方案是错误的吗？"

这些元认知提示看似并没有给我们提供什么，但很多时候，当学生用语言表达他们的想法并说出他们的行动时，他们就会自己澄清他们在做什么，并让自己摆脱困境。当然，我们也可以提出一些探究性的问题来进一步加以推动："为什么这样做会有用？""这种方法的逻辑是什么？""那会产生什么结果？"

同样，你可以利用课堂来帮助学生发现理解错误的地方；其他同学也在应对挑战方面提供了极大帮助。小组合作可以通过讨论将大部分思维可视化。然后可以对其进行辩论、分析、解析和完善。当学生进行小组合作时，鼓励他们与其他小组进行交流，向他们学习。如果学生在教室内的垂直表面上完成工作，这样就会更方便。让寻求帮助成为常态，这样学习就不会被视为一场竞争。

最后，只在必要时提供支架。我们可以认为，支架不是为了确保任务顺利完成而安排任务的结构，而是为了在挫败感（挑战太大）和无聊感（挑战太小）之间找到平衡点。这意味着随时准备提供提示、暗示或修改，以保持学习效果，但使一些人更容易接受任务，而让另一些人面临更大的挑战。研究人员确定了两种不同类型的提示：降低挑战性的提示和提高学生能力的提示。作为教师，第一种类型往往是我们默认的。它侧重于通过给出部分答案或简化任务来完成作业。第二种类型虽然更耗费时间，但能提供更多的学习机会。其形式可能是提醒学生注意策略，确定可能有用的思维类型，或者提供一种工具，帮助他们以一种新的方式将问题形象化。

反思和庆祝。我们需要经常正视错误、困难和失败，这样学生就会把这些看作是学习的机会。教师需要定期指出并注意有效的努力和从错误中学习。这一关键的语言调整会引起我们对希望强化的行为的关注。作为更有经验的学习者，当我们自己遇到错误、挫折和失败时，我们可以示范如何处理它们。我们可以谈谈自己是如何迎接挑战的，向学生展示我们是如何锻炼自己、尝试新事物、成长和学习的。Fail Fest (www.failfest.us) 组织为庆祝失败提供资源并赞助活动。例行的"我最喜欢的否定"传达了这样的信息：学习总是一个过程，即使我们不是百分之百准确，我们也可以表达自己的理解。同样，"我曾经认为……现在我想……"的活动传达了这样一个信息：我们的学习、我们的思考、我们的理解总是在不断变化、成长和发展的（请参阅《哈佛大学教育学院思维训练课》）。ESP+I（经历困难—困惑—洞见）流程将困难确定为我们作为学习者进行反思的一个关键组成部分（见《思维可视化教学》）。此外，我们在提供反馈时，应更多地肯定努力和行动，而不是能力。例如，在反馈环节开始时，你可以这样说："让我们来谈谈你做了哪些尝试，以及下一步可以做哪些尝试。"这有助于学生认识到他们可以犯错误，他们也可以克服错误。

让新行动适应当前现实

在跃跃欲试之前，请回过头来想想你目前在学校正在做什么（见图7.1）：

➤ 通过应用之前确定的一些原则，哪些已经实施的行动可以得到加强和发展？

➤ 考虑到这种思维方式，哪些做法需要重新思考或修改？

➤ 你需要完全停止做哪些事情，并将其从你的计划中删除？为什么？是否与这种思维方式背道而驰？是否无效？哪些"非必要障碍"阻碍了你真正实现这种思维方式？

➤ 最后，你是否需要创建全新的流程、结构或行动？

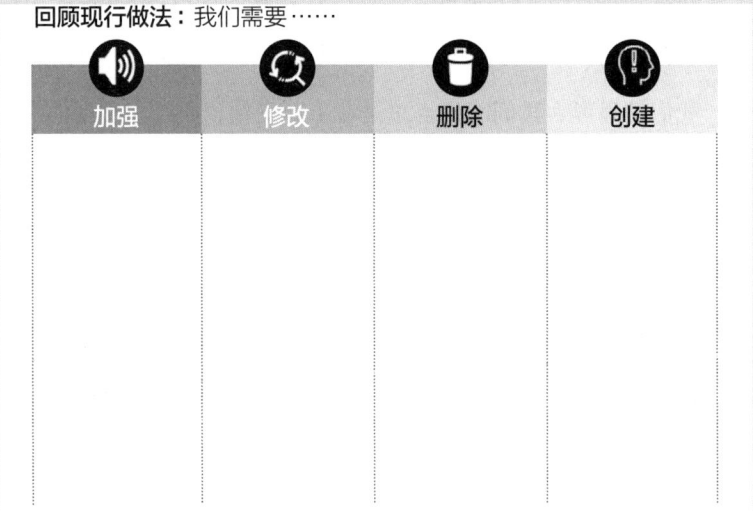

图7.1　加强—修改—删除—创建

结论：我们的行动理论

从"在挑战中学习"的思维方式出发，我们可能会看到什么结果？我们如何将这种思维方式所产生的自然行动与我们期望学生得到的结果结合起来？有关挑战的研究表明，必须将挑战常态化，使之成为学生流程经验的一部分，从而培养他们作为学习者的自信心。这意味着要经常使用具有挑战性的任务和教学互动，以支持学习者的能动性。研究和神经科学表明，这些行动会带来更有力的学习成果，以及更强的效能感、方向感、参与感和控制感。将我们的行动与预期成果结合起来，我提出了"第七种思维方式"的行动理论。

如果以下行动理论能反映你计划采取的行动和你期望从学习者身上看到的结果，就可以使用。如果不能，请根据具体情况制定自己的行动理论。

> 如果我们将从错误中学习常态化，通过创造有目的性、吸引力、挑战性和自我差异化的任务，让努力和失败成为学习的流程部分，那么所有学生都将体验到更深刻、更持久、更稳健的学习成果，同时发展成为具有成长型思维模式的自主学习者。

第八种思维方式

让问题驱动思考和学习

在澳大利亚的一所小学里，五年级的学生围成一个圈，讨论文学。老师首先提出了一个奇妙的开放式问题："战争的代价是什么？"这是一个多么宽泛的问题，包含了如此多的细微差别。学生们的回答丰富多彩，老师只是依次给出回应，直到最后一个学生。"童年？"一个女生的回答带着一丝不确定。"是的，"老师回答，"我就喜欢这个答案。"就这样，"讨论"结束了。在走廊对面，另一位老师在读完一个把人物比作秃鹫的段落后，停止了小组的阅读。她问道："秃鹫是什么？"她只是想澄清这个比喻，一个简单的、基于知识的问题。接下来，大家就秃鹫的特征以及该人物如何具有其中一些特征展开了丰富的讨论。之后，小组成员提出了其他的比喻，并就哪个最适合这个角色展开了丰富的讨论。

这两个小故事来自我在澳大利亚墨尔本大学的同事莎莉·戈迪尼奥（Sally Godinho）对通过对话学习的研究。这两个故事展示了问题作为促进思考和学习的工具的复杂性，正如 J. T. 狄龙（J. T. Dillon）所强调的："问题是高认知还是低认知，是简单还是复杂，是事实还是解释，都没有区别。区别在于问题是否有预定正确的答案，是需要背诵还是要讨论。"马丁·尼斯特兰将上述问题称为真实的问题，也就是说，这些问题真实地"邀请学生为讨论贡献新的东西，从而以某种方式改变或修正讨论"。

正如莎莉的例子所说明的那样，能够推动学习的问题并不一定来自教师手册中的某个规定清单或一套简单的指导原则："使用布鲁姆分类法来创造你的问题"或"提出更多开放式的问题"。它们源于我们作为教师的初衷，是我们与学生对话的一部分。查德·利特尔菲尔德（Chad Littlefield）和威尔·怀斯（Will Wise）合著了《提出有力的问题：开启重要的对话》（*Ask Powerful Questions：Create Conversations That Matter*）。他们解释说，我们的意图是我们提问的基础，如果我们的意图不正确，我们就不会真正产生有关联的对话。此外，通过与他人开诚布公地分享我们的意图，我们可以建立起对话所需的信任和默契。威尔解释说："作为一名教师，我一走进教室，我的意图就会直接影响所发生的一切。当我的目的是分享知识时，我就成了专家，其他人就成了与数字相关的物体或面孔。当我带着创造一种体验的意图走进去，让人们认识到自己的可能性时，神奇的事情就发生了。"如果提问的目的是错误的——狭隘的、操纵性的、肤浅的或隐蔽的——要想提出能引发对话的好问题就难上加难了。教师了解并分享其提问背后的目的，是改进提问的关键因素。

设想一个情景，教师提出一个具有挑战性的问题。例如，"杜鲁门投放原子弹的做法正确吗？"结果是一片沉默。有些学生可能会认为这个问题是个小把戏，认为老师是在揭露他们的无知。他们不知道问题的意图。但是，如果问题的设置是有意图的："在我们讨论历史学家的观点之前，我真的很想知道你们对这个问题的看法：杜鲁门投放原子弹的做法正确吗？"在听到这个问题时，学生知道他们没有被欺骗。他们知道老师的意图，也知道老师对他们的回答真正感兴趣。学生对我们了解得越多，他们感觉自己被理解得越多（第四种思维方式），我们就会建立起更融洽的关系。虽然我们可能不一定需要明确表达我们的意图，但我们的意图是我们提问背后的驱动力。

作为"全球思维文化"项目的一部分，我们在对教师提问的研究中发现，教师提问的动机、意图和目标有5种类型。它们分别是：复习内容（回顾性)、管理课堂(程序性)、建立理解(建设性)、激发探索和探究(生成性)、以及让思维可视化(促进性)(见图8.1)。在不同时期,所有这些目标在教学上都是合理的。因此,我们不应该认为一种类型的问题好,一种类型的问题不好;相反,问题类型的平衡才是最重要的。在我们的研究中,我们看到随着课堂成为鼓励思维文化的课堂,问题类型的平衡也发生了变化。随着时间的推移,我们注意到教师提出的回顾性和程序性问题越来越少,而促

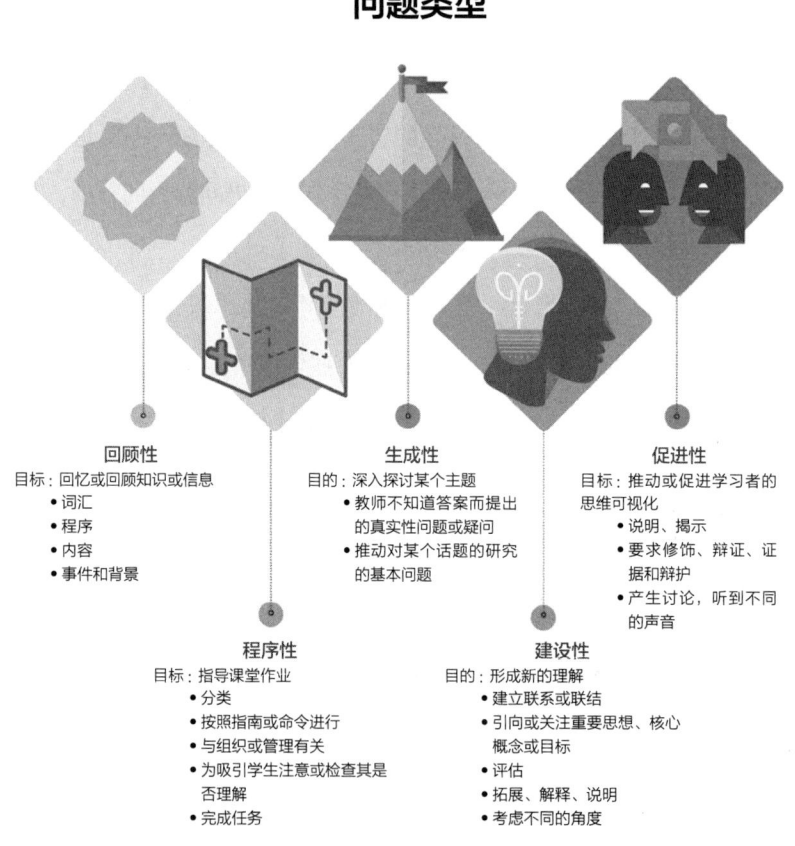

图8.1 问题类型

进性问题越来越多。建设性问题则保持不变。这种转变是有道理的。当你的目的是让学生的思维变得可见，你对学生的思维真正感到好奇时，你对仅仅测试学生的知识（复习）就不那么感兴趣，你自然会开始提出更多的促进性问题。

研究表明：为什么这很重要？

问题是探究的动力，是改变观念的催化剂，是增进理解的工具，是行动的推动者，也是澄清我们思维的机会。问题使我们能够表达自己的好奇心，并认识到他人的好奇心。更重要的是，问题往往是讨论的火花和与他人沟通的工具。因此，问题是教师与学生互动的主要方式也就不足为奇了。据估计，教师提问占学生课堂时间的10%—20%，教师每小时提问多达120个问题。然而，对教师提问的评估表明，80%—90%的教师提问只要求学生回忆事实。这类问题可以帮助学生测试记忆力和复习内容，但对加深理解或提高参与度作用不大。相比之下，生成性的、真实的问题——教师不知道答案的问题——历来是提问最少的问题类型，尽管有证据表明它们与学生的参与度、批判性思维和学业成绩呈正相关。正是这些问题最有可能对学习产生影响。

学生的问题

如果问题是学习的重要载体，那么问题就不应该完全是教师的专利。问题是儿童认知发展的重要机制。儿童的问题往往产生于他们自身的不平衡状态，即当他们发现自己的知识差距或遇到令人困惑的情况时。因此，以答案或回应形式提供的信息恰恰出现在他们最容易接受的时候，从而促使他们对这些信息进行更深入的处理。然而，为儿童真实遇到的问题提供答案并不会让他们变得被动，反而会鼓励他们独立思考。在一项针对幼儿的研究中，研究人员发现，当幼儿得到的问题答案不令人满意时，他们会重新构思问题或提出自己的解释。因此，幼儿在寻求了解自己世界的过程中提出大量问题也就不足为奇了。根据英国的一项研究，2到10岁的儿童每天会向母亲提出大约300个问题。每两分半钟一个！4岁时是提问的高峰期，平均会问390个问题，9岁时下降到144个。

然而，在学校里，情况却截然不同。苏珊·恩格尔对学校学生的好奇心进行了为期3个月的研究，发现在幼儿园的教室里，两小时内平均只产生2到5次好奇心。五年级的情况更为糟糕，只有零到两次。不是学生不提问，而是他们的问题都集中在完成作业上："我要在这里写什么？""这样做对吗？""你能帮我吗？""我们接下来该做什么？"彼得·利尔耶达尔的研究发现，学生每天会提出（教师每天要回答）多达400个问题。然而，其中90%以上属于"就近性问题"或"停止思考类问题"。提出就近性问题仅仅是因为教师就在身边。然而，学生很少利用他们获得的信息。这类问题更多的是为了履行学生的角色要求。利尔耶达尔称之为"学生化"。"停止思考类问题"的目的是尽量减少工作或努力，例如，"考试会考这个吗？""我们必须解释自己的想法吗？"解决这种提问不当问题的办法有两个：1）停止回答就近性问题和停止思考类问题；2）给学生留出更多空间，让他们提出能推动其学习和思考的真实问题。

大量研究表明，为学生真正的提问留出空间是有益的。提问是学生表达思考、促进问题解决、检查理解程度以及提高积极自主学习能力的重要方式之一。提问也是我们表达和展现好奇心的主要方式。培养学生的好奇心（见

"第二种思维方式")需要在重视提问的课堂文化中为真实的问题解决、有力的探究和丰富的讨论创造机会。要做到这一点，我们需要为学生的提问提供更多的空间。正如我的一位导师丹尼·帕尔默·沃尔夫（Dennie Palmer Wolf）所指出的那样："发现问题是一种能力，它能从一首诗、一幅画、一段音乐或一份文件、一段数学描述、一个科学实验中找到新的探究方向。这种能力很难直接传授，但在问题多样、重视探究、真实和人性化的教育氛围中，它可能是学习最重要的副产品之一。"

在大多数学科中，为学生的提问提供结构和机会被认为是理解、自我评估内容和智力参与的关键。此外，学生自发提出与学习材料相关的问题比重新学习材料更有利于记忆。然而，仅仅鼓励学生多提问是不够的。研究表明，提问的质量至关重要。因此，教师必须在提问中体现批判性思维和好奇心，特别是采用深层次、建设性的问题。这类问题要求学生进行解释和预测，在不同情境中应用所学知识，对信息进行评估，并对周围的世界产生好奇。许多教师使用"正确问题研究所"开发的"问题形成技术"（QFT）或"问题排序"流程作为帮助学生提出好问题的工具。一旦条件成熟，学生提问的频率和质量都会提高。

倾听

回到动机、意图和目标的问题上来；我们将丰富、真实的问题置于更广阔的课堂文化中，这种文化重视思想的探索。当然，提出好的问题只是促进思考的一个开始，我们还必须倾听学生的回答，并不断推动、探究和促进学生的思考。鼓励学生思考的教师被认为更有爱心、更讨人喜欢、更关心学生。但是，如果我们不倾听学生的想法，就很难提出能推动他们的问题。一个好的问题可以把学生引向一条特定的道路,但教师必须随时准备跟进。但是,这并不意味着我们抓住学生的问题,并将其作为自己去阐述的机会。相反,这是在利用学生的问题为他们的探索打开大门。我们再一次看到了我们的意图的力量。如果我们只是在倾听答案或判断正确与否,或寻找我们说话的机会,那我们就会表现出来。但如果我们倾听的是思考、迸发的理解力、好奇心、新观点和参与,那么我们就会捕捉到这些东西。威尔·怀斯很好地诠释了有意识倾听的理念:"当这种倾听发生时,说话者的世界也会发生转变。当我们把倾听当作一个人生命的依靠时,就会发生一些重大的变化。我们可以通过倾听让他们焕发生机。通过倾听,我们引领他们进入一个新的空间——一个他们可以在当下重新塑造自我的空间。"

愿景与反思:它将是何种情形?

我们都知道问题听起来是什么情形。我们每天都能从学生那里听到问题,我们自己也会问很多问题。但是,问题作为思维和学习的驱动力意味着什么呢?在构建关于问题的力量的愿景时,我们需要探索这一领域。这使我们能够思考意图如何塑造我们的问题,以及我们自身的好奇心如何成为问题的源泉。

构建愿景

"意图"一词的拉丁词根是 intendere,意思是引导注意力、伸展或延伸。我们可以认为,我们的意图让我们向学生延伸,带着目标向前倾,在寻求与学生沟通的过程中追求超越自我的目的。然而,我们的问题背后的意图往往不为学生所知。如果我们养成带着意图和目的进行引导的习惯会发生什么呢？

1. 想一想你在最近一堂课上提出过的几个问题（争取3到4个）。这些问题可以是向全班、小组或个人提出的。记下这些问题。

2. 现在想想你提出每个问题的意图。注意：我们会条件反射地提出许多问题，因此有时可能需要花些工夫才能发现我们的意图。我为什么这么问？我希望达到什么目的？

3. 一旦你发现了自己的意图，改写你的问题时，首先要清楚地说明意图。例如，"为了帮助我更好地理解，我想知道……""我对这个问题的棘手之处很感兴趣，你能解释一下……吗？"用意图引导。

4. 看看你新提出的问题，想一想：如果我采用这种提问方式，学生的回答会有什么不同？如何帮助学生建立信任和参与感？我的意图是否旨在了解学生作为学习者的处境？

唾手可得的答案无处不在，这导致我们自己和我们的学生都缺乏好奇心。你上一次在小组中，有人问了一个问题，但大家不是一起探讨，而是有人直接在谷歌上搜索答案，是什么时候的事？这个话题后来怎么样了？很可能没有继续下去。答案有时（但不总是）会扼杀问题和探索的机会。是的，知道谁是你正在听的这首歌的原唱很好，但听人们分享他们与这首歌的联系和联想，以及这首歌是如何与他们的生活联系在一起的，会更有趣。作为成年人，我们习惯于用陈述性的语句说话，以至于我们问的问题越来越少。据估计，成年人一天只问6—20个问题，而4岁儿童一天要问390个问题！然而，我们知道好奇心的力量能让我们更快乐、更有成效、更成功。此外，如果我们希望我们的学生充满好奇心，我们就需要以好奇心为引领，成为他们可以效仿的榜样。那么，今天你的好奇心在哪里呢？

1. 今天你问了哪些问题，不是问学生，而是问生活中的其他人？

2. 你认为哪些问题反映了真正的好奇心？为什么这么说？你注意到这类问题的哪些方面？

3. 如果你的生活中缺乏有关好奇心方面的问题，那么你可以围绕今天看到或接触到的任何事物提出哪些问题？

小组讨论

如果你和其他人一起阅读这本书，请带上你的答案、文章，也许还可以带上手绘图画，以便分享和讨论。

➢ 你对同事改写的问题有何反应？你注意到了什么？它们会引起与原问题不同的反应吗？

➢ 要揭示问题背后的意图有困难吗？

➢ 你和你的同事对哪些事情感到好奇？你注意到这些问题的哪些方面？它们与课堂上的提问有何相似或不同之处？

设想实践

为了扩展我们的视野，了解问题在课堂上作为学习和思考的驱动力可能发挥的作用，我们研究了两个案例。第一个案例来自中学人文学科的一堂课，在这堂课上，教师邀请学生提出并探究重大问题。第二个案例来自一位中学数学教师，她将"问题形成技术"（QFT）作为一种形成性工具加以运用，帮助她深入了解学生的理解能力。

案例一：无法回答的问题。 世界是如何开始的？有上帝吗？为什么会有仇恨和邪恶？为什么我们开心时会微笑？是否存在平行宇宙？这些问题都是人类一直在追寻的普遍性哲学难题，并不是中学人文课的典型内容。然而，它们就在那里，写在卡片纸制成的句子条上，挂在马萨诸塞州剑桥市希瑟·伍德科克（Heather Woodcock）七年级教室的墙上。希瑟解释了它们的由来："我在写日记时，开始问自己一些这样（或那样）的问题，并对它们产生了兴趣。我想，为什么七年级的学生不能这样做呢？我试图让他们真正关注自己好奇的事物，然后将其带入学校，使其更加正式。让他们（学生们）意识到更大的问题。因为我们在学校做的事情有很多答案。"

希瑟设计作业的目的是促进参与、个性化和联系。作为家庭作业，学生们提出了三四个没有明显答案的大问题。然后，全班分享和讨论了他们的问题，并进行了探讨："是什么让这些问题无法回答？如果找不到答案，这些问题重要吗？这类问题是最重要的问题吗？它们重要吗？为什么？"然后，学生们提出了一个让他们真正感兴趣的问题，并写下了他们被这个问题吸引的原因以及他们的初步想法。这种个性化的做法确保了高度的自主性。

接下来，学生们在小组内分享了他们的初稿，并就如何改进他们文档的第二稿听取了意见和建议。项目的最后一步是让每个学生以自己的回答为基础，进行表演，也许是一首诗，也许是一段戏剧朗诵，也许是一件视觉艺术作品。与任务的开始部分一样，最后的表演为个性化提供了大量的选择和机会。回想这次作业，希瑟觉得好奇心和深入思考的火花已经被点燃。"孩子们很感兴趣。他们很喜欢。他们觉得在学校里做这件事有点奇怪，但他们真的很喜欢听到彼此的问题和对问题的回答。把这些问题放在教室里也很好，因为很多人进来都会说，'这些问题是怎么回事？太有趣了'。"

案例二：问题形成技术。 我们通常认为，问题可以引导探究和探索；然而，研究表明，提出问题是一种非常有效的学习技巧。此外，问题还能揭示一个人的理解水平。17世纪法国作家伏尔泰有一句名言：判断一个人，应该看他的问题而不是答案。问题揭示了我们认知的局限，以及我们作为学习者的方向。因此，在一个单元结束时让学生提出问题，既是一种有用的形成性评价，也是一种有效的学习技巧。密苏里州阿普尔顿市的高中数学教师梅恩·格雷琴格（Megan Gretzinger）就是这样利用学生的问题的。

梅恩运用问题形成技术，首先指定一个问题焦点。本课的主题是"体积"。然后，她要求学生以4到5人为一组，尽可能多地提出问题，讨论、判断或回答问题的过程不能停下。每个问题都要原封不动地写下来。如果出现陈述，则将其改写为问题。梅恩注意到，许多学生最初的问题都有点泛泛而谈，而且都附带有现实意义："为什么体积很重要？""我们在生活中什么候会用到它？"在用这些最初的问题让学生热身之后，更深层次的好奇心开始出现。问题开始集中在概念本身、概念的起源以及进一步理解概念所需的步骤上："体积与数学有什么关系？""是谁提出了这么多不同的公式？""求体积的方法不止一种吗？""谁发明了体积？"一些小组确定了在不同情况下与体积计算有关的实际问题。

学生提出问题后，梅恩把全班同学召集起来，让每个小组分享他们最重要的问题。这将引发小组内的快速讨论，因为学生们会权衡每个问题的各种优点，以确定哪个问题似乎能真正深入挖掘，并将他们作为学习者带到某个理解水平。当然，每个小组都希望能够分享一个具有启发性和探究性的问题，以引起同学们的思考。在学生们分享的过程中，梅恩可以看到，有些学生的问题已经远远超出了课堂上所学的主题，而且更加抽象："如果底座是一个横截面呢？"她记下了这一点，以便后续为这些学生提供具有挑战性的体积问题。在下一轮中，学生分享他们第二个最重要的问题。这个过程一直持续到所有问题都分享完毕。一旦所有问题都被大声分享出来，梅恩就会收集每个小组记录下来的清单，以帮助她确定第二天课堂复习的主题。

对当前实践的反思

以下问题的目的是推动你的思考。它们甚至可能会让你有点不舒服。与教学问题和困惑共处并深入其中，可以让我们进入探究自身实践的空间。质疑我们的质疑！选几个问题，帮助你更好地理解你的行动的效果，批判性地反思这些行动，引发更多的问题，帮助你思考未来的行动和可能性。如果你发现自己只是在解释当前正在做的事情，那么很可能你的报告多于反思。考虑选择另一个提示，让你更深入地审视自己的实践。

选择问题并记录答案

在我们学习的不同时期，不同的问题对我们有不同的帮助。因此，我建议你通读这些问题，并确定：

➤ 一两个对你有启发的问题。这些问题可能对你来说具有挑战性或者将你的思维引向新方向。

➤ 你最想和同事讨论的一两个问题。

➤ 圈出你现在选择的问题并标上日期，这样你就可以确定你的关注点是如何随着时间和经验的变化而变化的。

➤ 你可以在本章末尾的空白处或笔记本上记录思考过程。

- 我在哪些方面使用了生成性/基本问题来指导教学？在整个单元中，

我如何让这些问题成为我们学习的灯塔或指南，而不仅仅是让我们开始学习的引子？

- 这些年来，我最有效的基本问题有哪些？在我的学科领域中，我注意到什么是对学生有指导意义的好问题？
- 我在教学中如何/是否能够使用学生的问题？我如何将其提升到一个新的水平？
- 我处在什么位置以及如何发挥自己的好奇心？我是否经常提出真实的问题，以显示我的好奇心？
- 在我的课堂上，学生的问题集中在什么地方？如果有人走进我的课堂，他们如何从展示和文件中看出我对好奇心、探究和提问的关注？
- 我的提问模式是什么？是我把每个问题都打回给学生的乒乓球式提问，还是多人参与的篮球式提问？我在哪些地方以及如何进一步鼓励学生相互回应？我可以在哪些地方以及如何进一步促进学生相互提问？
- 当我提出建设性问题时，我是否给了学生足够的思考时间，让他们有机会展开思考？是否所有学生都有机会以某种方式分享他们的回答？
- 我是否在回答学生不需要回答的问题（就近性问题和非思考性问题）？我应该如何做出不同的回应？
- 反思自己刚教过的某一节课，或在观察同事的课堂后进行反思：
    - 我/他们提出了哪些我认为特别有启发性或有用的问题？
    - 我/他们提出的哪些问题引发了讨论和参与？
    - 本节课中出现了哪些与教学内容有关的学生问题？在哪些地方学生有机会提出问题？我/他们在哪些地方以及如何为学生的问题留出更多空间？

- 我/他们在何时、何处提出了后续的促进性问题？是否有特别有效的促进性问题？我/他们是否提出了真实的问题（我/他们不知道答案的问题）？我/他们在哪些地方可以这样做？

数据、原则和实践：我们可以采取哪些行动？

这种思维方式可能是我们的盲点，正是因为我们习惯于提问。我们可能会自然而然地认为，我们提出的问题是好的、有效的。然而，我们如何才能真正了解这一点呢？你的课堂和学校目前的提问状况如何？学生提出了什么样的问题？哪些数据对你今后的工作有用？虽然典型的街头数据可以有多种形式，但你会发现，观察或录音尤其有用，因为有那么多问题很快就会被提出来。由于改变我们的提问或话语模式需要时间，因此不断总结个人和学校在推动这种思维方式方面的进展情况非常重要。

收集街头数据

街头数据

- 有助于我们了解自身情况和学生的观点。
- 收集相对简单快捷。
- 可立即进行分析并采取行动。
- 意在提供信息和提出行动建议。
- 不是成功的评估或衡量标准，而是实践的缩影。
- 可以采取多种形式：观察、访谈、调查、课堂末尾小测试、录音等。

街头数据行动一：前10个问题。 在教学过程中，我们往往很难对自己的提问进行实时评估。其中一个原因就是教师提出的问题太多。我们和其他人的研究发现，教师在一节课中通常会提出50—100个问题。因此，我们不可能记住所有的问题。我们能记住的往往是那些有力或有效的问题，因为它们更能引起共鸣和引起注意。因此，我们高估了自己提问的整体质量。"前10个问题"是一个收集学校集体"提问"街头数据的过程，目的是确定全校学生普遍遇到过的问题类型。

收集"前10个问题"的方法很简单。记录员可以是学校领导、教练、教师或他们的组合。他们走进教室，简单地记录他们听到的（教师或学生提出的）前10个问题，然后离开教室，来到下一间教室，记录听到的前10个问题。这一过程会持续整个课时。一般来说，一个课时可以访问8到12间教室。（注：这一过程可以在全校、某个部门或某个年级进行。）然后对问题进行汇编和复制，以便共享。通常情况下，问题会混杂在一起，因此无法轻易辨认出各个教室提出的问题。这样做不是为了评估教师，而是为了了解学校的集体提问情况。然后，将这些问题作为提问的缩影与教师分享，以确定可以收集到哪些有关学生遇到的问题类型的信息。从数据中得出的需要考虑的问题有：

- 我们向学生提出了哪些类型的问题（见图8.1）？
- 数据快照中的哪些问题促使学生思考？你为什么这么说？
- 是否有其他方法可以让学生更深入地参与特定问题的讨论？
- 学生回答某个问题的最低要求是什么？
- 学生的问题有多少，如何分类？
- 如果你是学生，在遇到这些问题时，你会觉得老师关心什么？你认为他们在倾听什么？

- 有多少问题以"什么"或"如何"开头?这些问题往往会引发更详细的回答。哪些问题可以改写为以"什么"或"如何"开头?

街头数据行动二:学生的问题。当然,课堂上有许多解析问题的方法。在思考学生的问题时,彼得·利尔耶达尔的框架(保持思考类问题、停止思考类问题和就近性问题)非常有用,因为它可以帮助我们分清哪些问题是我们想要鼓励的,哪些问题是我们不需要回应的。学生提出的最有力的问题是保持思考类问题。这些问题可能是激发了他们想象力的新的探究方向、当前主题出现的难题、下一步的建议等等。它们不是有关作业的说明性问题,也不是试图协商工作和摆脱思考的问题(停止思考类问题)。它们也不是"学生化"的问题,除了表明自己是一个认真的学生之外,没有任何实际作用(就近性问题)。就近性问题一开始可能有点难发现,因为学生正试图表明自己是个自觉的学生。因此,当我们听到这些问题时会感到高兴。但是,请扪心自问:这个问题只是因为我就在附近才问的吗?学生是否需要他们所询问的信息?例如,当学生问:"这个问题是要我们想出一种替代方法吗?"这很可能是一个就近性问题。他们已经确定了问题的要求,只是因为你碰巧经过他们的课桌,才请求你确认。

从这三种类型的问题中选择一种,作为下节课的重点。只专注于一种类型的问题会让你更容易识别和跟踪它们。你的大脑将为听到这些问题做好准备。在整堂课中,注意这些问题何时出现以及你是如何回答的。例如,利尔耶达尔建议不要回答就近性问题或停止思考类问题,也许只是微笑或把问题转回给学生:"我想你可以自己回答。"你可能想试试计算一堂课中出现的所选类型问题的数量。一种方法是在出现前5个问题时在脑子里数一数。在某个地方做一个记号,表示已经提出了5个该类型的问题,然后继续在脑海中数接下来的5个问题。如果数不准确，也不用担心，关键是要提高你对课堂上目标问题类型的总体认识。由于你知道这些问题以及你通常回应的方式，你可以更好地了解这些问题在课堂上发挥的作用。如果你有一位可以信赖的同事可以观察你，就有可能获得更准确的数据。你会从数据中受益，而你的同事也会从更多地了解学生的问题中受益。

将思维方式作为行动的原则

"让问题驱动思考和学习"这一思维方式明确地将提问作为一项重要的实践活动。然而，有一些指导原则将有助于使你的提问更加有效。这些原则提供了高层次的指导，需要通过具体行动加以充实。这些行动应该是个人的，反映出在你的环境中什么是有用的，并能帮助你个人向前迈进。研究得出以下指导原则：

- 利用问题来启动和推动学习。
- 通过提问、时间的运用和倾听来深化和拓展对话。
- 赞扬并支持学生的提问。

可以采取的行动

由于我们自己的提问和讨论在当下可能很难被注意到，因此在尝试了某些事情之后立即进行反思，往往会对提高意识有所帮助。收集一些街头数据也很有用。可以考虑与能够支持你的同事结成对子，走进对方的教室，帮忙充当数据收集者。

我们和学生的提问会反映我们的学科领域和年级。此外，在一

> 个课堂上被视为回顾性的问题，在另一个课堂上可能被视为建设性问题，这取决于教师的意图。用以下描述的行动来启动你的思维。这些行动：
> ➢ 取材于我们在学校开展的工作，是全球思维文化项目的一部分。
> ➢ 置于相关原则之下，帮助你关注每个行动背后的驱动力。
> ➢ 可根据当地情况进行修改。
> ➢ 与每个具体行动所关联的最相关的文化力量相联系。8种文化力量和10种思维方式这两种框架具有协同作用，你可以从其中任何一种开始你的旅程。

利用问题来启动和推动学习。围绕生成性问题规划单元，这些问题就像推动学习的"腿"。这些问题可以是基本问题、探究性问题或存在争议的问题。这些问题是：

- 开放的（开放性源于我们的意图）。
- 发人深省的（不能只是查找答案）。
- 迫使学生超越知识（如分析、预测、推理）。
- 可能引发想象和讨论。
- 需要支持和证据。
- 鼓励原创性回答。
- 以学科和世界中值得理解的重要思想为中心。

基本问题和生成性问题也是单元学习的重要框架。现在有些教科书每节课都有一个基本问题，这是对这一术语的误用，因为这些问题是在一节课内提出并回答的，很少对学生进行指导。请记住，学会提出生成性问题或基本问题是一种需要培养的技能。不要执着于设计一个完美的问题。同样，也不要觉得你必须坚持一个没有用的问题。如果需要，允许自己在单元中间重构问题。只要确保与学生分享你重新设计问题的意图即可。回顾图8.1，进一步熟悉教师提问的范围。如果你发现自己提出的回顾性或程序性问题过多，你可能需要调整提问，找到平衡。使用建设性问题来帮助学生加深理解是很重要的。你可以识别建设性问题，因为它们能以新颖的方式让学生参与到教学内容中，并要求学生进行思考。另一方面，尽量限制回顾性问题。虽然这些问题在课堂中占有一席之地，对巩固知识和信息很有帮助，但它们不应占据主导地位。同样，通过使用简单的指令来限制程序性问题（与课堂运行有关的问题）。不要问"每个人都带笔了吗？"，而是直接说"请大家拿出铅笔"。最后，有助于让学生的思维清晰可见的促进性问题应该是你最常用的问题类型之一。追问"你为什么这么说？"可以鼓励学生解释自己的想法。促进性问题表明，你对学生的思维感兴趣，而不仅仅是正确答案。

要想让好奇心和提问成为常态，我们必须成为学生的好奇心的引领者。我们有能力就教学内容提出问题，这些问题会让我们更深入地思考，并激发我们的兴趣，这就是理性提问的典范。在教学过程中，寻找机会提出真实的问题，也就是你还不知道答案的问题。这样的问题既能体现你对教学内容的参与，又能发出你也是学习者的信号。当教师充满好奇心和兴趣时，往往会促使学生更深入地参与其中。我们也要对学生的学习表现出好奇心。我们要成为学生的学生。这种好奇心会促使我们善于倾听，并传递出这样的信息：思考比答案更重要。

通过提问、时间的运用和倾听来深化和拓展对话。 练习在提问时分享你的意图。知道我们为什么要提问，我们希望从提问中获得什么，提问会如何推动我们前进，或者会产生什么有用的信息，这些都有助于我们提出更好的问题。分享我们提问背后的意图/动机也有助于建立信任和引发对话。学生习惯于将教师的问题视为对他们知识的测试，因此他们会默认这就是你的意图。如果他们不知道答案，这种想法可能会导致他们迷茫。首先分享我们的意图——"我想收集很多可能性""我对你们的观点很感兴趣""我很好奇你们马上想到了什么"——帮助学生知道如何回答以及如何使用他们的回答。使用条件性语言"解决这个问题的办法可能是什么？"而不是绝对性语言"答案是什么？"是传达意图的另一种方式。有条件的"可能"表达了我们在寻找可能性，而不是答案。而绝对化的语言则传达出我们在寻找一个特定的答案，所玩的游戏就是"猜猜老师脑子里在想什么"。

"反思性抛球"是一种有效的策略，可以改变我们与学生的互动，让学生不再是答案的提供者，而是阐述者、证据提供者和解释者。反思性抛球是教师研究者吉姆·明斯特雷尔（Jim Minstrell）提出的一种提问模式。他说，教师创造话语的第一步应该是尝试"捕捉"学生的意思。他们在说什么？我理解他们说的话吗？然后，教师"抛出"或"提出"一些问题，要求学生阐述、解释或证明他们的回应。"你为什么这么说？"这个简单的问题就是一个简单而有力的"抛掷"例子。抛掷问题始终是一个促进性问题，因为它的目的是促进学生思维的可视化。现在，球又回到了学生的手中，他们可以阐述、证明、解释、提供证据或支持他们最初的答案。这样，教师、全班同学和他们自己都能更清楚地看到他们的思考。

如果我们想让学生思考，就需要给他们思考的时间。关于等待时间的传统研究来自一个几乎所有教师的问题都是回顾性、知识性问题的时代。这种研究关注的是几分之一秒的时间。随着我们的教学更加注重理解和让学生思考，我们需要为学生提供更多的思考时间，尤其是在提出建设性问题之后。还要考虑学生是否需要时间写作，相应地分配时间，并明确自己给了多少时间。这将发出一个信号，即不要求学生知道答案，但要求他们参与问题的讨论。

课堂上很容易出现只有少数几个人发声的现象。有些学生处理问题的速度很快，或者喜欢大声处理问题，因此随时准备发言。但是，我们要确保所有学生都参与到我们提出的问题中来。我们可以使用"思考—结对—分享"或其延伸策略"1-2-4-All"等策略，让每个人单独思考或写作（1），然后与伙伴讨论（2），接着结成伙伴小组（4），最后进行全班讨论（All），让每个人都能分享自己的思考进展。以"同桌讨论"的形式进行非正式分享也同样有效。为了让这些非正式的分享更有效，你可以告诉大家："如果你是一个在小组中总是先发言的人，我想请你在分享之前先做一个倾听者。同样，如果你是一个倾向于做倾听者的人，我想邀请你在同桌中第一个分享。"请注意，这不是一个人人都会接受的邀请，但它表明，我们在小组对话中都有不同的模式，有时转换一下是有益的。

你是在课堂上"打篮球"还是"打乒乓球"？乒乓球对话只是在你和一个学生之间来回进行。我们需要开始传球和"打篮球"！这意味着要邀请其他学生参与对话，例如：

- 谁想对刚才_____说的话做出回应？
- 其他人有什么想法？
- 有人能在_____的想法基础上更进一步吗？
- 谁对此有不同的看法？
- 谁能提供另一种观点？

- 谁认为刚才_____所说的话与_____所说的话之间有联系？

尽管这些直接的邀请可能会有所帮助，但这并不总是必要的。如果我们避免一有学生回答就跳出来发表评论的倾向，而是让教室安静下来，那么往往会有另一个学生自动跳出来。我们对安静气氛的恐惧，以及急切地用教师的话语来调动气氛的心理，往往会让学生失去在全班对话中与同学直接交流的机会。这种恐惧和完成计划课程的愿望有时会导致我们自己回答自己的问题。如果你刚刚提出的一个深刻、重要、有建设性的问题没有得到回应，可以考虑这样回应："我先把这个问题留在这儿，也许我们过一会儿再回到这个问题上来。"

在每一次对话中，我们都在倾听某些东西：正确性、误读、误解、新观点、思考、推理、替代想法、一致性、认可、同意、下一步、需要解决的问题、我们可以补充的东西，等等。很多时候，我们都在寻求自我肯定，倾听我们想听到的。有时，教师很难听到学生的想法，因为他们听到的只是正确或不正确。我们可以改变这种状况。我们可以开始倾听那些能证实回答者的想法，给他们提供理由和支持，让他们觉得自己的想法被倾听到了。我们可以倾听我们的学生"成为"强大的思考者和学习者。当我们以这种方式扩展我们的倾听，并接触到我们正在倾听的东西时，我们开始听到更多，我们就有可能注意到更多。正如亨利·戴维·梭罗（Henry David Thoreau）所说："我们看不到任何东西，直到形成关于它的概念，把它带入我们的头脑——然后我们就几乎看不到任何其他东西了。"

为了促进学生提出更多的问题，采用以问题为基础的结构和流程可能会很有用。苏格拉底研讨会、哈克尼斯教学法、无领导讨论（见"第六种思维方式"）、互惠教学（见"第五种思维方式"）和"世界咖啡馆"等结构都是以学生提问作为讨论基础的结构。你可以在互联网上搜索到更多关于这些方法的资源。此外，有几种思维方式（见《哈佛大学教育学院思维训练课》和《思维可视化教学》）将提问置于体验的中心，例如"三个为什么"（3 Y's）、"问题分类"（Question Sorts）、"分享—询问—思想—学习"（SAIL）、"思考—疑惑—探究"（Think-Puzzle-Explore）、"观察—思考—怀疑"和"注意"（Take Note）。

鼓励和支持学生提问。让学生了解不同类型的问题通常很有帮助，这样我们就可以向学生提出问题，而学生也会乐于提出问题。例如，澄清性问题和探究性问题之间的区别。澄清性问题是我们为了自己的利益而提出的问题。有些事情不清楚，或者缺少我们需要的信息，我们就会提出来。在做完指示后停下来问："有什么需要澄清的问题吗？"这给了学生寻求信息的机会。同样，当学生在课堂上发言，而他们所说的内容对我们或其他学生来说并不清楚时，我们可以这样开始对话："我有一个澄清性问题。"这里的意思是，我们需要首先设法理解他人。而探究性问题旨在让发言者或演讲者更深入地思考问题。发言者并不知道答案，但必须停下来思考。我们认识到，我们提出这类问题是在帮助发言者。许多旨在帮助他人理清问题、困难或设计挑战的方法（描述性咨询、SAIL）都使用了这两类问题。

探究性问题是另一种用于教导学生的问题类型。探究性问题有助于为个人或全班的探索确定方向。探究性问题与前面提到的生成性问题和基本问题具有相同的特点。但是，由于探究作为一种方法背后的原因之一是帮助学生成为探究者，因此我们希望学生参与到探究性问题的设计过程中来，而不是由教师代劳。当然，也可以有教师主导的探究活动，但这些活动往往是向学生传授探究过程的基础，这样随着时间的推移，他们就可以更加独立。问题排序法要求学生根据问题可能产生的新知识（生成性）和学生对问题的兴趣（真实性）对问题进行排序，这对于确定好的探究性问题来说是一种有用的技巧。

我们必须努力创造一种提问文化。《如何提出一个好问题》一书的作者沃伦·贝格尔（Warren Berger）说，作为教师，我们需要认识到，提出问题可能会让一些学生感到害怕。因此，我们需要将提出这些"不断促进思考的问题"的过程正常化，并给予支持。我们需要给学生一个锻炼提问能力的机会。之前在案例二中讨论过的"问题形成技术"就是一种方法。问题还需要得到重视，学生才能看到自己的价值。尽可能将学生的问题融入学习中，让他们有机会追问，从而尊重他们的问题。在实际环境中为这些问题留出一个位置，让它们萦绕在我们的集体意识中：一面奇思妙想墙、一本探究笔记本或一个在线文档。寓教于乐，让问题推动我们，让我们深入思考，这也向学生展示了提问的价值。设计思维用于更好地了解用户和重新定义问题空间，它要求我们提出问题，从而超越我们的假设。将熟悉的事物视为新事物，可以帮助我们在游戏中对其产生疑问。世界上最伟大的发明家往往都是从问题出发。天马行空的问题有时会带来巨大的突破。艾略特·艾斯纳（Elliot Eisner）有句名言："最重要的智力成就不在于解决问题，而在于提出问题。"利用"5个为什么"这样的提问技巧，每回答一个问题，都会被问到"为什么这很重要？"或"为什么会发生这样的事情？"，从而不断加深对问题的理解。

为了帮助学生成为更好的提问者，我们必须为学生的提问提供反馈，或者让他们相互提供反馈。批判性反馈可以帮助学生改进他们的问题，更好地提出更高层次的问题。改进性反馈不一定是批评性的，也不一定是严厉的。通常情况下，改写问题、以新的方式提出问题或建议使用其他词语都是有用的。这些都是QFT流程的组成部分。以"就问题提问"为主题的画廊漫步可以产生新的想法。问题排序流程提供了内置的标准（真正的标准和生成性标准），有助于提出更好的问题。向学生提问："你今天听到的最喜欢的问题是什么？为什么？"这可以引发学生讨论什么是好问题。"描述性咨询"通常会要求分享问题的人找出对他们的进步最有帮助的问题。

将自我提问作为一种元认知技巧来促进自己的学习，例如："遇到这样的问题，我首先问自己的是……"建立这样的问题库可能会很有用。第五种思维方式中讨论的"理解地图"，每种思维类型都有一个问题。这些只是入门问题。一个班级可以围绕每种思维类型提出一大堆问题。像凯特·米尔斯在"第七种思维方式"中创建的锚图，可以围绕问题解决、分析、故事修改和/或探究阶段等问题创建。学习者可以在项目或周期的每个阶段向自己提出这些问题，以帮助他们评估、反思和指导自己的学习。

让新行动适应当前现实

在跃跃欲试之前，请回过头来想想你目前在学校正在做什么（见图8.2）：

➢ 通过应用之前确定的一些原则，哪些已经实施的行动可以得到加强和发展？

➢ 考虑到这种思维方式，哪些做法需要重新思考或修改？

➢ 你需要完全停止做哪些事情，并将其从你的计划中删除？为什么？是否与这种思维方式背道而驰？是否无效？哪些"非必要障碍"阻碍了你真正实现这种思维方式？

> 最后,你是否需要创建全新的流程、结构或行动?

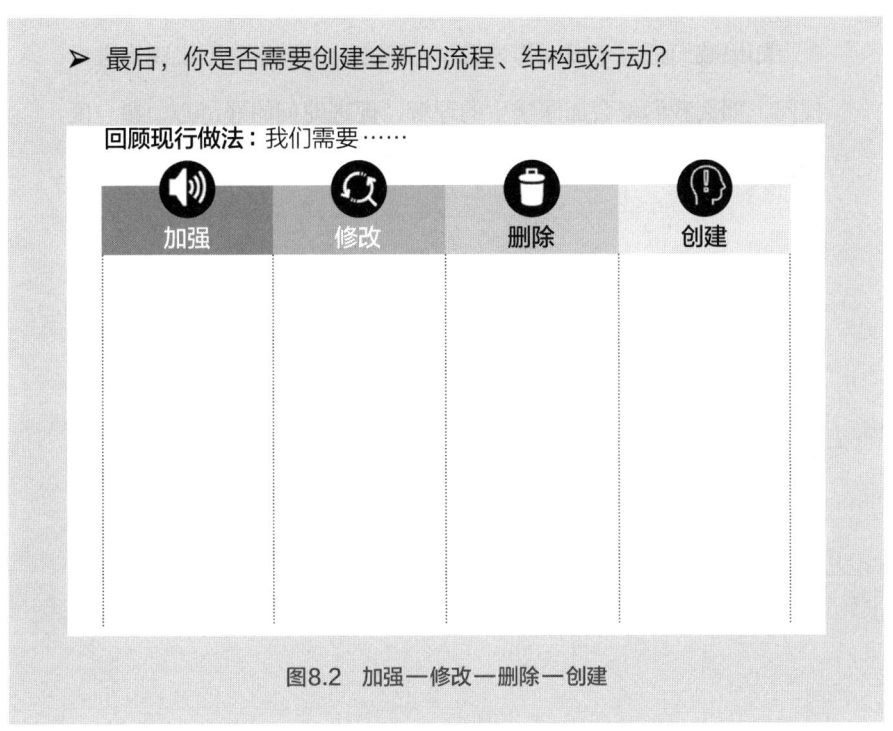

图8.2 加强—修改—删除—创建

结论:我们的行动理论

思考这种思维方式(让问题驱动思考和学习)的行动理论,让我们回顾了意图、动机和目标的重要性。正如我们提问背后的意图会使问题"砰然落地"或"腾空而起",这种思维方式背后的意图将决定它能走多远。我们想通过提问达到什么目的?我们希望通过我们的行动看到什么?本着将意图透明化的精神,我为第八种思维方式提出以下行动理论。如果它能捕捉到你计划采取的行动和你期望的结果,请使用它。如果不能,也可以根据自己的实际情况制定自己的行动理论。

如果我们把有效提问作为教学的标志，鼓励学生围绕观点进行提问，那么我们就会加深学生的理解，促进他们的好奇心、参与度和自主性。

第九种思维方式

我们为学生创造的机会对他们的参与度、自主性和学习至关重要

40多年前,沃尔特·多伊尔(Walter Doyle)就指出了学生的学习与他们参与的机会之间的联系。"学生让学习任务引导他们去做事情,也就是说,他们将获得完成任务所需的信息和技能。"20年后,教育梦想家艾略特·艾斯纳写道:"青少年在课堂上参与的活动是促进他们思考的手段。"他阐述说,优质学校的学生应经常有机会制定自己的目标,合作解决与他们有关的问题,服务社区,深入学习,并在新的环境中应用所学知识。理查德·埃尔莫尔(Richard Elmore)和伊丽莎白·西堤(Elizabeth City)在他们的"教学巡回"工作中,将这些观点进一步提炼为他们的核心信条之一:"任务预示着成绩。"显然,机会——也就是说,我们设计并邀请学生参与的任务、活动、课程、作业、工作和项目——非常重要。

学生自己也认识到学习机会的重要性,并将教师提供的学习机会等同于良好教学的关键属性,这一点不足为奇。斯蒂芬·欧文(Stephen Irving)在一项关于学生评价如何与教师教学效果相关联的研究中发现,学生能够根据教师为认知参与和思维发展创造的机会,准确地区分专家型教师(获得国家委员会认证的教师)和非专家型教师。欧文发现,教师让学生在课堂上做什么,而不是教师在教学上做什么,才是学生区分专家水平的关键因素。如果教育者希望学生能够分析、解释、创造、解决问题、批判性思考、应用知识、发现规律和理解新信息,那么我们就必须让他们"不断地做"这些事情。真实智力工作研究所(Authentic Intellectual Work Institute)的创始人弗雷德·纽曼(Fred Newmann)赞同思考对理解的重要性,强调我们需要关注在我们创造的机会中对学生提出的实际智力要求。此外，我们还必须确保学生的作业是真正的学科作业，并在更广阔的世界中发挥作用，而不仅仅是做作的、肤浅的学校作业。因此，要实现高效学习，"不仅需要大脑处于工作状态，还需要大脑在有意义的任务中进行运作"。

同样，如果我们希望学生形成理解能力，那么他们就必须经常参与"理解能力的展现"，即积极参与构建和展示理解能力的过程。理解并不是教学结束时希望得到的结果，而是一个不断参与构建理解的过程。培养理解力既是目标，也是达到目标的手段。我们是否在课堂上创造了这样的机会？

既然我们创造的机会对学生的学习显然很重要，那么学生在学校里通常会遇到什么样的机会呢？数十年的研究得出了非常清晰和一致的结论。情况并不乐观。大多数班级的常态仍然是被动地学习、参与几乎不需要思考的低层次任务，以及专注于为考试而进行的短期表面学习。据不同的研究人员长期以来的估计，学生大约有80%的在校时间是以这种方式度过的，这意味着学生可能在5堂课中只有一堂课能体验到更深入、更投入的学习……这还是在幸运的情况下。即使是在努力追求深度学习、高学术标准和理解力的学校，情况也是如此。在不太富裕、问题较多、历史上成绩较差的学校，情况甚至更为严峻。

玛格达琳·兰佩特（Magdalene Lampert）以一堂中学数学课为素材，勾勒出了在这种环境下学习的一幅再熟悉不过的画面：

> 学生需要展示对教师所呈现的系统的了解。他们正在学习，"做数学"意味着遵循教师制定的规则，而"懂数学"——在这门学科上取得成功——意味着在做作业时记住并应用正确的术语和规则。他们还了解到，当他们的答案被教师或教科书确认为正确时，

数学真理就确定了。试卷上正确答案与错误答案的比例将表明他们是否属于"数学好"的学生。

在这种情况下，我们看不到太多高效的学习，而只是看到学生在"上学"或"学习"而已。学生只是学会玩学校游戏，而学校游戏一般被理解为追求最高分和高成就，否则他们就会退出游戏。因此，在追求分数的过程中，有意义的学习、参与、好奇心，甚至是个人诚信（在这种情况下，作弊现象往往很严重）都被视为是分散注意力的行为。

艾略特·艾斯纳总结了将考试分数作为学习衡量标准的问题："如果学生的学习仅仅是为了在下一次考试中提高分数，那么我们可能会赢了战役，输了战争……我们需要确定学生是否能够运用他们所学到的知识。"在创建思维文化的过程中，我们努力改变游戏规则，书写新的学习故事，打破现状，打破学校根深蒂固的传统。认真对待我们为学生创造的机会所受到的外部影响是这一过程的基础。

研究表明：为什么这很重要？

作为教师，我们都希望为学生创造高效的学习环境。即便如此，我们中的大多数人还是把考试当作现实的一部分。好消息是，在为学生提供丰富、高效的学习和确保学生为考试做好准备之间，我们不需要做出任何取舍。弗雷德·纽曼和他的同事在芝加哥公立学校三年级、六年级和八年级进行的一项大规模研究中发现，对考试的最佳准备，即使是对知识和基本技能的考试，也是定期参与学习的机会，这些学习机会侧重于培养理解能力，与学生的生活相联系，对学生有意义，强调应用，并涉及用学科语言交流自己的思想和表达自己的观点。

当然，如果我们追求的是理解和更深入的学习，那么让学生参与到具有重要意义的机会中就变得更加重要。在对获得美国国家委员会认证的教师和未获得认证的教师（申请但未获得认证的教师）进行比较时，研究人员发现，获得委员会认证的教师更有可能让学生参与挑战、深入理解、自主学习、应用和解决问题（效应量在0.80和1.38之间）。因此，根据比格斯的SOLO（观察学习成果结构）分类法，委员会认证教师课堂上的学生作业更有可能反映出学生对知识的深入理解，其比例是2.5倍。

在"深度学习网络"学校中，教师们努力创造机会，增强学习者的能力，使知识情景化，将学习与现实世界联系起来，将学习延伸到校外，并实现个性化学习。在一项对网络学校与匹配学校（位于同一地区的相似学生群体）的评估中，研究人员发现，与普通公立学校的匹配样本学生相比，就读于网络学校的学生在阅读和科学方面的成绩领先一个年级（额外进步一年），在数学方面领先约三分之二个年级（额外进步六个月）。

有效学习机会的质量

那么，什么才是有效的学习机会呢？人们可能会考虑很多特质和要素。在最基本的层面上，所有的研究人员和理论家都倾向于寻找所涉及的思维，以及任务在多大程度上侧重于发展理解而不是知识获取。这并不是说忽视了知识，而是将重点放在了整合、联结、应用和扩展知识上。通常，复杂性和挑战（见第七种思维方式）与质疑精神（见第八种思维方式）等要素也被提及。有时，还会考虑学生的主人翁精神、与现实世界的联系、沟通和产出高质量作品的情况。

因此，在设计有效学习机会时，当然有很多潜在的因素需要考虑。然而，一份简单的要素清单并无实际意义。在全球思维文化项目中，我们借鉴了弗雷德·纽曼的研究成果，包括他对真实智力活动的研究和前面提到的对芝加哥公立学校机会的评估，以及"为理解而教"项目的开创性研究，确定了有效学习机会的4个要素：新颖的应用、有意义的探究、有效的沟通和感知价值（见图9.1）。

观察与这些要素相关的动词（见图9.1），思维贯穿始终，但方式不同。"新颖的应用"聚焦于教育的主要目标——迁移这一核心问题。知识和技能固然重要，但更大的问题是学生能否将所学应用到新的情境中。"有意义的探究"表明，任务应该让学生扩展他们的理解，而不仅仅是练习他们已经可以做的事情。"有效的沟通"促使学生成功地向他人表达他们的学习成果。这需要他们发展表达自我的能力。虽然这里也要求学生有原创性和独特性，但也要求这种交流能够体现出学生对所沉浸的学科的语言、符号和形式的

设计有效的学习

新颖的应用
应用、组织、解释、评估或综合已有知识，以解决新问题或形成新判断

有意义的探究
发展新的理解和洞察力，超越显而易见的事物，拓展现有的认识

有效的沟通
使用学科工具、符号和语言，有效地表达、表述、论证、支持和交流自己的观点、理解、方法和过程

感知价值
除了"完成老师布置的任务"之外，还能创造出具有某种个人意义和价值的话语、作品或表演。活动充满了目的性。在最高层次上，这种努力甚至可能具有超越课堂范围的实用价值、美学价值或社会价值，并将学生的学习与更广阔的世界联系起来。

图9.1 有效学习机会的4个要素

掌握。最后,"感知价值"与学习者必须认为学习是有价值的这一理念相关。仅仅让老师觉得它有价值还不够。在这种环境中,质量、卓越、受众以及与校外世界的联系等元素开始发挥作用。贾尔·梅塔(Jal Mehta)总结了有价值的任务的重要性,"大多数人不是因为他们善于坚持而坚持不懈,而是因为他们发现了值得投入精力的事情。这对学校来说意味着他们应该花更少的时间来提高学生的毅力,而花更多的时间来思考如何让自身的教育内容能帮助学生树立目标和培养热情"。

参与

当教师创造的学习机会具备这4个要素时,我们发现它们既能吸引学生,又能增强学生的能力,还能产生更深层次的学习效果。因此,参与和赋权是"有效学习机会"自然出现的特征,而不是单独的设计特征。然而,这并不是说我们可以想当然地认为它们的出现是理所当然的。它们必须加以培养。因此,我们应该确切地了解这两个特征是如何为更深层次的学习服务的,以及如何在"行动的流动"中培养它们,正如斯法德(Sfard)所说的那样。

我们都希望学生参与其中。有参与感的学生在教学过程中更有乐趣,而且他们实际上学得更多。这不仅仅是因为他们"玩得开心",而是因为"参与其中的学生对学习进行了心理投资"。此外,一项对53所学校的小学数学课的学生进行的纵向研究发现,与那些参与机会较少的同龄人相比,那些拥有能够帮助他们享受并热爱数学学习的教师的学生在高中阶段的表现更好,尽管他们并不总是像小学数学那样取得高水平的成绩。这似乎是一个矛盾的发现。教学的目标不就是让学生达到最高的成就吗?这不就是成功所需要的吗?如果我们着眼于长远,也许就不会这样。如果成绩是以参与为代价的，那么学生可能会对未来的学习失去兴趣。正如艾斯纳所说，我们赢得了战斗，却输掉了战争。当然，我们应该同时追求两种结果：高成绩和高参与度。毫不奇怪，在研究中，那些拥有既能促进深入、富有挑战性的学习，又能让学生参与其中的教师的学生，无论从近期还是长期来看，成绩达到最高水平。然而，这个群体很小，在研究的53名教师中只有6人是这样的。

参与能促进学习，脱离则会削弱学习效果，学生脱离学习是一个问题。在一项针对1300名澳大利亚二至十一年级学生的纵向研究中，教师们发现40%的学生经常表现出无效行为。盖洛普（Gallop）的一项研究发现，随着时间的推移，美国学生自我报告的对学校的总体参与度有所下降。虽然有75%的五年级学生表示参与学校活动，但到九年级时这一比例下降到42%，到十一年级时下降到32%。我们很容易将学生缺乏参与感的原因归咎于他们自己。毕竟，我们注意到的是他们的行为（或没有表现出的行为）。然而，大卫·谢尔诺夫（David Shernoff）的研究发现，学生参与度的差异有75%可归因于课堂环境的不同，而只有25%可解释为学生自身的背景特征。

有趣的是，谢尔诺夫及其同事发现，让高中生参与思考活动会提高学生报告的参与度。这些发现与研究人员对城市初中学生对教师看法的调查结果相吻合。当教师让学生参与独立思考时，学生认为这对他们理解能力的发展和作为学习者的能力提升很有帮助。梅塔和费恩在研究教师对深度学习的探索时，也发现了深度参与和思考机会的重要性。他们发现，促进深度学习的教师认为思考和参与是学习的必要组成部分，是所有学生都能做到的。这与未能让学生持续参与深度学习的教师（他们更有可能将理解和思考视为部分学生无法企及的事情）形成了鲜明的对比。

说到我们创造的机会，考虑3种特定类型的参与是有益的：1）与他人互动；2）思想的参与；3）行动的参与。在与他人互动时，我们认识到学习是在他人的陪伴下展开的，是一种社会努力。我们在群体中学习，从群体中学习，与群体一起学习（见第六种思维方式）。小组既支持我们的学习，也向我们提出挑战，让我们达到更高的水平。与此同时，学习要求个人思想的参与。我们可能会被动地接受新信息，而建立理解则是一个积极的过程，需要我们潜心钻研，并"对学习进行心理投资"。我们将自己带入学习时刻。有时，这被认定为思想的参与，以便区别于单纯的参与活动。对思想的认知参与才促进了学习的进程。最后，探索与世界相关的有意义的问题和思想往往意味着学生希望在学习中有所行动。为他们提供这样做的机会和平台，能够激发学生的能动性和积极性，同时增强相关性。

赋权

赋权于学生并不一定是要把控制权交给学生，而是要支持学生找到自己在世界上的位置。与参与一样，为赋权创造条件的因素有很多，如创造出自己引以为豪的高质量原创作品、有目标感、将自己的学习与世界联系起来、培养作为学习者的自我认同感以及对自己学习的主人翁精神和控制感。早期的赋权理论家托马斯（Thomas）和维尔豪斯（Velthouse）指出了赋权的4个要素：任务的意义、能力、影响和选择/自主权。能力感是学习者通过时间和经验形成的一种特质，而其他要素则与学习任务本身的属性有关，并与前面提到的要素（感知价值、行动的参与和自主权）相联系。

培养学生的主人翁精神并不仅仅是给学生提供表面的选择和选项，而是一个不断放弃控制，让学生能够向前迈进的过程。托马斯·彼得斯（Thomas Peters）和南希·奥斯汀（Nancy Austin）在他们的著作《追求卓越的激情》

（*A Passion for Excellence*）中调侃道："没有人会去洗一辆租来的汽车。"那么，为什么我们会期望学生关心他们不认为自己拥有的活动，并为之自豪和追求卓越呢？当你只是为了应付考试而学习时，当你被要求做的只是复制答案或程序时，你很难感觉到自己是有能力的。超越单纯的再现任务，转而完成那些需要原创性回答的任务，可以让学生找到自己的声音，分享自己的见解，展示自己的新理解。

要赋权于学生，我们就不能仅仅教授一门学科。我们需要让学生真正参与到学科中来，重点关注各个研究领域的过程、思维方式以及创造新知识和新理解的方式。当我们这样做时，我们鼓励了学生发展自我身份。学生开始将自己视为数学家、科学家、历史学家、艺术家和作家。简而言之，他们学会将自己视为强大的思考者和学习者，能够在所从事的各种工作中创造新知识、建立新认识。最后，当我们创造的机会与学生的个性相联系，与他们的社区相联系，并允许学生向更广阔的世界延伸时，学习就不再是外在的，而是内在的。

愿景与反思：它将是何种情形？

作为学习者，我们都体验过"有效学习机会"。更重要的是，我们都有过创造、参与或帮助实现"有效学习机会"的经历。从这些经历中汲取营养，有助于我们形成与这些机会相关的关键要素、特征和教学实践的愿景。

构建愿景

使用《成功分析协议：有效学习机会》（见附录G）来指导你反思和分析你积极参与实现的一个有效学习机会。本协议改编自"学校改革倡议"的协议集（www.schoolreforminitiative.org）。如果你是独自阅读，你可以只完成协议的第1步和第2步。如果你是与同事一起阅读本书，可以考虑自己完成前两个步骤，然后使用步骤3至7进行分享、讨论，并加深对什么是"有效学习机会"以及我们创造的任务的重要性的理解。

设想实践

案例一：儿童也是公民。2014年，"儿童也是公民"（CAC）项目启动，目标是在儿童和华盛顿特区城市之间建立知情、有意义和互惠的关系。从幼儿园大班到一年级，全市5所不同学校的17个班级花了一个学期的时间，发现和研究他们感兴趣的华盛顿特区的地方，他们认为这些地方使这座城市独一无二，对人们有用。老师们进一步集中学生的注意力，问他们："你们想与其他可能是第一次来华盛顿的孩子们分享这座城市的什么？"然而，CAC的学生们并不只是在学习"关于"这座城市的知识。这个项目的核心旨在探索幼儿作为此时此地的公民，有能力以强有力的方式为他们的社区做出贡献的理念——不是未来的、可能在以后的生活中做出贡献的公民，而是现在的、积极的、参与其中的公民。

在安娜·拉米雷斯（Anna Ramirez）的幼儿园（3岁）班上，孩子们认为是地铁让华盛顿特区变得与众不同。为了让学生更深入地思考地铁的问题，安娜向他们展示了有趣而不寻常的地铁图片，并用"观察—思考—怀疑"流程作为讨论的结构。他们的兴趣被激发了出来。他们提出了很多问题。孩子们建议全班乘坐地铁进一步探索，看看能否找到问题的答案。当然，作为研究者，学生们需要记录和记载他们的发现。我们准备了剪贴板和用于拍照的iPad。当地铁站长询问这13个3岁的孩子在做什么时，学生们回答得头头是道："调查地铁。"

安娜在事后与孩子们交流时指出，他们对列车的速度、地铁在地面和地下的行驶以及在地铁中心站交汇的列车线路数量印象深刻。此外，用颜色标注的地图显示了列车行驶的位置，也让孩子们很感兴趣。通过观察收集到的文献资料，安娜选择了一组由学生拍摄的iPad图像，并将其打印出来供全班复习。在这些照片的基础上，孩子们绘制了图画，让他们能够阐述细节和表达情感。几名学生开始绘制自己的彩色地铁图。安娜在学生画画时认真倾听他们的对话，并记录下新出现的想法和理论。例如，学生们对列车在辛苦工作了一天后在哪里"睡觉"提出了疑问，并提出了认为它一定是"睡在黑暗的隧道里"的理论。

通过每月一次的"儿童也是公民"研讨会，安娜了解到华盛顿国际学校丽贝卡·库布尔（Rebecca Courouble）的幼儿园班级（4岁）也在研究地铁。安娜与丽贝卡分享了她的学生早期绘制的地铁线路图草稿。安娜要求丽贝卡的学生拍下看地图的照片，因为她希望她的学生"能够看到并感受到让你不认识的人看你创作的东西是什么感觉"。丽贝卡班级的反馈具体而直接。他们的意见帮助安娜的孩子们绘制出更好的地图，并让他们意识到，如果被其他建议所吸引，他们可以改变自己原有的想法。

这种与观众分享并获得反馈的早期活动更有意义。知道别人对自己的学习感兴趣，有助于学生们专注于自己的绘画质量和审美决定。在集体学习了大量有关地铁的知识后，学生们急切地想通过编写一个有关一列名为Rayo的特殊地铁列车的故事，将自己的学习成果个性化，并与更多人分享。学生们之所以选择这个名字，是因为Rayo在西班牙语中是"闪电"的意思，"而且它的速度非常快"。他们的故事与参与CAC项目的其他班级的故事一起被编入了一本书——《华盛顿特区，属于每一个人》(Washington, D. C., Belongs to Everyone)！在美国国家美术馆举行的新书发布会上，每个孩子都收到了一本集体创作的图书和一张作者贴纸。活动现场，大人和孩子们的喜悦、惊奇和兴奋之情溢于言表。

案例二：通过物质文化学习。"工业革命从根本上改变了整个19世纪和20世纪的美国社会和文化。"听起来像是中学历史教科书中的典型导言。那么，如何使这一主题对学生更有启发性、吸引力和价值呢？密歇根州底特律市郊利格特大学学院的亚当·赫勒布克（Adam Hellebuyck）和迈克·梅德文克西（Mike Medvinksy）认为，要实现这一目标，就必须将工业革命期间出现的宏观现象建立在一个具体物体的特殊性之上。他们选择了那个时代最具代表性的标志之一，同时也与他们所在的地区密切相关的福特T型车。正如迈克所反映的那样："在考虑我们所在的地区以及什么实物最能代表我们的历史时，福特T型车脱颖而出。从了解内燃机到每天5美元工资标准的劳动法，我们都觉得T型车是能够让学生们的研究、互动和想法得到发展的物品。"通过对这一时期的"物质文化"在当时的经济、日常生活和礼仪中所扮演的角色的研究，他们认为会有很多学生主导的探究机会。他们是对的。

对于一所致力于探究的学校的一门新选修课，迈克和亚当有自己的想法，但不希望课程照本宣科。他们希望与学生共同构建课程。"我们的承诺是尽可能多地让学生亲身体验T型车，"迈克解释道，"在设计学习体验时，我们会问自己：'学习者如何利用实物车辆来学习？'"迈克和亚当知道，只要在实物车旁就能激发学生的好奇心，因此他们申请了一笔资金，购买了一辆真实的T型车。他们希望学生能坐在车内，思考当时人们是如何与T型车互动的。

第一天，亚当和迈克首先进行了一次身临其境的实践体验，邀请学生利用教师收集的各种现成材料制作内燃机模型。这个动手项目让学生们有机会以多种方式展现内燃机，同时也鼓励他们仔细观察，发挥创意，注重设计。这些作品以及它们所引发的好奇心，为班级的第一个家庭阅读作业奠定了基础，该作业涉及20世纪初设计和制造的不同类型的发动机。

第二天，亚当和迈克制定了他们将在整个课程中使用的流程：见解与问题（IQ）。他们使用两块移动白板，请学生们在一块白板上写下他们从阅读中获得的新见解，在另一块白板上写下新出现的问题。虽然这种方式能让学生积极但低调地处理新内容，但亚当和迈克也希望把出现的问题作为探究的跳板。第一次使用该流程时，只有少数学生提出了问题，但这些问题足以作为基础。一名学生写道："如果我们坚持使用电动马达，我们的世界会变成什么样？"这引发了关于商业、环境选择和因果关系的丰富讨论。迈克评论说："如果没有学生提出的这个问题，我们的课堂就不会聚焦于此。"这让学员们意识到，他们的探究很重要，课堂将以他们的贡献为导向。随着学期的进行，"见解与问题"板块变得越来越强大，到了课堂的最后几周，每个人都在贡献自己的见解。

学生们很快就意识到，汽车最具标志性的部件之一就是引擎盖装饰。有了这样的认识，问题也随之而来："这些装置仅仅是装饰吗？""它们是功能性的吗？""谁设计了它们？"这些问题引发了新的探究。在小组研究引擎盖装饰物的功能和目的时，学生们发现引擎盖装饰物既有装饰作用，也有实用价值，它们或者是汽车的隐喻，或者是公司的使命。

亚当和迈克邀请学生们为班上的福特T型车设计并制作一个原版引擎盖装饰物的工作原型，以展示他们小组的愿望和课程目标。在纸上完成设计后，学生们接下来使用三维建模软件制作了一个可工作的引擎盖装饰物。然而，当学生们打印出他们的设计并将其安装在汽车上时，他们发现这些设计需要螺纹来拧紧。迈克和亚当不知道该如何帮助学生完成这项工程，于是他们与在同一时间段上课的一个高级数学班合作，让一名学生数学家和一名学生设计师组队。这种合作带来了新的学习方法，当两个班的学生把他们的引擎盖装饰品拧到1922年的福特T型车上并安装好时，他们都感到非常自豪！

通过当时的物质文化来学习历史，能够激发人们的想象力。正如一位名叫凯顿的学生所说："你必须让自己沉浸在汽车的历史中。在我上过的其他历史课上，你很难想象自己身临其境，但在这门课上，当你亲自动手做这些事情时，你就能想象制造那辆车或真正驾驶那辆车是什么样子。"

对当前实践的反思

选择问题并记录答案

在我们学习的不同时期，不同的问题对我们有不同的帮助。因此，我建议你通读这些问题，并确定：

➤ 一两个对你有启发的问题。这些问题可能对你来说具有挑战性或者将你的思维引向新方向。

➤ 你最想和同事讨论的一两个问题。

➤ 圈出你现在选择的问题并标上日期，这样你就可以确定你的关注点是如何随着时间和经验的变化而变化的。

➤ 你可以在本章末尾的空白处或笔记本上记录思考过程。

- 我怎样才能帮助学生更好地与他人合作？我可能需要哪些技能或结构来帮助他们更有效地做到这一点？

- 通过课程主题展望未来，哪里可能有机会让我的学生参与行动？这些机会可能是什么样的？

- 今年我希望学生深入思考的重大想法是什么？为什么这些想法很重要？我将如何帮助学生发现它们的意义？

- 我可以在何时、何地、以何种方式让学生参与到学习中来？我的学生会将这些视为指导他们学习的重要机会吗？如何进一步提升这些机会的影响力？

- 我如何判断我的学生是否正在我的课堂上发展数学家、科学家、艺术家、评论家、作家的身份（或任何适用的身份）？我在哪些方面注意到了？我可以注意什么？我可以做些什么来加强这一点？

- 在我过去布置的作业或教过的课程中，学生的回答只是我所教内容的简单复制吗？我可以如何改进这种情况，以鼓励、允许和支持更多原创性的回答？

- 我怎样才能使即将到来的课程/单元与学生的生活和社区更紧密地联系起来？

- 我可以在哪里以及如何将学生的学习带出课堂？

- 我是如何让学生参与到我所教学科的真实过程中的？这些过程是什么？我的学生是否将这些过程视为学习的关键部分？

- 我是如何通过不断的修改和反馈来支持学生完成高质量的作业并给予他们时间的？

- 我在何时、何地、以何种方式为学生提供成为专家和分享专业知识的机会？

- 我是否认为自己作为教师的首要责任是增强学生的学习能力？
- 我如何确保我的学生不仅仅是在"了解"我的学科领域？

数据、原则和实践：我们可以采取哪些行动？

在加深了对学习机会在学生理解能力的发展以及参与和赋权方面所起的核心作用的认识之后，我们已经准备好向前迈进。《成功分析协议》中揭示的要素以及"有效学习机会"的4个设计要素（见图9.1）可以为我们的行动提供参考。

我们还需要最后一个信息：更好地了解学生现在遇到的机会。与提问的主题一样，教师可能会高估他们所创造的机会的丰富性。我们会自然而然地只记住那些丰富的机会，因为它们是如此令人回味和突出。这往往不是学生经历的真实写照。因此，在付诸行动之前，收集一些街头数据可能会有所启发。

收集街头数据

街头数据

➤ 有助于我们了解自身情况和学生的观点。
➤ 收集相对简单快捷。
➤ 可立即进行分析并采取行动。
➤ 意在提供信息和提出行动建议。
➤ 不是成功的评估或衡量标准，而是实践的缩影。
➤ 可以采取多种形式：观察、访谈、调查、课堂末尾小测试、录音等。

你可能需要收集许多类型的机会数据。例如，学生有哪些合作机会、修改机会、做高质量作业的机会、与世界联系的机会、深入研究课题的机会、反馈机会等等。所有这些都值得我们通过设计和收集街头数据来更好地了解。无论你的重点是什么，有三个主要方面可以提供有用的数据：检查任务（包括学习和评估）、分析学生完成任务的情况以及了解学生对所提供机会的看法。下面介绍的三项街头数据收集行动就是针对这三个方面的，不过，如果你自己在收集街头数据方面已经驾轻就熟，你很可能会有自己的有用想法。

街头数据行动一：切片。切片流程对学生作业、任务或评估进行有针对性的选择或"切片"。这样做的目的是观察不同时期和/或不同班级的学生作业，以获得新的见解和视角，了解教师为不同年级、学部或学校的学生创造了哪些机会。切片流程有很多种，其中包括"纵向""生活中的一天""明尼苏达"和"朗费罗"等。附录H提供了一个通用格式，可根据需要放大或缩小。请记住，切片范围越广——例如，对全校家庭作业的研究——分析所需的时间就越长，甚至可能需要一整天。基本步骤概述如下：

1. 确定切片重点。你可以选择查看第3阶段的作业、评估或任务。样本越大，分析所需的时间就越长。

2. 确定分析框架。你可能想使用图9.1中的4个设计要素，考虑原创性与可复制性，或研究参与和赋权问题。附录H提供了更多重点。

3. 分析作品。这通常先由个人完成，但也可以两人一组进行。分析以切片的目的为基础，并使用适当的分析框架。

4. 分享注意事项、问题和见解。个人或两人一组与大组分享他们的分析，以回答指导性问题：对于学生所经历的机会，我们有哪些看法？

街头数据行动二：从学生"做"的角度分析任务或项目。选择一项任务/

活动/项目/评估。通读任务，列出最能描述学生在完成任务时需要做什么的动词。然后，根据学生在每个动词上可能花费的时间给这些动词排序。接下来，查看已完成任务的学生作业集。对于每个作业样本，找出最能描述学生在完成作业过程中实际操作的动词。同样，根据你估计的学生在每个动词上花费的时间对这些动词进行排序。

- 从学习潜力的角度看，描述学生要做的事情的动词清单对任务/项目有何启示？
- 通过动词确定的这些行动将如何帮助学生加深理解？
- 你的排名所确定的行动平衡是否表明学生将学习而不仅仅是完成作业？
- 你对动词和评级的识别与学生花费时间的方式有何对应关系？你认为这是为什么？如果学生还没有把精力集中在重要的事情上，怎样才能帮助他们更好地集中精力？

对于高年级学生，你可以考虑让他们自己想出动词来记录他们所做的事情，然后根据他们是如何度过时间的对这些动词进行排名。学生的动词和排名与你的有什么不同？让学生找出与他们的行动相对应的动词，类似于"第五种思维方式"中讨论的认知任务分析。

街头数据行动三：机会调查。 教师认为自己在做什么和学生认为自己在做什么之间往往存在差异。因此，对学生的看法进行调查是非常有用的。从以下清单中挑选出符合你的兴趣的项目。让学生回答这些问题，反映出他们参与与该机会相关的活动的课程数：0=我没有一门课程与此相关；1=我有一门课程与此相关；2=我有两门课程与此相关；3=我有三门或更多课程与此相关。对于小学生来说，可以是每天1次，每天2次，以此类推。

学习机会调查提示

1. 解决复杂问题的机会。这可能包括分析观点、评估资料来源的可靠性、构建新观点或应用知识/技能解决新问题。

2. 创造性思维的机会。这可能包括对问题提出全新的解决方案、以新的方式处理事情、创造新的想法以及发挥想象力。

3. 交流的机会。这可能包括通过写作、演讲、绘制图表或图片，用自己的方式表达自己的想法并进行学习。

4. 合作机会。这可能包括与他人合作完成作业、获得和给予反馈、在讨论中向同学学习。

5. 接受反馈、参与修改和完成高质量作业的机会。这可能包括从教师、同学或专家那里获得反馈，用于改进自己的作业，以及有时间修改自己的作业，以完成自己引以为豪的作品。

6. 与现实世界联系的机会。这可能包括强调与现实世界联系的学习、在校外进行的学习，或涉及根据所学知识采取行动的学习。

7. 自主机会。这可能包括自主的、开放的、有个人意义的和长期持续的项目和工作。

将思维方式作为行动的原则

根据我们对"有效学习机会"构成要素的研究，我确定了4个关键要素，作为指导我们教学和教学规划的原则：

1. 新颖的应用：注重技能和知识的传授。

2. 有意义的探究：注重不断加深学生的理解。

3. 有效的沟通：通过使用学科语言进行修改和反馈，完成高质量的作业。

4. 感知价值：确保学习是真实的、有目的的、有受众的和/或与世界相联系的，从而培养学生的主人翁精神。

根据研究结果，当然还可以确定其他原则。例如，对注重深度学习的教师的审查发现，他们"认为自己的首要责任是增强学生作为学习者的能力"。因此，我们可以将"赋权"确定为一项指导原则。同样，"参与"也是一个重要的建构，这一点也可能被标注出来。不过，我认为这些概念已经包含在"有效学习机会"的4个要素中。当然，你也可以选择不同的方法来表述。

可以采取的行动

> 下面的行动是根据我们的指导原则——"有效学习机会"的4个关键要素——进行的随机分组。然而，正如我们作为教师所采取的大多数行动一样，其中许多行动会涉及其他领域，并具有双重作用，因此，这种分类只是一种松散的框架。这些行动：
> - 取材于我们在学校开展的工作，是全球思维文化项目的一部分。
> - 放在相关原则之下，以帮助你关注每项行动背后的驱动力，尽管其中有相当多的重叠。例如，为自己的工作找到听众，既能促进有效沟通，又能让人感觉更有价值。
> - 可根据当地情况进行修改。
> - 这种特殊的思维方式以机会的文化力量为中心，但是你会发现时间和期望也起着作用。

新颖的应用。我们必须直接关注知识迁移，而不是假设它就会自然而然发生。"拥抱"和"搭桥"是戴维·珀金斯和加夫列尔·萨洛蒙（Gavriel Salomon）提出的两种迁移策略。"拥抱"是指将所寻求的学习与情境紧密结合。这有利于"近距离迁移"，因为学习者已经在情境中见识过这种技能，并习惯于应用这种技能。它几乎是下意识的。而"搭桥"侧重于"远距离迁移"，即迁移到新的或原始的情境中。在这里，我们会有意识地进行抽象，积极寻找联系，归纳学习内容，分析情境中的共同特征。跨学科工作和设计思维往往针对的就是这种迁移，将所学知识应用到新的情境中。

基于问题的学习为学生的学习和技能发展提供了一个真实的、有意义的情境，是"拥抱"的一个例子。因此，学到的技能更容易保留和应用。所开发的知识往往更加详尽，因此也更容易回想起来。不过研究表明，作为基于问题的学习的一部分，直接传授知识可能更加有效。丹·迈耶的"三幕式数学"（见第五种思维方式，案例二）和彼得·利尔耶达尔的方法（见第六种思维方式）就是基于问题的学习的很好的例子。另一个拥抱式的例子是案例式学习。福特T型车的案例就是一个例子。案例为学习提供了有意义的背景，为进一步学习提供了难忘的锚定经验。在分析案例时，学生要学会提出或阐明问题，参与解决问题，并说服同伴相信自己的方法是合适的。这些方法往往需要学生以团队形式开展工作。

基于项目的学习往往持续时间较长，整合的学科领域较多，涉及的项目规模较大，可能会与受众分享。这些因素使学生能够发挥更大的控制力和自主权。根据项目的不同，以及项目在学生学习中的时间和位置的不同，项目学习可以是拥抱式的，也可以是搭桥式的。前面介绍的两个案例，即"儿童也是公民"和"引擎盖装饰设计"，都采用了基于项目的学习方法。根据最近的元分析，项目式学习的效应量为0.71。与基于问题的学习相比，它在发展知识和概念方面更有效，这可能是因为项目更长期、更综合。此外，基于项目的学习对学生的态度、效能和动机也有积极影响。巴克教育研究所（www.pblworks.org）为开始和深化基于项目的学习提供了极好的资源。

有意义的探究。 确保学生参与本学科人员真正参与的思考、问题解决、决策和知识创造活动，而不仅仅是作为局外人学习本学科的知识。不妨制作一份清单，列出你所在学科领域的专业人员所从事的活动类型、他们所生产的产品类型，以及他们在这些活动中需要进行的思考。寻找让学生参与所有这些活动的方法。选择对所研究的学科或领域具有核心意义的研究课题，这些课题与学生的生活息息相关，能激发学生的兴趣和好奇心，并与学科内外的其他思想有着丰富的联系。

有意义的探究往往需要学生向专家学习，自己也成为专家。四年级教师扎克·隆多特（Zach Rondot）和格雷森·麦金尼（Grayson McKinney）开发了一个简单的三部分系统，将学生与外部世界联系起来。第一部分是利用外部专家给学生提供感兴趣的信息和知识。第二部分是通过基于项目的学习和探究，让学生成为某一主题的专家。第三部分是学生以专家的身份向他人传授知识。

正如"第七种思维方式"中所讨论的，让学生在建立理解的过程中进行探索是非常重要的。因此，我们需要避免过度提供支架。过度溺爱严重阻碍了学生作为学习者和思考者的发展。为了帮助学生"完成作业"，教师往往会减少或剥夺学生应对复杂问题、做出决定、从错误中学习以及有意义、有成效和独立地参与的机会。过度帮助实质上就是微观管理，这有两种情况：1）我们可能会根据任务的深度和探索时间将其细化，让学生一个一个地完成小步骤。这会使学生难以看到全局或努力实现目标。相反，我们需要创造一种持续的、流动的、有目的的工作感，在这种工作中会有很多反馈和修改的机会。2）我们降低（课文、问题、项目的）复杂性，在前端为学生做大部分思考工作，而不是根据需要为学生提供支持。

有效的沟通。确定学生学习的受众，而不仅仅是你自己。有了受众，才能有效地交流自己的想法、学习和思考。有时，可以让学生教授、解释、示范、展示或演示他们的学习，从而在经验较少的学习者中找到受众。有了受众，也就有了目标感。这不仅仅是教师的工作。如何在课堂内、课堂外和学校外为学生的学习找到受众？

要有效地与他人交流，我们就必须修改自己的作品。很多时候，学生上交的都是初稿或不成熟的作品，无论是幼儿的绘画还是高年级学生的作文。殊不知，这些作品很少能代表他们的最佳水平，也很少能成为他们引以为豪的作品。因此，这些作品在评分发下去后很快就被丢弃。然而，当一个人的作品质量很高时，他几乎总是要提交多稿。当然，要完成高质量的作品，就必须有足够的时间，或许还要有目标受众。伦兹认为，"朝着精通的方向修改"是深入教学的关键组成部分。然而，修改并不是孤立进行的。我们需要对自己的努力成果、试验过程和原型进行反馈，从而为如何改进工作提供额外的意见和信息。

长期的研究表明，反馈是促进学习的重要因素。反馈要想有用，就必须具体、诚实，并以行动为导向。此外，只有在有机会修改自己的作业时，反馈才会有用。在提供反馈时，有很多有用的工具。"零点计划"的"反馈阶梯"可在各年级有效使用。其他工具则使用TAG结构：告诉学生你喜欢的东西（T）、提出一个问题（A）、给出一个建议（G）。罗恩·伯杰为任何反馈/

批评环节都制定了一些有用的基本规则：要友善、要具体、要有帮助。

感知价值。让学生参与课程的共同构建。这可能意味着引入学生的声音、兴趣和问题，以帮助形成一个更注重探究而非信息传递的单元。也可以像前两个案例那样，从学生的谈话和行动中发现他们的兴趣和潜在问题的蛛丝马迹。寻找机会和场合，让学生决定自己的方向和学习路径，以探究他们想要了解和探索的事物。让学生参与制定和评估自己的学习目标。为了帮助学生掌握自己的学习，可以让他们自由选择如何完成任务以及完成什么。学生还可以参与制定高质量成果的标准。

将学习置于真实世界之中可以使学习更有意义。当学习与学生家庭、所在社区或更广阔的世界中的问题和事件相联系时，学习就会更有意义。此外，如果我们能引入外界的声音（视频会议或客座演讲者）或带领学生走出校门（实地考察和远足），我们就能打破教室的围墙，帮助学生在社区中发展关系。当然，这种工作最好是有意义的，并能长期坚持。学生们往往把一次性的实地考察看作是放松学习的机会，而对一个地方或组织的持续参与则能加深理解和投入程度。当学习旨在解决问题时，自然会想到采取行动。让学生参与到行动中来，寻找机会将学习带出课堂，以倡导者和/或变革推动者的身份改变世界。这种学习可以到哪里去？我们可以帮助谁？该如何分享我们所学的东西？

威廉·戴蒙在《迈向目的之路》（*The Path to Purpose*）一书中指出，目的能给我们带来能量、满足感、坚持、快乐、希望、方向和意义。他将目的定义为"参与超越自我的世界"，其中包含两个组成部分：1）对自身的意义；2）完成超越自我的事情的意图。显然，目的远不只是陈述学习意图或喋喋不休地说出本节课的目标。此外，它不是"明年你需要知道这个"，或者"这对你的考试很重要"。目的是更大的图景。通过学习我们能做什么？它将如何塑造我们？如何让我们完成有价值的事情？如何帮助我们在世界上找到自己的位置？如何让我们为世界做出有意义的贡献？着眼于全局，明确我们学习的方向，以及即使是这小小的一堂课又是如何与全局相联系的，这些都是我们不断致力于有目的领导的一部分。

让新行动适应当前现实

在跃跃欲试之前，请回过头来想想你目前在学校正在做什么（见图9.2）：

➢ 通过应用之前确定的一些原则，哪些已经实施的行动可以得到加强和发展？

➢ 考虑到这种思维方式，哪些做法需要重新思考或修改？

➢ 你需要完全停止做哪些事情，并将其从你的计划中删除？为什么？是否与这种思维方式背道而驰？是否无效？哪些"非必要障碍"阻碍了你真正实现这种思维方式？

➢ 最后，你是否需要创建全新的流程、结构或行动？

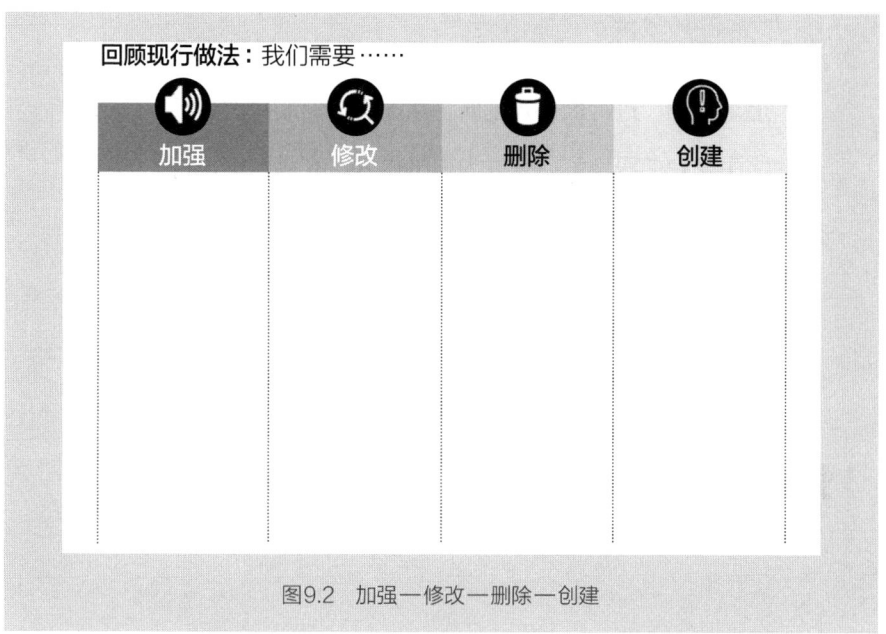

图9.2 加强—修改—删除—创建

结论:我们的行动理论

一旦我们抱着这样的心态,即我们为学生创造的机会对他们的参与、能力和学习都很重要,那么我们不仅要开始以不同的眼光看待我们的课程、课时和计划,还要开始审视我们的整个教学。因为一堂课可以包含很多机会,所以我们需要有策略地嵌入各种机会,以取得我们真正想要的结果。很多时候,这意味着学校要提供获取和练习知识与技能的机会,以便学生在考试中取得好成绩。其实大可不必如此。以下行动理论表明,如果我们提供不同类型的机会,我们就能取得更大的成就。

如果我们坚持不懈地让学生接触与他们生活相关的重要思想,

并为他们提供机会，让他们设定目标、发挥主观能动性、做出选择、追求兴趣、进行创造和创新，从而完成高质量的作品，那么我们的学生就会加深理解，并成为积极投入、充满自信、自主的学习者，能够在生活中找到自己的目标。

第十种思维方式

让思考和学习可视化,揭开这些过程的神秘面纱,从而获得信息和启示思维和学习似乎是神秘的、不透明的、隐藏在学习者头脑中的过程，难以进入。因此，我们常常把注意力集中在考试和学生的作业上，以此作为学习和思考的证据。这样做感觉更容易，当然也更符合我们自己的学校教育经验。然而，这样做却剥夺了学生作为思考者和学习团体全面成长的机会。而且，作为教师，我们也失去了丰富和指导学生学习所需的信息。我们需要一扇窗，来了解学生思想的混乱和萌芽状态，这样我们才能适当地引导他们前进。

此外，仅仅依靠考试来反映我们学校和课堂的学习情况，也会造成严重的扭曲和不准确。正如丹尼尔·科雷兹（Daniel Koretz）在《考试的骗局》（*The Testing Charade*）一书中指出的那样，当考试成绩提高时，我们并不知道学生是否真的学到了更多的知识，或者这些成绩的提高是以他们不再学习文科课程为代价的，因为文科课程被削减了。因此，考试不仅会扭曲，还会限制学生的学习。再者，考试还会使利益相关者忽视学校中其他重要的事情：学生的参与程度、正在建立的社区、学习者不断增强的独立性以及兴趣的培养。当考试成绩成为唯一的评价标准时，就会产生这些结果。正如作家奇玛曼达·阿迪切（Chimamanda Adichie）所说："单一的故事造成了刻板印象，而刻板印象的问题不在于它们不真实，而在于它们不完整。它们使一个故事成为唯一的故事。"我们对自己、对学生、对家长、对社会都有责任，让更多的学习故事显现出来。

如果我们不选择让考试成为学习和思考的全部，那么我们该如何揭示真正的学习？我们的证据是什么？正如雷焦学校的维亚·维奇（Vea Vecchi）所强调的那样："我们认为有必要再次否认这样一种说法，即学习以及我们如何学习是一个无法看到、无法激活和观察的过程，学校的唯一任务就是激发学习，然后在事后进行验证。我们感兴趣的恰恰是试图看到这一过程，了解'做''想'和'知'的建构是如何进行的，以及在这些过程中会产生什么样的影响或变化。"请注意，维亚·维奇正在从对作品的依赖转向对过程的理解和欣赏。当然，过程是动态的、持续的，甚至是快速发展的，而生成产品（测试）可以让我们停止混乱的学习，并强制得出结果。让学习和思考可视化的机制并不是事后才出现的，而是与我们的教学密不可分的组成部分。一方面，这种嵌入给教学增加了一层新的复杂性。另一方面，它又是一个有趣的、信息丰富的、能提升我们的教学和学生的学习的层面。因此，我们把"让学习和思考可视化"作为教学的核心目标和值得培养的思维方式。

让学习和思考可视化的机制究竟是什么？4种有用的做法是：思维流程、记录、倾听和提问。虽然每种实践都可以独立进行，但最好将它们视为一种协同、动态和相互支持的组合。图10.1展示了如何将这些实践概念化为一个内聚、重叠、相互关联的整体。

研究表明：为什么这很重要？

正如维亚·维奇所说，为教学提供信息和更好地理解学习是让学习和思维可视化的两个非常重要的目标。当思维和学习更清晰可见时，我们就能提供更好的反馈。此外，形成性评价的过程直接取决于对正在发生的学习的理解。要做到这一点，就不能仅仅看试卷上答案的正确性（仅仅是对成绩的反馈），而是要对学生的学习和思考进行仔细的检查。同时，研究还显示了额

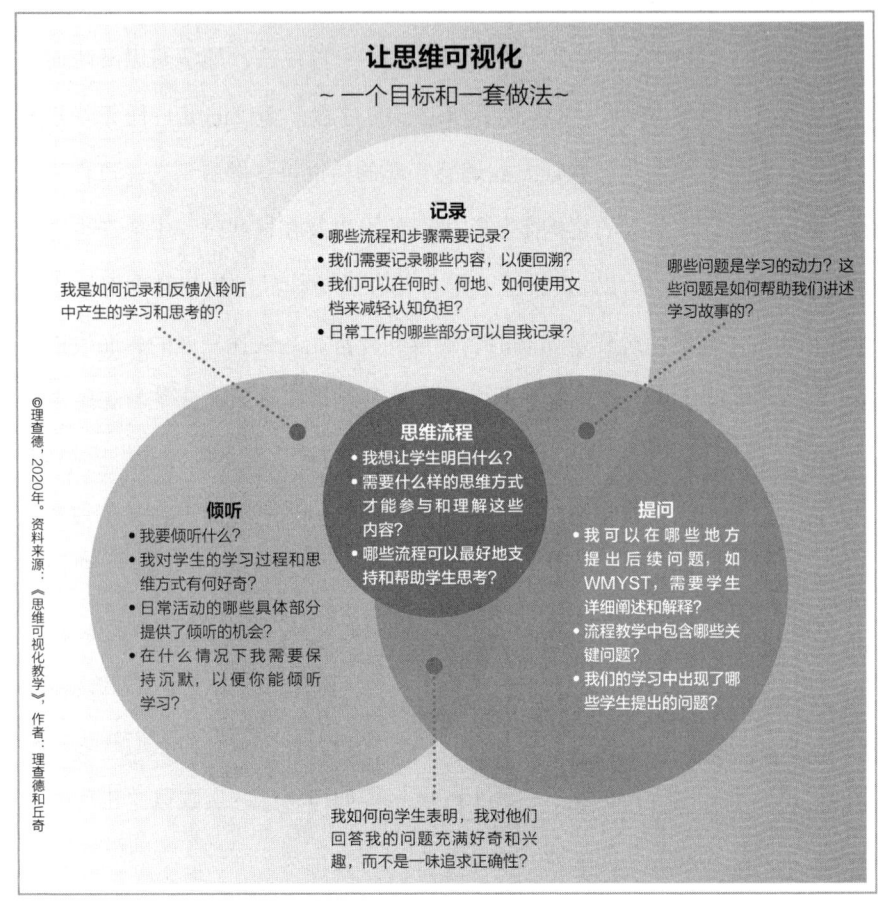

图10.1　让思维可视化的4种方法

外的好处。可见性有助于培养有效的学习者，增强专业知识和深度学习，并促进学业成绩的提高。

培养有效的学习者

我们知道，学生对学习和思维过程的看法会影响他们处理新的学习任务

第十种思维方式 让思考和学习可视化，揭开这些过程的神秘面纱，从而获得信息和启示

的方式。当学生认为学习主要是为了记忆时，即使需要理解，他们也会运用记忆策略来完成任务。这种任务与应用适当思维之间的不匹配是学习的主要障碍。因此，教师必须提醒学生注意学习任务的特殊性和所需的思维。我们必须让所需的思维清晰可见，而不是简单地假设所有学生都会以有效的策略来完成任务。这也许就是为什么第五种思维方式中讨论的"认知任务分析"是哈蒂所研究的所有教学干预中对学生成绩影响最大的一种。当我们提供结构和工具，经常性地揭开思维复杂性的神秘面纱时，我们就会朝着实现培养学习者的更大目标迈出有意义的一步，让学习者将自己视为随时准备接受新思想和新信息的思考者。尽管如此，"更具探究性、参与性和个性化的学习会影响学生的学习方法，无论他们的学习观念如何"。看来这些任务，也就是本书所倡导的任务，有助于打破"学校学习"的循环，释放新的潜能。

帮助学生更好地认识思维发生的时间和方式，可以提高元认知能力，增强对自身思维的认识，培养积极的学习态度。这样，学习者就能通过掌握元策略知识——对自己所拥有的思维和学习策略的认识——来更好地控制自己的思维。有了对思维的认识，我们就能获得更多的控制权。元策略知识是学习者独立的关键。我们希望学生能够意识到自己所拥有的策略，能够确定哪些策略在不同的情境中可能有用，并且能够有效地运用这些策略。我们的研究表明，当教师通过示范自己的思维、运用思维语言和思维流程，使思维更加明显时，学生的元策略知识就会显著增加。平均而言，在我们的研究中，学生在一学年内元策略知识的增长比正常成熟期的预期高出60%。

当然，我们希望学生不仅能够选择和应用认知策略，而且能够监控这些策略的实施。如果学生的行动没有适当的元认知监控，他们的行动可能会导致无益和不成功的努力。"学生应该能够阐明他们是如何决定在特定情境中

什么是重要的，以及这些决定是如何有助于他们加深理解"、促进学习和取得进步。学生的思维必须是自己看得见的。一种非常有效的方法是，学生口头表达完成任务所需的步骤，并进行自我提问。这将他们的思维外化，使他们自己和老师都能看到。事实证明，这些策略对能力较低的学生和特殊教育的学生的学习有特别大的促进作用。

这两个过程，即根据自己的认识选择策略和在整个实施过程中进行积极监控，是对元认知第三个组成部分的补充，元认知的第三个组成部分是对自己的努力进行反思和评价这一更具总结性的过程。从这个意义上说，完全的元认知使学生能够积极、全面地控制学习中的认知过程。几十年来，研究始终认为发展学生的元认知过程对学习有很大的影响，其效应量为0.69。读者、听众和观众必须积极关注自己的理解情况。问题解决者、设计者和发明者必须持续关注他们为解决问题所做的努力。此外，一个人的元认知能力在改进和促进学习方面也发挥着作用，它通过了解我们不知道的东西，使我们能够更有效地专注于我们仍然需要学习的东西。

提升专业技能和深化学习

任何领域的专业知识都不仅仅是获得该领域的知识基础，而是要掌握该领域的人思考问题、做出决策和创造新知识的方式。因此，学会像专家一样思考是发展学科理解和深度学习的核心部分。然而，我们常常对学生隐瞒这些过程，继续教授"关于"学科的知识，从而剥夺了学生培养真正专业能力的机会。为理解而教不仅要求学生获取和深入研究学科的知识基础，还要求他们了解该学科的方法、形式和目的。这些"方法"构成了专家们构建新知识、加深理解、评估信息有效性以及开展学科真正工作的方式。回忆一下第五种思维方式案例二中尼克·柯林斯的数学课堂。当学生走进教室时，教室里挂着一块牌子，上面写着："数学是一种活动：质疑、注意、计算、探索、组织、坚持、感悟、理解、应用联系。"通过特别命名数学家的思维方式，尼克让学生看到了这些有时看不见甚至没有教过的过程，从而使他的数学教学方式变得生动起来。

在任何领域或方面，掌握近乎本能的行动方式、处理和解决问题的方法似乎都令人生畏。专家似乎就是知道该怎么做，而新手则觉得很神秘。这种未经阐明的隐性知识可能很难获得。通常情况下，"学习隐性知识和技能需要与拥有这些知识的人、团队或组织进行持续的日常接触"，这可能非常耗时。如果专家通过"认知学徒制"让新手看到他们的思维，而不是依赖于某种神秘的隐性知识转移，那么这个过程就会加快，也会更加有效。柯林斯、布朗和霍勒姆在他们的开创性文章《认知学徒制：让思维可视化》一文中强调，"观察、支架和日益独立的实践之间的相互作用，（帮助）学徒发展自我监控和纠正技能，并整合技能和概念知识，从而向专业技能迈进"。

互惠教学是由安妮玛丽·帕林斯卡和安·布朗研发的一种经过深入研究的阅读干预方法。它采用认知学徒模式来培养学生作为读者的元认知能力。在互惠教学中，教师示范专家策略。学生们知道他们很快就会独立完成同样的任务，因此他们会关注个人在小组学习中的思考。通过建模，4个关键的思维过程突出并显示出来：1）做出预测；2）提出问题；3）澄清任何误解或混淆；4）总结。互惠教学非常有效。在一项针对个别阅读能力差的学生的试点研究中，经过约20次训练后，该方法将他们的阅读理解测试成绩从15%提高到85%的准确率。随后的研究也取得了类似的结果。对于任何教学干预来说，这些都是非常显著的效果。40多年来，科罗拉多州丹佛市的"公共教育与商业联盟"（PEBC）一直通过类似的认知学徒策略来培养学生的阅读理解能力，分享和解密高效读者所采用的理解策略。

学业成绩

一些教师和学校的数据表明，在各种标准化测试中，学生的思维能力得到了显著提高。2010年数据显示，华盛顿国际学校（WIS）英语系学生在国际文凭（IB）考试中的平均科目分数，无论是高级水平（HL）还是标准水平（SL），都逐年大幅提高。其中，标准水平英语班学生的平均分从2009年的5.2分（IB文凭的7分制）上升到2010年的6.07分。此外，2010年有79.3%的中级班学生在英语科目考试中获得了7分或6分的最高分，而前一年只有30%的学生获得了这一分数。2011年，高级水平班学生的成绩保持稳定，但标准水平班英语学生的成绩继续攀升，平均分达到6.23分，87.1%的学生获得6分或7分，没有学生低于5分。这不仅是成绩的大幅提升，而且由于2011年原本需要额外帮助的学生众多而令人惊讶。让更多边缘化或能力较低的学生看到思考和学习过程的好处，是各种研究的一致发现。

4年多来，澳大利亚墨尔本的圣伦纳德学院一直致力于通过采用可视化思维实践来建立一种思维文化。校长斯图尔特·戴维斯（Stuart Davis）认为，评估这种做法所产生的影响的最佳方法是查看中位数分数（一半学生的分数高于中位数，一半学生的分数低于中位数），以及学校中成绩最差的四分之一的学生的分数，而不仅仅是成绩最好的学生的分数。换句话说，让思维可视化的做法对成绩中下的学生有帮助吗？圣伦纳德学院的ATAR（澳大利亚高等教育入学排名）中位数分数（代表澳大利亚所有12年级学生的百分位数排名）每年都在稳步攀升：2015年为81.55，2016年为85.58，2017年为87.4，

2018年为90.5。成绩最差的四分之一的学生的分数也有所上升：2015年为68.92，2016年为73.06，2017年为76.97，2018年为78.24。

位于新墨西哥州圣达菲的曼德拉国际磁石学校（MIMS）成立于2014年，是一所采用IB中学课程的非择优录取的特色中学。学校最终将发展到包括七至十二年级的学生。在汉金斯基金会的资助下，我们从这所学校成立之初就开始了合作。在新墨西哥州持续举办PARCC考试的3年期间（因为新冠疫情考试曾中断），MIMS八年级英语成绩稳步上升，2016年的熟练率为46%（西班牙裔学生为27%），2017年为60%（西班牙裔学生为41%），2018年为67%（西班牙裔学生为59%）。通过观察学生在学校中的进步，了解他们的能力水平随着时间的推移发生了什么变化，也是很有启发性的。

愿景与反思：它将是何种情形？

在更好地了解了教育者可以用来使学习者的思维可视化的各种机制以及这些机制的重要性之后，我们现在要探讨的是，在教师充分利用这些技术的学校和课堂上，学习者的思维会是什么样子。这样的课堂看起来、听起来和感觉如何？会有哪些不同或出乎意料之处？什么可能构成微妙而有力的转变？在我们的探索中，我们首先努力构建这样一个地方的愿景。接下来，我们将探讨两个案例研究。第一个案例改编自《看得见的学习者：在所有学校推广瑞吉欧启发式教学法》一书中的描述，并通过与本项目同事的讨论进行改编。第二个案例来自我在澳大利亚墨尔本观摩的一堂中学历史课。

构建愿景

想象一下，你将和几位同事一起去参观考察那些将思考和学习的可视化作为主要目标，并努力将思考可视化的4项实践（见图10.1）成功融入日常运作的学校。你有机会拜访教授你所在的学科和年级的教师，并观摩几节课。此外，你们还可以在学校各处走动，参观教室。在参观之前，你们要和小组成员一起考虑以下问题：

- 来访者首先会得到什么信号，表明这所学校重视思考并让思考可视化？
- 当你漫步学校大厅时，你希望看到什么？
- 你认为教室的墙壁与你自己的或其他学校的有什么不同？你希望教师如何利用物理环境让思考可视化？
- 你希望教学是什么样的？教师可能会有哪些不同的做法？
- 学生在让自己的思考和学习可视化方面可能扮演什么角色？
- 是否有你不希望看到的东西或做法？哪些常见的教学方法可能会被摒弃，取而代之的是能更好地让思考和学习可见的其他方法？
- 你认为拥有思维可视化模式如何影响教师的教学实践，以及他们的整个课堂教学方法？

设想实践

案例一：神奇的数学课。 马萨诸塞州剑桥林奇与拉丁学校（Cambridge Rindge and Latin School）是马萨诸塞州剑桥市的一所大型公立学校，该校的中学数学教师道格·麦格拉瑟里（Doug McGlathery）将互动数学课程（IMP）作为他的教学指南来使用。IMP是一个为期4年、以问题为基础的系列课程，它将代数、几何和统计等主题整合到一系列复杂的问题中，而不是按照一系列离散主题编排的标准数学教科书。该课程设计为混合式教学模式而非按成绩分组的教学方式，旨在提高数学学习的公平性。在该课程中，学生们会接触到一个问题，玩一玩，提出猜想，然后花大约3周的时间研究和学习解决问题所需的数学知识。这一过程的最后是一个总结性项目，它记录了学生在整个过程中的学习和思考。

在IMP系列的第3年（通常在十年级完成），学生会遇到"高空跳水"问题，其中涉及三角函数、极坐标和物体下落的物理原理。任务是模拟这个问题："摩天轮上的跳水运动员瞄准一个移动的水盆时，应该在什么时候跳下，而不会产生较大的水花？"在学生结束本单元学习并进入写作阶段时，道格为他们提供了一张长长的卷纸，让他们在上面记录最后的方程式。这张纸特意做得很大，不仅是为了彰显学生们所解决的问题的艰巨性，也是为了给学生们提供仔细检查和思考的空间。学生可以根据需要在卷纸上添加内容。随着诺拉和琼记录的等式不断扩大（最终达到25英尺），她们询问是否可以在大厅里工作。道格同意了。在走廊里工作为学习创造了更多机会。当诺拉和琼的作品被路过的学生、朋友和老师看到时，她们发现自己经常会被问问题，于是对自己的学习进行口头解释。

由于解方程的过程是分段进行的，学习的重点是方程的各个方面，因此诺拉和琼在最初认为很简单的步骤——写下方程上遇到了困难。她们发现自己已经忘记了等式各部分背后的含义。这些知识好像就在脑子里，但她们再也想不起等式的哪个部分与问题的哪个部分相对应。因此，她们决定用颜色代码标明各个部分，并创建一个让观察者可以用来自己理解的钥匙，这将是非常有用的。正如琼所解释的，"数学在你脑海中的印象不像其他科目那么深刻。当我们用颜色编码时，我们重新学习了数学。有了这种方式，我们就更容易看到，也更容易记住"。可视化不仅仅是产品的一个特点，更是促进她们学习的一个过程，使她们能够将具体的元素与抽象的符号记号联系起来。

道格定期到走廊里观看和倾听。有时，道格会用数码录音机录下女孩们的谈话。在这样做的过程中，他捕捉到了她们和路人之间的一次激烈讨论，其中有人问道："跳进8英尺深的水真的还能活下来吗？"在这之前，琼和诺拉只是想当然地认为这是既定问题的一部分。现在，她们对高台跳水的物理原理充满了好奇。道格建议她们到大厅里去找物理老师谈谈，然后找出答案。

女孩们在工作的过程中意识到，她们不仅仅是在为完成老师布置的任务而工作，而是在创造一个教导他人的机会。因此，她们发现自己一直在思考自己的潜在受众，即不在自己班上的学生。琼这样解释这个问题："在走廊上摆放东西的问题在于，人们从来没有真正看过走廊上的东西。我希望人们会驻足观看，但诺拉的想法更现实……我觉得有时我会（采取）复杂的方式，而诺拉则会说'人们不会真的看这个的'，并建议如何让它更简单。"

女孩们的展板挂了几天后，隔壁的微积分老师邀请琼和诺拉到她的班上做报告。她认为，这将有助于她的学生了解所学数学知识的某些实际应用价值。女孩们制订了一个计划，让听众思考问题、已知和未知的内容，并找出重要的关系及其影响，以便他们更好地理解等式。事后，琼说："一旦我们做了演示，我觉得我们真的对它了如指掌。"

案例二：澳大利亚流行文化。卡梅伦·帕特森（Cameron Paterson）在悉尼肖尔学校带十年级的历史课，课上非常安静。他们正在学习从1945年到2000年的澳大利亚流行文化，卡梅伦刚刚布置了5分钟的自由写作，这在他的课堂上是再熟悉不过的做法了。"记住，一定要动笔。你唯一可能犯的错误就是在写作和思考中停了下来。"没有评分的自由写作是一个机会，让学生们将脑海中浮现的想法用文字表达出来。这种以书面形式进行的外化有几个功能：1）从记忆中提取想法的行为会增强其存储强度，并有助于将其嵌入长时记忆中；2）以书面形式表达想法可让所有学生做好准备，积极参与接下来的讨论；3）学生所获取的事实将成为后续关于因果关系、潜在力量以及对事件进行更深入分析的更大课程的基础。

5分钟后，卡梅伦宣布时间到。"谢谢大家，"他宣布，"今天，我们将开始综合整理我们对20世纪后半叶流行文化的思考。现在，我们将开始一项你们以前参加过的活动——微型实验室。我们将进行两轮活动。首先我们将考察你们对这一时期澳大利亚流行文化的总体看法。然后是第二轮跟进，我们将开始探讨'关键的转折点是什么？'。"卡梅伦回顾了"微型实验室"的指导原则：学生每3人一组，每人有一分钟不间断的发言时间，然后全班安静30秒。然后，第二位发言者进行补充、阐述，并尽可能与前一位发言者联系起来。这个过程确保了班上每个学生都能发言，在他们将写作转化为口头表达的过程中，进一步巩固了他们对观点的记忆。

微型实验室开始时，卡梅伦有三个角色：计时员、倾听者和记录员。卡梅伦在教室里走来走去，收集学生们分享的想法并记录在白板上。学生们提到了英国和美国的影响、时尚和音乐的变化、环境问题和多元文化等。他们把这些想法写在白板上，方便在接下来的讨论中观看。这种记录方式减轻了学生的认知负担，也更容易发现其中的联系。当第二个微型实验室转到"转折点"时，对话更加深入。学生们开始讨论技术的影响、对原住民权利的更多关注以及移民政策。

在第二个微型实验室结束时，卡梅伦把全班同学召集在一起。"你们会注意到，在你们进行三方讨论时，我一直在做什么。我一直在听你们在说什么。我从你们的谈话中抓取一些片段，试图找出其中的单词和短语。如果你往下看，你会注意到对话的变化。特别是在最后，我们真正关注关键转折点的时候，事情是如何发生变化的。我有一个开放性问题要问你们：你们认为澳大利亚流行文化和这一时期转折点的核心是什么？"这个问题要求学生综合他们的讨论，不仅要找出事件，还要找出起作用的潜在力量。

在丰富的讨论中，学生们采取了不同的立场，并用证据为自己辩护，之后，卡梅伦再次推动学生的思维向前发展。"我们开始超越我在历史课上讲到的细节和证据，现在要挖掘得更深一些。请你开始分析。你开始提出一些见解了。那么，我想请你们思考一个大问题。当我们审视这个时期时，你认为在表面之下到底发生了什么？理解这一切的关键是什么？"为了帮助学生回答这个问题，卡梅伦告诉他们，他们将使用"生成—分类—联结—协作"的流程绘制小组概念图。他解释说："现在我们来找点乐子。前面3组的任务是在接下来的三四分钟里当观察员。仔细观察并思考接下来会发生什么。后面3组的任务是上来把自己的想法写在白板上，根据想法的重要程度进行排序，最重要的想法放在白板的中间。"

经过4分钟的疯狂书写后，卡梅伦请黑板前的同学坐下，然后对全班同学说："现在大家退后一步，让我们暂停一下，看看黑板上都写了些什么。我看到了科技、体育、多元文化、青年文化、青少年的出现、美国的影响、澳大利亚发展中的身份认同、互联网的出现、披头士、随身听。现在，那些还没有到过黑板前的人，你们可以做真正有趣的事情了！下面是新的说明：我要你们看清楚黑板上的内容，并寻找其中的联系。我要你们在有共同点的想法之间画出连接线。或许还可以用非常简短的评论来解释这种联系。此外，你还可以通过添加任何新想法或扩展任何内容来阐述任何想法。所以，如果你认为有什么遗漏，或者有什么需要进一步解释的，请继续。"

第二组完成补充后，卡梅伦会要求他们解释他们已经建立但没有写出来的一些联系。他经常问："你们为什么说这两个想法有联系？"现在，黑板上的巨型概念图让学生们看到了"澳大利亚流行文化"，而这在课程开始时是看不到的。个人知识变成了集体理解。这幅地图记录了小组将零散的知识点整合为整体理解的过程。这里有许多值得讨论和发扬的东西，卡梅伦将它们拍成照片，供下一堂课使用，并鼓励学生们也这样做。他让学生们思考最后一个问题，全班明天将讨论这个问题："其他人会如何看待你们黑板上的内容？你们的祖父母会怎么说？鉴于你们一直在采访你们的祖父母，了解他们对流行文化的看法，如果他们现在看到黑板上的内容，他们会注意到什么？他们会认为缺少了什么或什么是重要的？"

对当前实践的反思

选择问题并记录答案

在我们学习的不同时期，不同的问题对我们有不同的帮助。因此，我建议你通读这些问题，并确定：

➢ 一两个对你有启发的问题。这些问题可能对你来说具有挑战性或者将你的思维引向新方向。

➢ 你最想和同事讨论的一两个问题。

➢ 圈出你现在选择的问题并标上日期，这样你就可以确定你的关注点是如何随着时间和经验的变化而变化的。

➢ 你可以在本章末尾的空白页或笔记本上记录思考过程。

- 今天的课程结束后，我对作为学习者和思考者的学生有了哪些认识？
- 在我的班级中，哪些是学习和思考的"必备"流程？为什么是这些流程？我从中学到了什么？我的学生学到了什么？
- 我计划让学生在何时、何地、以何种方式仔细观察、建立联系、揭示复杂性或采取其他思考行动（见图5.1）？
- 当思考在我面前实时变得可视化时，我该如何识别？我该如何让自己寻找并注意到什么？如何避免过分关注正确性和正确答案？
- 我如何围绕学生在当下和超越当下的思维过程与他们互动？
- 我如何/能否以一种传达我对思考的重视的方式鼓励学生思考？
- 我在何时、何地、以何种方式将作业归还给学生，供他们检查、反思和学习？
- 在使用思维流程时，我如何确定其使用框架？我是将它们定位为工具和一系列动作，希望学生在其中掌握和发展专业知识，还是它们只是活动？
- 我是在何时、何地让自己的思考可视化？
- 作为一名教师，我记录了什么？我希望自己在捕捉学生学习方面做得更好的是什么？我怎样才能在这方面做得更好一些？
- 我可以在何时、何地、以何种方式让学生参与自我记录？
- 我如何捕捉整个学习单元的学习故事，使其不仅仅是一系列活动？

数据、原则和实践：我们可以采取哪些行动？

考虑到可视化是教学的核心要素，我们已经准备好采取行动。不过，我们首先要探讨一下课堂教学的现状。大多数教师已经在以某种方式使思考和学习可视化。我们收集街头数据，以帮助我们更好地了解这些做法的范围和效果，从而在此基础上再接再厉。

收集街头数据

> **街头数据**
> ➢ 有助于我们了解自身情况和学生的观点。
> ➢ 收集相对简单快捷。
> ➢ 可立即进行分析并采取行动。
> ➢ 意在提供信息和提出行动建议。
> ➢ 不是成功的评估或衡量标准，而是实践的缩影。
> ➢ 可以采取多种形式：观察、访谈、调查、课堂末尾小测试、录音等。

街头数据行动一：MYST（我、你、空间、时间）。在善于思考的课堂上，教师要确保定期对思维进行示范、讨论、分享、展示和挑战，让学生沉浸在思维中，使思维不再隐形和神秘。使用MYST工具，从以下四个方面来评估如何在课堂上让思维变得可见。

M：我是如何塑造自己的思维方式的？我是如何使用语言突出思维的？

Y：你注意到学生在思考方面的语言、问题、贡献和/或态度是什么？

S：你是如何利用物理空间来记录、处理小组的思考和学习并与小组的思考和学习互动的？

T：你是如何分配时间以创造思考机会的？这对学生有什么影响？

在一堂课结束或一天结束时使用这个框架，这样你就能对非常具体的例子进行反思，而不是泛泛而谈。连续几天这样做，你就会习惯于注意、关注和利用这些场合。在数据收集期结束时，查看数据并思考以下问题：

- 数据引起你注意哪些问题、带来哪些惊喜或引发哪些思考？
- 哪些问题对你来说最难回答并需要提供具体证据来证明？为什么这些问题具有挑战性？
- 你还可以收集哪些数据来帮助你以更具体的证据更好地回答这些问题？
- 你的回答对你今后的工作有什么影响？哪些方面可能需要更多关注或改进？
- 如果你请同事或学生填写关于你课堂的MYST，你认为他们的回答会是什么？

街头数据行动二：幽灵漫步。 大家可能还记得"第二种思维方式"中的"街头数据行动"，"幽灵漫步"是一个有条理的过程，是在不上课的时候共同漫步学校。可以两人一组，也可以多人一组。也可以由校外的净友来完成，他们可以客观地审视学校的物理环境。如果是在学校内部进行，通常建议教师不要访问自己的团队、部门或年级，这样他们可能更容易用新的眼光看待问题。该形式改编自黛比·班比诺制定的"协作式幽灵漫步"协议。这一次，你们将重点关注思考和学习的可视化（见附录I）。

将思维方式作为行动的原则

在表达这种思维方式时，我们有一个总体目标，即"让思考和学习可视化"，同时还有一个基本原理，即"揭开这些过程的神秘面纱，从而获得信息和启示"。为了付诸行动，我们需要具体说明我们将做些什么来促进学习和思考过程的可视化，同时避免只依赖作品和结果作为证据的陷阱。这就又回到了图10.1所示的让思考和学习可视化的4种做法。在此，我们对这4种做法进行更具体的重述，以便为我们的行动提供更明确的方向。

- 在整个学习过程中记录和分享学习的各种表现形式，让学生既能展示又能深化他们的学习。

- 使用规程、流程和结构来支持和促进学生的思考，以此作为外化他们思想的载体。

- 用耳朵、眼睛和心灵倾听学生的学习，对学生的新思维和学习充满好奇。

- 以探究学生思维的方式提出问题，促使他们深入思考并做出更多解释。

可以采取的行动

上述4项原则并不一定是相互独立的做法。它们具有高度的综合性和重叠性。因此，我没有用它们来确定具体的行动。相反，你会在下面的行动中看到这些原则的适当引用。此外，你还会注意到，在以下行动中，我没有过多地发展学生的元认知和元策略知识。请参阅"第二种思维方式"，了解你在这些具体领域可能采取的具体行动。正如许多读者所认识到的，思维流程的使用一直是建立思维文化的核心做法，对此已有许多论述。在此，我将介绍一些以思维流程为基础、与思维流程相联系并超越思维流程的做法。

> 让思考和学习可视化既是一个目标，也是一套做法。以下描述的行动与一些可以激励行动的最高目标相联系。这些行动：

> 取材于我们在学校开展的工作，是全球思维文化项目的一部分。
> 与适当的行动原则相联系，尽管这四种实践都高度整合在我们的教学中。
> 可根据当地情况进行修改。
> 与每个具体行动所关联的最相关的文化力量相联系。8种文化力量和10种思维方式这两种框架具有协同作用，你可以从其中任何一种开始你的旅程。

制订思考计划。对思维流程的最大误解是，它们只是为了推动课程而开展的活动。要使思维流程成为促进思维和使思维可视化的工具，我们必须首先为思维制订计划。对于任何一个教学内容，学生需要进行怎样的思考才能使其具有意义？他们需要怎样的思考才能超越肤浅的理解，获得更深层次的理解？通过对这些问题的回答，你可以选择一种最能激发和帮助学生思考的思维流程。《哈佛大学教育学院思维训练课》《思维可视化教学》以及《课堂协议》（*Protocols in the Classroom*）提供了有关流程和协议的大量资源，以及如何使用这些流程和协议并从其实施过程中收集有用信息的指南。为思考做好准备与你对学习者的期望相联系，有助于更有效地倾听。准备好倾听和发现你试图鼓励的思维类型的情境。如果你想促进"有据可依的推理"，那么你要寻找出现这种推理的地点、时间和方式，注意、命名并对其表示支持。

组织讨论。思维流程和规程是组织学生讨论和探索观点的绝佳方法，因为它们可以通过一个旨在帮助学生达到更高层次理解的过程来精心指导学生。就其本质而言，讨论规程改变了对话的自由流动性。我们接受这种权衡取舍，因为增加的结构有助于引导我们思考，确保听到更多的声音，使整个对话更有成效，在规定的时间内完成讨论，并促进积极的互动。在之前卡梅伦·帕特森的案例二中，他战略性地利用微型实验室，确保所有学生都能发现、表达和形成想法。

当然，学生主导的讨论为我们的倾听和记录提供了绝佳的机会。请注意，卡梅伦在倾听和记录时是如何有策略地提供了一份共同的观点汇编，而全班同学则利用它来推进对话。他的倾听符合他的教学目标。有时，教师会认为讨论仅仅是为了分享和表达观点，认为每个人的观点都是正确的，或者没有正确的答案。虽然这样做的出发点可能是好的，但会使学习停留在表面。教师在讨论中的作用有别于讲授。教师的作用是捕捉、强调和提示机会，促使学生进行更深入的思考。

开展形成性评价实践。让思考和学习可视化的目标之一是提供信息。我们希望将学生对思维流程的反应作为持续的、综合的和形成性的信息来指导备课。同样，当我们记录学生的学习和思考时，我们不仅仅是为了给自己创造展示的机会或增添更多工作，而是为了收集信息、细节和见解，为我们的教学和学生的学习提供参考。在这两种情况下，重要的是不要把形成性评价看作是给学生布置的一项任务，而应看作是我们教师的一种实践。这就意味着，我们必须先让自己去寻找学习和思考的证据，这样，当证据出现时，我们才会警觉。如果像大多数教师所接受的培训那样，只去寻找正确的例子和正确的答案，那么这就是我们最容易注意到的地方。然而，当思考成为一种期待时，我们就会变得好奇，并习惯于寻找思考和学习。因此，似乎有更多的思考浮出水面。你可以通过确定你想要关注的思考和学习的某些方面，为你自己的寻找工作做好准备。这可能是学生正在建立的联系、提出的问题、他们可能存在的误解等。

共享文档。记录和展示之间的一个关键区别是,记录总是要还给学习者,并用于帮助推进和促进学习。因此,我们必须扪心自问,我想要记录或捕捉的是什么,以便我们全班同学都能参考?正如我在哈佛大学"零点计划"的"让学习可视化"项目中的同事所说:"与学生和教师分享具体的文献资料,可以巩固学习的社会过程,并促使大家从多个角度去思考、进行解读和构建理论。在选择分享内容时往往会考虑到情感因素,例如,是否希望观众体验到惊奇、惊讶或其他感受。最后,收集文件的行为可以增强教师和学生指导自己学习的意识。"正如我们在"第六种思维方式"的"案例一:雷焦市"中所看到的那样,分享文献资料不仅仅是一种展示行为,更是一种对个人和小组学习成果进行分析、解释和评估的邀请。这是与我们的学生进行实质性互动的重要手段,也可能在短期或长期的物理环境中得到体现。在这里,文件再次成为塑造未来学习设计的形成性因素。

将文档用作集体记忆。使用文档的一种方法是在教室的物理环境中传递或分发我们的信息。这很有用,因为它减轻了学习者的认知负担。在卡梅伦·帕特森的案例中,学生的自由写作和小组的公共概念图都达到了这一目的。学生在微型实验室中与同伴交谈时,可以参考自己的笔记。概念图让学生更容易看到和建立联系,因为他们不必把所有信息都记在脑子里。在卡梅伦的案例中,记录是有计划、有策略的。他知道有很多想法和事实,而在事件之间建立联系是这堂课的关键目标。记录有助于实现这一目标。在其他情况下,记录可能是突发的。我们可能会意识到有太多的信息在起作用,而有些学生在追踪这些信息时很吃力。因此,我们可能会开始记录。

文档还可以作为"小组的记忆",记录班级更重要的学习历程。学生往往会忘记他们在单元开始时的原始问题、困惑或新想法,因为随着学习的深

第十种思维方式 让思考和学习可视化，揭开这些过程的神秘面纱，从而获得信息和启示

入，这些问题、困惑或新想法会被更复杂的问题、困惑或新想法所取代。因此，捕捉这些记忆可以提供重温和庆祝集体学习的机会。此外，还可以分享这些记忆，邀请他人参与学习。当我们试图向家庭、同事和社区讲述一个更广泛、更包容、更有力的学习故事时，这种记录是很有帮助的。这种记录往往会成为班级或学校物理环境的一部分，就像案例一中诺拉和琼的等式那样。

寻找学习。正如本章开头所述，作为一个社会，我们已经非常习惯于从学生的成果、测试和作品中寻找学习。学习被视为一种结果，而不是一个持续形成的过程。要改变这种状况，我们必须重新调整我们的注意力，使之超越作品。那么，我们可以在哪里看到学习的发生呢？图10.2列出了5个可能的领域：1）学习的"为什么"，是什么在推动学习？2）学生在新的学习、自身和已有知识之间建立的联系；3）个人和小组的持续行动；4）最终产生的作品；5）学生对学习历程的集体和个人反思。你会发现，当你不仅仅是在关注作业，而是在寻找学习时，你与学生互动的方式就会发生变化。

充满好奇心。如果我们对学生和他们的学习没有真正的好奇心，就很难倾听、质疑，也很难让学习和思考变得可见。正如诗人爱丽丝·杜尔·米勒所说，当我们对他人产生浓厚兴趣时，真正的倾听就会出现。有了这种好奇心，我们就更容易引导我们的倾听。我们将在何时、何地倾听？我们在倾听并试图理解什么？回应性提问就源于这种倾听。我们自然希望了解更多，挖掘更深，让学生的思维清晰可见。因此，我们会追问，以探究、推动和进一步发掘学生的思维。我们会利用"第八种思维方式"中讨论的促进性问题和反思性问题。所有这些都加强了我们与学生的互动，使其更具实质性和联系性。

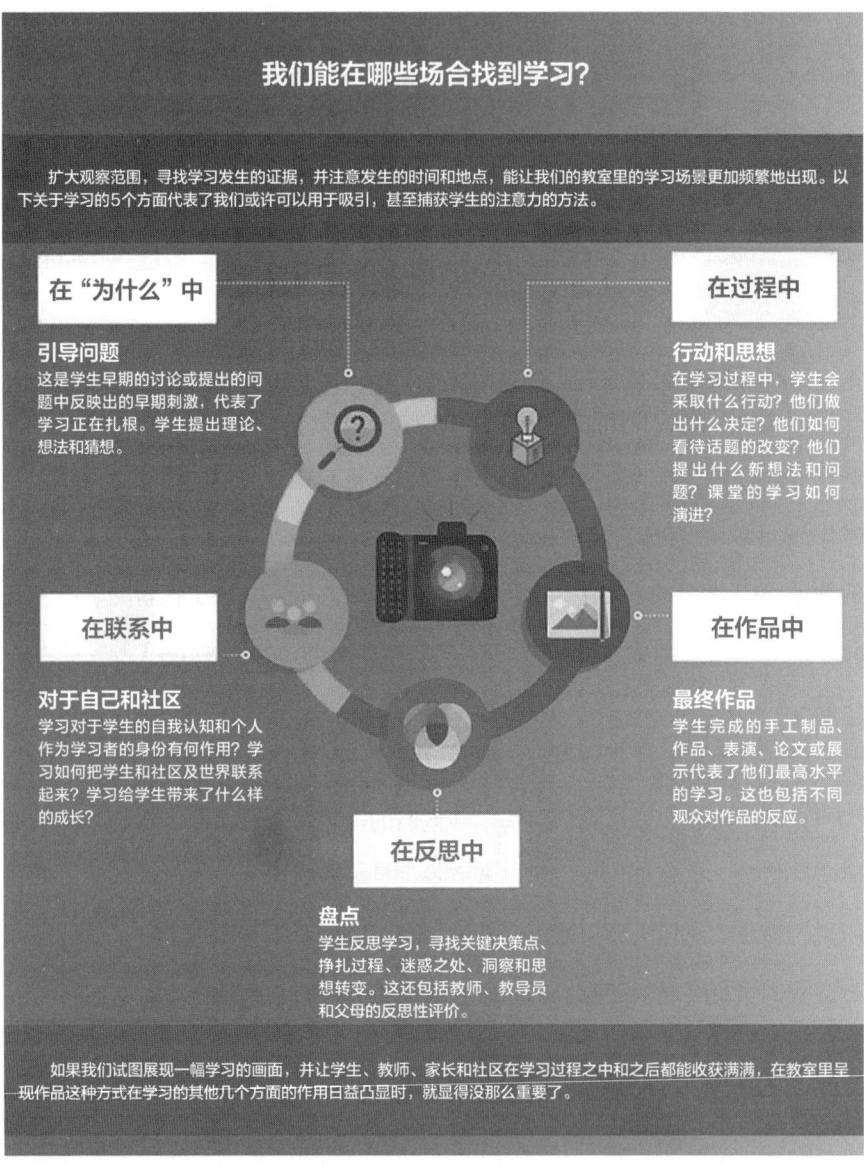

图10.2 寻找学习

建立思维模型。 在本书中，我已经多次讨论过思维建模的重要性（见第二种和第五种思维方式）。当我们通过自言自语来模拟我们的思维时，我们会邀请学生进入思维学徒阶段，学习专家在阅读、解决问题、建立理解或做出决策时的做法。这样，我们就揭开了在语境中思考的神秘面纱，而这种思考可能是混乱的。要想达到最佳效果，就必须真实可信。如果我们只是告诉学生我们想让他们做什么，那就不是真正的建模，而是一种指导。建模要求我们真正做到元认知。正如我的好朋友埃林·基恩（Ellin Keene）在她的著作《思维的马赛克》（Mosaic of Thought）中所说："在帮助孩子们观察和使用熟练读者所使用的心理过程时，建模是必不可少的、不可估量的重要步骤。"我想补充的是，这不仅适用于阅读，也适用于所有的学习。

让新行动适应当前现实

在跃跃欲试之前，请回过头来想想你目前在学校正在做什么（见图10.3）：

➢ 通过应用之前确定的一些原则，哪些已经实施的行动可以得到加强和发展？

➢ 考虑到这种思维方式，哪些做法需要重新思考或修改？

➢ 你需要完全停止做哪些事情，并将其从你的计划中删除？为什么？是否与这种思维方式背道而驰？是否无效？哪些"非必要障碍"阻碍了你真正实现这种思维方式？

➢ 最后，你是否需要创建全新的流程、结构或行动？

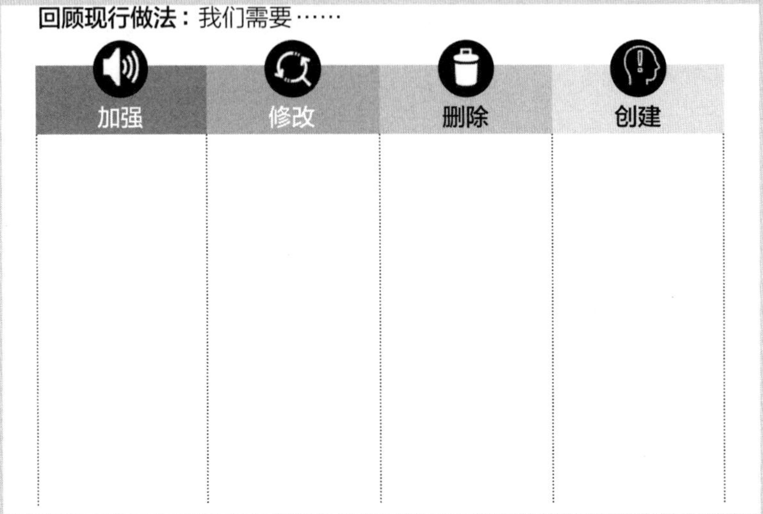

回顾现行做法：我们需要……			
加强	修改	删除	创建

图10.3　加强—修改—删除—创建

结论：我们的行动理论

如果我们从这样的思维方式出发，即我们需要让学习和思考可视化，以讲述更广泛、更丰富的学习故事，我们会期待看到什么呢？正如我们所看到的，可视化可以作为一种去神秘化的做法，邀请学生、家庭和社区参与到这一过程中来。它是一种提供有用信息的实践，可以丰富我们的教学，也能促进学生的学习。最后，它还是一种文化建设者，因为当我们意识到自己和他人的思维时，它能促进我们更有效地在群体中学习、从群体中学习和与群体一起学习。我提出以下行动理论，以推动我们的行动，总结我们的进步：

如果我们经常让学生的思考和学习变得可视化，那么我们就能彰显学习的价值，获得有用的形成性评价数据，建立社区，让学生成为自己学习的积极推动者。

结 语 EPILOGUE
行动、反思和对话

在本书的开头,我向那些可能期望得到一本如何在学校和课堂中逐步创建思维文化的手册的人表示歉意。正如我所解释的,这从来不是本书的初衷,也不符合我过去20年来在发展思维文化方面所做的工作。尽管如此,我希望自己没有辜负原书名中"在行动"的部分。逐章回顾,我发现有50多项具体行动有助于推进思维文化。还有20个案例可以帮助你更好地理解这些行动,并将其付诸实践。此外,为了方便大家选择最适合自己情况的行动,我还分享了20多种收集数据的方法,帮助大家揭示这些思维方式在课堂和学校中的状况。事实上,本书的早期读者朱莉·兰德沃格特(Julie Landvogt)也是我的好朋友和长期同事,她分享道:"每一章中的建议是本书的一大亮点。它们阐明了支持每种思维方式的极有价值的理论和研究成果,并使之变得可行。这对这一领域的新手和老手都很有用,但对那些在学校领导专业学习的人尤其有价值。"

我同意她的说法。采取具体行动很有价值。事实上,采取行动是培养新思维的重要途径。我们可以通过行动改变自己的存在方式。在做明智的选择时，我们的行动可以帮助我们进入一个新的可能性空间。在这个空间里，我们可以开拓新的视角，加深理解，并重新塑造作为教师的自我。然而，要做到这一点，我们必须在行动的同时进行反思。我们必须审视自己的假设，挑战学校的传统，因为这些传统常常使我们陷于现状，陷入仅仅在这里或那里添加一些东西，却从未真正做出实质性改变的模式。只有在行动的同时进行深刻的反思，才有可能充分发挥本书所介绍的行动的力量。

因此，我希望你们从本书中汲取的另一大力量是对话的重要性。在你们阅读本书的过程中，我希望引发两种类型的对话：与自己的内部对话以及与同事的对话。作为读者，我们经常会进行元认知式的内部对话（请回顾第二种和第十种思维方式），以帮助我们在阅读过程中理出头绪。我们思考各种想法在我们自己的课堂上会是什么样子，或者某种做法是如何拓展或延续我们目前正在做的事情的。我们试图理解那些可能会让我们大吃一惊，或许会挑战我们对学习和教学的假设的研究成果。想想关于好奇心的外部影响（第二种思维方式）、必要难度（第五种思维方式）、作为学习实践的学生提问（第八种思维方式）以及从长远来看参与胜过成绩（第九种思维方式）等方面的研究。我试图通过每章中提供的大量思考题来引发更多的内部对话。我的想法是，你可能会从一两个问题开始，这些问题可以满足你的需要，但随着你的思考和行动的深入，你还会回到列表中继续反思。

我们的内部对话对于我们的转变和思维方式的发展固然重要，但通过与同事的对话，我们的内部对话得到了扩展和丰富。在这里，我们可以找到变革、成长和发展的支持。为了让大家明白这一点，我想回到第六种思维方式中的一段话："学习和思考既是集体事业，也是个人努力。"在这里，我对这段话稍作修改，以帮助我们更好地认识自己。

通过相互解释、辩论和讨论的过程，~~儿童~~教师利用~~同伴~~同事的观点作为"思维工具"，从而反思和转变自己的思维。当~~学生~~教育工作者与更有经验的同伴一起学习时，就有机会"共同努力，集思广益，汇集知识和见解，进行集体分析，相互批评，并从共同目标中汲取能量"，从而实现深度学习。通过相互交流，~~学生~~教育工作者共同构建了新知识，由此产生的"认知冲突"成为"推动智力发展的动力"。因此，作为一项集体事业，学习是建立在个体努力的基础上或拓展个体努力，而不是取而代之的关系。

如果你将这段话铭记于心，那么，找时间与同事们坐在一起，围绕培养这10种思维方式进行深入、定期的对话，并使之成为你教学的指导力量，这对你的长期学习将是非常重要的。此时，反思性问题再次为你提供扩展内部对话的机会。同样，所有"街头数据行动"都将受益于对数据的集体分析，以引入不同的视角并鼓励其他解释。将每章结尾的"行动理论"作为试金石，不断进行回顾。你是否看到了预期的效果？是否需要修改行动理论，以更好地符合你的行动和期望？

与同事进行这样的对话，有可能使我们超越简单的"我们如何实施这些新做法？"或寻求在短期内引入一些新做法的"权宜之计"式的专业学习方法。我们都太熟悉这种传统专业发展中典型的肤浅学习了。与同事的真正对话有助于我们超越"信息型学习"，进入更深层次、更富有成效的"变革型学习"领域。只有在这里，我们才能开始挑战学校语法，探索新的可能性。"当人们合作并学会在关系中共同思考和学习时，就会产生变革型学习。这不是分享实践和解决问题（信息型学习），而是通过对话发现问题和集体的新意义。"因此，从真正意义上讲，我们所追求的是创造一种为自己思考的文化（第一种思维方式）。在这种文化中，我们可以从多个角度探讨复杂的问题。要做到这一点，我们每个人都必须暂停或至少愿意面对我们的假设。当我们做到这一点时，就会开启真正的对话，各种观点就会在每个人的经验背景下得到自由探讨。因此，放弃根深蒂固的做法和探索新的可能性可能会更加容易。

我在学校采用的一种引发这种对话的方法是，让教师参与"设计周期"，重点是围绕所选的思维方式开展探究和行动（见图E.1）。由于个人会倾向于不同的思维方式，或受到不同思维方式的启发，或准备从不同的思维方式开始，我让教师们组成志同道合的小组，探索他们所选择的思维方式。尽管每个人的侧重点可能不同，但我们都会共同完成"设计周期"。首先，我们要

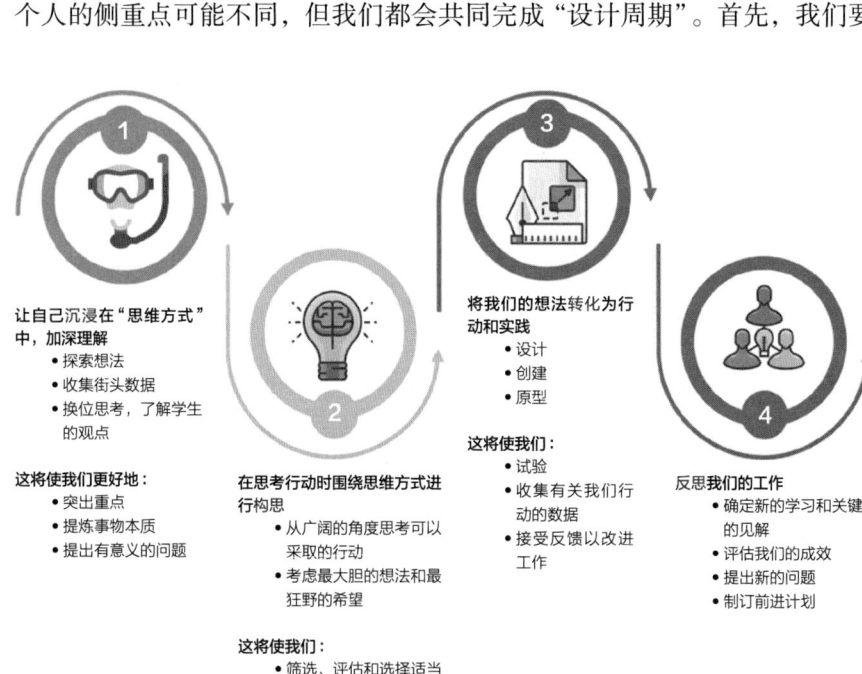

图E.1　探索行动中的思维文化的设计周期

通过阅读和收集街头数据,让自己沉浸在这种思维方式中。其次,我们进入构思阶段,在这一阶段,我们先广泛思考行动的可能性,然后使用行动排序程序对这些可能性进行筛选,以确定最佳行动方案。接下来是漫长的发展阶段,这个阶段不是实施,而是试验、实验和原型设计。我们不会等待计划完美的行动。我们要立即行动起来,在行动中学习。我们收集更多的街头数据,为我们的行动提供信息,并改进和完善我们的行动。最后,我们分享和反思我们所做的尝试,讨论我们的实验成果,确定关键的学习成果,提出问题,并开始思考下一步行动。

无论你是否选择以这种方式与他人合作,选择一种真正让你感兴趣的思维方式,或在你的教学生涯中似乎就是为你量身定做的思维方式,并将其作为你的起点,通常会很有帮助。然后,你可以单独、与队友或与更多的同事一起使用"设计周期",只要它能帮助你确定探索的框架。

最后,我想邀请大家参与最后一种对话,那就是与"全球思维文化项目"这个更广泛的社区进行对话。在我与世界各地的教师共同探索这些思维方式的过程中,我邀请教育工作者与更广泛的社区分享他们的学习故事、有前途的见解、变革故事和新出现的问题。你还可以使用标签#CoTiAInquiry并加上@RonRitchhart,在Twitter、Instagram或TikTok上加入对话并分享你的学习和活动。

我希望你们和我一样,对这一通过行动和深刻反思进行转变的过程感到兴奋。我认为这是一个机会,可以重新找回和加强我们作为教育工作者的专业性和能动性,并在我们的学校和课堂上进行深刻而有力的变革。当我们审视自己的信念和价值观时,它是一个能将我们带入教学核心的过程。这是一个帮助我们揭示"为什么"的过程,从这个有利的角度出发,我们就能进行真实而有力的教学。这一过程使我们能够以变革推动者的姿态,而不是以信息传递者的姿态,为我们提供作为教育者的全新使命感。

罗恩·理查德

附 录 Appendix

附录A：快照观察协议

目标：快照观察首先是一个反思自己教学实践的机会。它不是对一堂课或一位教师的评估、评价或鉴定。在"快照观察"中，学习者是观察者（通常是3—6人的小组），主要通过后续讨论进行。通过观察他人，我们发现自己也在反思自己的课堂教学实践和效果。整个"快照观察协议"设计为在一节课内完成，这样可以最大限度地减少时间安排和脱产时间，同时最大限度地提高学习效果。理想的情况是，学校将建立一种专业学习文化，在这种文化中，观察是一种常态，而不是一种威胁。

协议：

设置：了解教室文化并不需要太多的时间。事实上，停留时间过长可能会把注意力更多地放在课程上，而不是教室文化上。因此，10分钟就足够了。被观察的教师只是开放自己的课堂，而不是在上一堂经过特别策划的课。

重点：观察小组将把观察重点放在期望、机会和思考这3个提示语上。在进入课堂之前，请重新熟悉这3个提示语。

观察：进入教室时什么都不要带。纸张和笔记有时会暗示你要进行评价。尽可能安静地进入教室，不要有目光接触，不要向全班同学问好，否则会扰乱课堂秩序。我们希望学生认识到，教师之间经常互相到对方的教室学习。

做笔记：离开观察现场后，在讨论之前至少花5分钟时间整理与3个提示语相关的笔记，包括任何其他可能引起你注意的内容。

在对话中反思：接下来的反思对话松散地以提示为中心，但也会包含其他元素。为了将重点放在分析而不是判断上，使用"我注意到……"，而不是"我觉得……"。保持对话的反思性，重点是每位教师澄清自己是如何理解教学的。例如，提出一个问题、疑虑或本课的一个积极方面是可以的，但随后谈话应回到自己身上：我这样做了吗？这是我在努力解决的问题吗？这在我的课堂上会是什么样子？

结束：在"快照观察"结束时，让每位观察者给被观察教师写一封简短的感谢信（便签大小），分享观察和随后的讨论如何促使他们对自己的教学进行不同的思考。重要的是，不要给出反馈，也不要使用"我喜欢你……的方式"等语句。只关注自己的学习。然后，小组朗读感谢信，作为结束语。

观察提示语

1. 对工作或学习的期望：学生是在工作、逃避工作还是在学习？我怎么知道？我看到和注意到了什么？还传递了哪些关于学习/学校/教学的信息？

2. 学习机会：这里有哪些学习机会？是深层次的、丰富的，还是表面的？我的依据是什么？怎样才能让这些机会更上一层楼？

3. 思考的存在和对其的支持：要求学生进行哪些思考？是如何促进和

鼓励的……还是没有得到利用、受到支持的？如果使用了流程教学，它们是如何促进学生深入思考和对教学内容进行丰富探索的？如何进一步加强？如何让学生的思考可视化？

关于隐私的说明：要建立教师思考文化，我们需要建立信任和尊重，同时尊重教学的复杂性。这意味着我们不应该说闲话，也不应该分享有关他人教学或个别学习者的故事，因为这可能是对他人的不尊重。在与没有参加"快照观察"的同事交谈时，最好只关注自己的学习和讨论。例如，"我们的讨论让我对……有了更多的思考"。

附录B：基于思维流程的学习实验室

学习实验室以日本的"课程研究"为基础。实验室为教师提供了一个机会，让他们围绕新思维流程的使用共同备课，立即在课堂上实施共同构建的课程，并讨论他们的观察结果，即如何改进、扩展和修改所计划的课程，以适应不同的年龄和学科。与"示范课"不同的是，学习实验室的重点是备课。这有助于教师了解如何选择流程，使其与适当的内容相匹配，并围绕分组、记录和支架等方面做出决定。这一过程鼓励进行试点、原型设计和从行动中学习。如果场地允许，实验室的规模可以小到3—4人，也可以大到10人。实验室的参与者可以是学校内部的一小群教师，也可以包括来访学校的教师。以思维流程为基础的实验室体验一般在半天（3课时）内完成，但3个阶段可以安排在多天内完成。

计划。 主办教师会带来一些他们班级准备探索的内容，以及他们想要鼓励的关于学习、理解和思考的想法。如果他们想到了一些可能有用的思维流程，也可以作为讨论的一部分。选择思维流程是计划会议的重要组成部分。在辅导员或主持人的支持下，小组探讨可能符合教学内容和理解目标的思维流程，并探讨每种流程的优缺点。一旦选定一种流程，小组就会共同规划课程，思考如何引入、记录和支持该流程。讨论有关学生分组和可能的支架的问题。这不是一堂完美的课，而是一堂试验课。因此，小组成员可能会发现一些困难、问题和议题，他们很想知道这些困难、问题和议题是否会出现。这有助于确定观察重点。

观课。当主讲教师在教练/主持人的支持下进行计划好的课程教学时，观课教师的注意力会集中在课程本身，特别关注他们作为课程共同构建者所做的决定以及学生的思考和参与情况。观察者并不关注教师的表现。每个人都在努力理解所使用的新思维流程，重点是如何在自己的课堂上应用同样的流程。实验室的主持人也可根据需要在课上担任辅导员。观察者是学习的记录者，他们收集的数据可供日后讨论。他们不是评价者，而是与教师共同学习，试图更好地了解学生的思考和学习情况。

讨论。观察教师用5分钟时间默写观察笔记。主讲教师在交接完课堂责任后加入小组。观察者分享他们的记录并讨论其意义。重点是了解流程及其如何促进学生思考，以及如何将其调整到其他情境中或在今后更有效地使用。特别关注小组所做的各种计划决定以及这些决定是如何实施的。分组是否有效？设置和指导是否有效？有关记录的决定是否恰当？我们是否正确地预见到了困难？我们遗漏了什么？所有参与者都力求从观察中得出对自己教学的启示。小组还将讨论主讲教师如何在后续课程中利用所观察到的思维方式和学习成果。

附录C：专业学习背景下的4种教师对话类型

不连贯、漫不经心的对话

- 教师之间的评论与小组的合作目的不相关。
- 教师讲故事，互相提建议："我是这么想/这么做的。"
- 评论是权威性的陈述或个人故事："我是这样做的。"
- 关于教学的谈话很笼统，经常使用标签和概括："我们必须让那些成绩差的孩子进步。"
- 仅凭传闻证据就断言是事实："这不符合孩子的发展。"
- 教师对他们所说的话非常武断："那是行不通的。"
- 提出的问题是技术性的、程序性的或个人的："你想让我们做什么？"
- 知识和信念过于死板："我们必须完成课程，所以我们不能……"
- 教师之间关系融洽，但有些教师并不出力，很多人都是随声附和。
- 从这些对话中获得的内容只是肤浅的、信息性的，或者只是一些小故事。

连贯的对话

- 评论与当前任务相关，但没有以其他教师的观点为基础。谈论的内容很多。有时会出现漫无边际、没有重点的交流："我们需要回到任务上来。"
- 分享的观点是事实性的或权威性的："这是一种非常有效的方法。"
- 对话是描述性或评价性的，经常使用标签和概括语："这真的很好，能让孩子们参与进来。"
- 以经验故事为证据证明说法的正确性："在我的课堂上……"
- 教师偶尔会表示不确定或好奇："为什么会这样？"
- 有程序性问题、技术性问题或澄清性问题："那么，我们的计划是什么？"
- 关注活动和行动，而不是结果和效果："很好，我们已经完成了该单元的所有活动。"
- 教师们或多或少都有一些共鸣，有些成员只是偶尔发言。
- 教师的收获是想法和活动。

探索式对话

- 教师们会借鉴彼此的想法，追求共同的意义创造和替代方案："进一步探索朱莉的想法……"
- 教师之间进行真正的对话，提出有启发性的问题："我认为他们的很多误解都很有启发性。"
- 分享证据，但证据可能不充分或不明确；提出问题："我不知道该如何理解这些回答。"
- 教师提出明显的疑惑和不确定因素："你认为学生们为什么会有那样的反应？"

- 开始提出真实的问题；意义、假设、信念、价值观被提出，但并不总是被追问："我们怎样才能让他们的反应更深入？"
- 与教学建立联系："如果我们激活了他们的已有知识，我想我们就能确定进一步发展的潜在领域。"
- 偶尔对知识和信念提出质疑并重新审视："我真的发现，当我退后一步少说话时，学生的发言比我预想的要多得多。"
- 教师态度亲切，大多数教师在讨论中都有所贡献。
- 他们的收获是理解和新的问题。

探究式对话

- 教师的意见相互补充，对话延续到会议之外。
- 教师们相互批评；提出并研究替代方案："我们上次会议的谈话确实启发了我，让我重新审视了我是如何提供信息的。"
- 教师的评论是试探性的，并鼓励大家进行讨论："我按照我们的讨论进行了尝试，但我不确定如何推进到下一个层次——其他人有什么发现？"
- 教师描述事实来支持分析："我注意到很多连接性语言，我认为这表明学生真正开始综合运用。"
- 小组寻找、提供和批判性分析证据，并提出新的问题："我认为我们需要开始记录小组的对话，以便更好地理解……"
- 教师提出假设；小组成员经常使用"我想知道""也许"和"你认为呢"等开放式或有条件的陈述。
- 对人类创造的东西提出真实的问题；意义、假设、信仰和价值观得到审视："我认为我对'严谨'的理解开始发生转变。"
- 批判性地审视与教学实践的联系。

- 定期对知识和信念进行质疑和审查:"我正在重新思考我对教学探究的一些看法。"
- 教师之间相互合作,随着时间的推移,所有参与者都会做出贡献。
- 教师的收获是新的理论、深刻的理解、对复杂性的领悟。

附录D：文化传递"幽灵漫步"

"幽灵漫步"是一个结构化的过程，是在不上课的时候对学校进行集体参观考察。可以两人一组，也可以多人一组。通常由校外的诤友来完成，他们可以用全新的眼光来审视学校的实际环境。如果在学校内部进行，通常建议教师不要访问自己的团队、部门或年级，这样他们可能会更容易客观地看待问题。

1. 小组集思广益，找出在以创建思维文化为重点的学校或课堂中希望看到的证据，将这些期望绘制成图。（10分钟）

2. 小组成员两人或三人默默地走过教学楼，记下他们观察到的支持或不支持注重思维文化的证据，例如，可能会有关于作业和服从的信息，而不是关于学习和思考的信息。（20—30分钟）

3. 小组回到会议室，分享其观察结果，并将观察结果绘制在其期望值旁边。在分享观察结果时，应避免提及教师、部门和教室的名称。这样做的目的是广泛了解全校的文化传递情况，而不是针对个别人。小组讨论他们的发现，寻找任何模式或惊喜。讨论的大部分内容是试图从学校可见的事物中

发现向学生传递的信息。(10分钟)

4. 小组将注意力转移到创建思维文化的问题上,看看哪些事情令小组感到惊奇、具有挑战性、产生推动力和/或促进了小组的思考。(5分钟)

5. 汇报过程,并计划在适当的时候再次进行汇报。

附录E

在这节课上，我们大部分时间用于……

日期：_____　课时：_____　科目：_____

选择全班花费时间最多的3个行动，排序为1、2和3。 #1是全班花最多时间做的事情，其次是#2，然后是#3。	
	仔细观察事物、描述事物、注意细节或发现规律。
	建立我们自己的解释、理论、假设或诠释。
	用证据推理，用事实和理由支持我们的想法。
	思考、提出问题，并对我们正在学习的内容表现出好奇心。
	将不同的事物、世界或我们自己的生活联系起来。
	从不同的角度和观点看问题，以新的方式看待事物。
	确定中心或核心思想，形成结论，或抓住事物的本质。
	深入挖掘一个主题，揭示其神秘性、复杂性和挑战性。
	整理和汇集观点、信息和笔记，使其有意义。
	反思我们的学习和理解，以确定下一步的方向。
	运用所学知识解决新问题或创造新事物。
	回顾和复习阅读材料或以前课堂作业中的信息。
	阅读、聆听或获取有关我们正在学习的主题的新信息。
	练习全班已学过的技能和程序。

在这门课上，我真的被逼着去思考（单选）：

（完全没有）　　（一点点）　　（一些）　　（很多）

作为一名学习者，如果我＿＿＿＿＿＿＿＿＿＿＿＿＿＿＿＿＿，我就能获得益处。

作为一个学习者，如果老师能＿＿＿＿＿＿＿＿＿＿＿＿＿＿＿，我就能获得益处。

附录F：分组协作

当你聆听和观察小组时，请注意任何小组成员在何时、何地参与了以下任何行动。在相应的方框内记录小组成员姓名的首字母缩写。你可能还想记录下该行为发生的时间。注意：最后一行是小组中有时会出现的无效行为。

发起——召集小组、建议程序、改变方向、提供新的能量和想法。	**寻求信息或意见**——询问事实、喜好、建议或想法。	**提供信息或意见**——提供事实、数据、研究或经验信息。	**提问**——后退一步，向小组提出质疑，或就任务提出问题。
澄清——解释观点或建议、消除困惑、定义术语或要求他人澄清。	**联结**——在各想法之间建立联系或将观点联结起来。	**记录**——以某种具体方式帮助跟踪小组的想法和对话。	**总结**——将各想法归纳为模式，但不添加任何新信息。

（续表）

支持——通过手势、微笑或眼神交流来鼓励和回应他人。	**修改**——根据新的信息或加深的理解，修改或修正自己最初的陈述。	**观察过程**——注意并评论小组动态。	**调解**——认识分歧，找出分歧背后的原因。包容其他价值观、观点和方法。
调和——调和分歧。强调成员之间的共同观点可以缓解紧张关系。	**妥协**——放弃立场或修改意见。这有助于推动小组向前发展。	**发表个人意见**——偶尔发表与工作有关的个人意见可能会增强小组的凝聚力。	**幽默**——善意的评论，以缓解紧张情绪、对付咄咄逼人的参与者，或使大家稍微放松片刻。
强势或不情愿的参与者——说话太频繁、自以为是或不让他人说完。	**说题外话和插嘴**——太多有趣的题外话会阻碍小组的进展。	**匆忙开展工作**——缺乏针对性，在其他人准备就绪之前就迫使小组继续前进。	**仇怨**——冲突延续到小组中，妨碍小组的工作。

附录G：成功分析协议：有效学习机会

1. 确定一个成功案例。（1分钟）

回顾过去一年所教的课程，从自己的教学中找出一个"有效学习机会"的例子。这应该是一个学生高度参与、积极思考并对当前主题有深刻理解的例子。最有可能的是，在这个教学案例中，你希望每堂课都能像这样。

2. 书面反思。（4分钟）

以书面形式描述你所发现的"有效学习机会"。尽可能具体地说明计划的内容、发生的事情、你和学生的反应等。这次经历与你的其他教学经历有何不同？说出这些特质、行动或要素。

重复步骤3—6，直到小组所有成员都轮到为止。每轮分享不应超过15分钟。

3. 分享成功。（3—4分钟）

第一个人分享他们发现的"有效学习机会"的故事。

4. 澄清性问题。（1—2分钟）

倾听者提出有关该事件的澄清性问题。澄清性问题是一些简短、有针对性的问题,旨在找出事件中缺失的细节和背景信息。一般来说,可以用一句话或更短的时间回答。澄清性问题有利于提问者。

5. 探究性问题。(3—4分钟)

听众就事件提出探究性问题。探究性问题旨在让主讲人反思、阐述并加深对事件的理解。好的探究性问题需要反思,并能让人有所领悟。探究性问题有利于回答者。

6. 记录标准。(2—3分钟)

小组共同思考刚刚分享的小故事,并根据故事和提问共同推断出该活动成功的最重要标准或特质。成功的要素是什么?将这些内容记录在白板或图表纸上。随着每个小组成员的分享,新的标准也会添加到列表中。

小组在所有成员分享后进行最后反思。

7. 小组反思。(5分钟)

所有小组成员分享后,小组反思小组确定的"有效学习机会"的所有标准/特质。这些标准/特质是否清晰?是否可以更加具体和以行动为导向,以便更有效地规划未来的学习机会?然后,小组讨论如何将每项标准/特质应用到教学中。最后,小组确定他们的最佳成功标准。

附录H：切片流程

步骤1：确定切片重点。重点确定你希望检查的一组特定机会，并确定一个时间段。例如，你的"切片"可以关注某个年级学生一周内完成的所有家庭作业、学生在学校第二节课期间完成的所有任务/活动、你所在部门第一学期进行的所有总结性评价、七年级学生经历的所有长期项目、从某项任务中产生的学生作品，或者其他你希望更好了解的目标领域。无论以何种方式，你都要在该单一领域内收集数据。

步骤2：确定分析框架。这可以是一般性的：这些作业/任务揭示了我们为学生提供了哪些机会？或者更有针对性：我们在多大程度上要求学生对我们的作业做出"再现性或原创性"的回答？再细化一点，我们可以使用韦伯的知识深度等级来考察任务的认知要求：

1. 回忆与再现
2. 技能/概念的基本应用
3. 战略思考——涉及推理、计划和决策
4. 扩展思维——涉及调查、应用、解决问题或研究那么，你的问题可能是："这项工作揭示了我们为学生提供的认知要求和挑战程度是什么？"图9.1所示的4个设计要素也可用作分析框架。那么，你的问题可以是："这个作品样本揭示了我们是如何将有效学习机会的4个要素结合在一起的？"

步骤3：分析工作。 待检查的作业的数量和分析框架的复杂程度将决定所需的时间。如果只关注一周内班级的家庭作业，并查看所要求的回答（原创或再现），可能只需要30分钟。但是，集中分析整个学校一个学期的所有总结性评估，分析认知需求，可能需要一整天的时间。与同伴一起进行分析往往能获得更深刻的见解。

步骤4：注意事项、问题和见解。 无论是单独完成还是与伙伴一起完成，你都希望量化你的发现（例如，研究人员通常发现80%的任务只要求做出再现性回应）。说出你的发现，然后从你的发现中退后一步，思考：

- 这是你所期望的吗？
- 通过分析发现了哪些问题？
- 前进的方向是什么？

如果是在全校范围内开展这项工作，那么大家可能会看到不同的东西，或者对所看到的东西有不同的解释。因此，在开始讨论时，可以先分享广泛的注意事项，然后讨论指导性问题（见步骤2）和支持性证据，最后再讨论下一步。

附录1：可视化"幽灵漫步"

"幽灵漫步"是一个有条理的过程，是在不上课的时候共同漫步学校。可以两人一组，也可以多人一组。也可以由校外的诤友来完成，他们可以客观地审视学校的物理环境。如果在学校内部进行，通常建议教师不要访问自己的团队、部门或年级，这样他们可能会更容易客观地看待问题。

1. 回顾一下你期望在注重让思考和学习可视化的学校或课堂上看到什么。你可能需要回顾一下第十种思维方式中"构建愿景"部分的回答。有时，用半面白板列出小组的回答也很有用。（10分钟）

2. 小组成员两人或三人默默地走过教学楼，记下支持或不支持将学习和思考可视化的证据。这可能包括有关思考和学习过程的证据，墙壁上被展示物品或文档所占据的程度，作品或过程的重点，当前和正在进行的学习与过去或静态的展示，或学生的声音/选择与教师的声音。（20—30分钟）

3. 小组回到会议室，分享观察结果，并将其记录在小组成员期望看到的内容旁边。避免使用教师、系和教室的名称。我们的目标是广泛了解学校里值得注意的事情，而不是挑出个人代表。小组讨论这些发现，寻找模式。

（10分钟）

4. 小组将注意力转移到使学习和思考可视化的问题上，看看哪些问题令小组感到惊奇、具有挑战性、产生推动力和/或促进了小组的思考。（5分钟）

5. 汇报这一过程，并制订计划，以便在适当的时候重复这一过程。（5分钟）

致 谢 Acknowledgements

本书已酝酿多年。尽管本书中探讨的一些观点在2005年思维文化项目启动之初就已形成，但多年来，通过我与世界各地的学校和教师的持续合作，这些观点不断成长、发展、转变并扩大，产生了新的共鸣。在这些环境中，我曾有过无数次非正式的对话。这些对话激发了新的想法，启发了我的思维。有时是与会者在研讨会上提出的一个问题，有时是教师遇到的一个他们想探讨的问题，或者是与校长的一次辅导谈话。这些时刻不断激发我的好奇心，加深我的理解，有时给我带来挑战，始终丰富我的思维。这些对话鼓励我寻找和探索思维文化创建的基本思维方式。虽然这些对话是偶然的、临时的、转瞬即逝的，但没有这些对话，也就没有这本书。我们的思想是在群体中通过对话形成的，而不是孤立存在的。因此，对于所有与我围绕建立思维文化的乐趣和挑战展开对话的人，我向你们表示感谢。

在将脑海中或谈话中的想法变成实际框架的过程中，我非常感谢梅尔维尔·汉金斯家族基金会（Melville Hankins Family Foundation）多年来对我的研究工作的慷慨支持。该基金会的资金支持了哈佛大学教育研究生院"零点计划"的一个研究小组。该团队花费数年时间，深入挖掘每种思维方式背后的研究。通过研究案例，阐明每种思维方式对学生和教师的意义。在此，我们要特别感谢克里斯蒂娜·贝尔特兰、娜塔莎·布利茨琼斯、朱迪思·迪安、海兹尔·佩、艾米莉·派珀、瓦利略、凯瑟琳·麦克康奈尔、凯洛琳·何、厄休拉·奥古斯特、利亚娜·古铁雷斯、爱丽丝·波斯尔维特、理查德·曼诺亚和肖恩·格拉兹布鲁克等团队成员，感谢他们在探索过程中的奉献。我们的团队由特里·特纳（Terri Turner）带领。特里对世界、对儿童、对学习的好奇心激励和鼓舞着我们。她乐于提问、解惑，并从新的角度看待各种想法，这鼓励了我们的探索。此外，她的组织能力、幽默感和集体意识将我们凝聚成一个团队。

梅尔维尔·汉金斯家族基金会的资助还促进了我们与新墨西哥州圣达菲曼德拉国际磁石学校（MIMS）的多年合作。在这种情况下，我们能够在这些思维方式初现于我脑海时对其进行探索，并通过我们的研究深入了解它们。

最近，"思维文化（CoT）研究员"项目（详见"第一种思维方式"和"结语"）为教师提供了一个论坛，让他们探究这些思维方式如何改变教学。我要感谢我们的思维文化研究员试点小组，感谢他们愿意加入这个未知的空间。非常感谢内华达·本顿、多莉·丹尼尔、艾琳·加迪斯、兰迪·格里罗、约翰·海斯、弗吉尼亚·霍弗伯、莉迪亚·霍根、克里斯汀·卡姆拉斯、詹森·金、雷切尔·兰格尼、斯科特·拉尔森、苏珊娜·米勒莱斯-曼库斯、威廉·纽维尔斯、阿什莉·帕戈达、塞雷·皮克林、马修·拉帕波特、克里斯蒂娜·罗梅罗、阿鲁姆·斯卡罗拉和特丽·斯库林。

25年来，我一直站在哈佛大学教育研究生院"零点计划"这个巨人的肩膀上，向我的导师戴维·珀金斯（David Perkins）和霍华德·加德纳（Howard Gardner）学习，非常感谢他们的指导和慷慨。我还有幸与蒂娜·布莱斯（Tina Blythe）、玛拉·克里切夫斯基（Mara Krechevsky）和本·马德尔（Ben Mardell）共事，他们令人备受鼓舞，他们在学校的研究也一直激励着我。在本书中，我借鉴了他们关于协议使用、专业学习社区、文档、游戏和学习可视化等研究成果。我相信你和我一样都会从中得到启发。

我要特别感谢的对话伙伴是我的老朋友、同事以及另外两本书的合著者马克·丘奇（Mark Church）。没有他就不可能有这本书，而且因为他的参与，这本书肯定会更好。无论我们身在何处，只要我有需要讨论的想法，马克总能回复我的短信、电话或电子邮件。无论是过去、现在还是将来，他总能给我提出好的问题、有用的见解，以及恰到好处的反击和幽默，让我保持冷静。与这样一位才华横溢的思想伙伴一起探讨这些想法，真是一件幸事。作为本手稿的早期读者，他提供了宝贵的反馈和编辑帮助，对我的写作产生了实质性的影响。

我亲爱的同事康妮·韦伯（Connie Weber）和朱莉·兰德沃格特（Julie Landvogt）与马克一起为本书的编辑工作提供了极大的帮助和建议。这三位既是专业的教育工作者，又是深谙思维文化理念的资深读者，他们阅读我的作品并给出回应，这对本书的成功至关重要。感谢你们让我知道，什么时候我的观点是正确的，什么时候我的观点还不完善，什么时候我的观点需要更加清晰，什么时候我应该用"效果"而不是"影响"。

我要感谢所有邀请我走进课堂、与我分享教学经验的老师们。有时，我能够亲临现场；有时，我通过视频进行观察；还有一些时候，我是通过通信或分享学生作业被邀请进入课堂的。他们的慷慨让我得以撰写每章中体现每种思维方式的案例研究，这些老师分别是苏珊·奥斯古德、特雷弗·麦肯齐、杰夫·沃森、克里斯汀·库尔伯格、泰丽雅·奥姆斯比、拉维·格雷瓦尔、希瑟·伍德科克、梅恩·格雷琴格、凯特·米尔斯、迈克·梅德文克西、亚当·赫勒布克、安娜·拉米雷斯、道格·麦格拉瑟里和卡梅伦·帕特森。

最后，我必须感谢我的爱人给了我足够的空间，有时甚至是距离，让我能够沉浸在写作中，将我的想法付诸文字。我知道与一个作家生活在一起并不总是那么容易，所以感谢你的耐心和鼓励。没有你，就没有我的成就。

关于作者 About the author

罗恩·理查德（Ron Ritchhart）是世界著名的教育家、研究员和作家。25年来，罗恩一直担任哈佛大学教育研究生院"零点计划"的高级研究员和首席研究员，他的研究重点是了解如何为学生和教师发展、培养和维持思维文化。借鉴最佳实践的重要主题贯穿于罗恩的所有研究和写作中。因此，他在学校和教室里度过了大量的时间。罗恩能够以一种易于理解和引人入胜的方式将理论、研究、实践和应用无缝融合在一起，这使他成为众多畅销书的作者，包括《智力特征》《哈佛大学教育学院思维训练课》《如何使学生成为优秀的思考者和学习者》和《思维可视化教学》等。2021年离开哈佛大学后，罗恩继续以课堂和学校为基础开展研究和写作，以进一步推进可视化思维的理念，并创建学校和课堂的思维文化。

罗恩·理查德是一位广受欢迎的演讲者，因为他有能力与教育界同仁建立联系，激发他们思考宏大主题，同时为推进复杂的教学世界提供有益的见解和实用的想法。毫无疑问，这在一定程度上归功于罗恩作为教师的丰富经验，包括教授小学、艺术、中学数学、本科生和研究生。罗恩从哈佛大学教育研究生院退休时，霍华德·加德纳评价说："在哈佛大学'零点计划'的所有成员当中，你对全世界教师的教学以及他们如何交流和思考影响最大。"